“国家自然科学基金”资助项目（NO.51178318）
“同济大学学术专著（自然科学类）出版基金”资助项目

站城协同

轨道车站地区的空间形态与人流活动

庄　宇　宋晓宇　著

同济大学出版社

序

长期以来，城市多以小汽车为中心作为交通发展的策略。自20世纪中叶以后，特别是可持续发展生态观得到全世界的普遍认可后，西方国家开始意识到小汽车是城市很多病症的根源，开始重视公共交通，特别是轨道交通的发展，相继提出紧凑城市、以公共交通为导向的发展(TOD)等城市发展理念，从而改变城市空间发展的模式，并影响城市空间布局与结构。轨道交通站大量人流的集散为区域发展提供了活力的源泉，以轨道交通站为中心的城市区域已成为城市的重要发展区，其无论是容量、布局，还是公共空间组织等都具有特殊性，只有对其认真研究才能充分发挥这个城市资源的重要作用。

轨道车站地区在城市中的地位越来越受到重视，它往往是城市人口和建设的密集区，同时也是公共设施的集聚地，如何使这个区域活力化，同时提升其生态化和人性化，是城市设计必须研究的课题。交通可达性研究属城市行为学范畴，影响城市的经济、社会活力，也与区域的人性化步行系统密切关联，是区域发展的基础研究。本书在国家自然科学基金（No.51178318）和同济大学学术专著（自然科学类）出版基金的支持下，在上海的地铁车站地区开展了大量的基础数据分析和研究工作，取得了可喜的成果。本书的研究方法，特别是量化分析方法和GIS系统的运用和各种交通网络模型的建构，为研究提供了可靠的量化支撑。交通可达性和空间使用的协同研究为城市设计提供了区域空间发展策略的依据。

我国当前轨道交通发展迅速，全国已有近40个城市的地铁正在运行、建设和设计中，相应将建成几千个地铁站，根据国内外的实践经验，其站区的有效建设会对城市空间发展起很大的推动作用。然而如何设计、建设至关重要，特别是站区的行为学、生态学研究和开发机制研究，以及与空间形态发展的协同策略探索，能为城市规划和站区的城市设计提供理论基础。另外必须要提出的是，地下公共空间研究对地铁站区尤其重要，国际隧道与地下空间协会曾指出：21世纪是人类走向地下空间的世纪。作为地下公共空间发展发动机的地下轨道交通站肩负的重任是不言而喻的。合理的地下公共空间建设有利于减小站区内高容量、高密度的压力，为站区创造生态化与人性化环境提供条件，地下空间与地面空间协同发展也是站区研究的重要方面。本书将轨道交通站区的综合研究向前推进了一步，十分可喜。

卢济威

2017年2月

自序

城市的生长是个渐进而有序的过程，包括道路网的形成和街坊的填充，其中不乏兴衰的更替。在过去20多年里，中国不少大城市经历了快速的发展，不仅是城市面积的扩展，更重要的是城市公共交通的新主角——轨道交通也伴随着城市的扩展也同步迅速崛起。以上海为例，从1994年年底仅16km长的地铁1号线开通运营，到2015年年底运营地铁已达617km，15条线路，366座车站。这套全新的出行网络在20多年里逐渐但深刻地影响着这座城市的运行和市民的日常生活，正如同我们在许多全球大都市里所体验的那样。

多年以来，我们的城市规划和建设都是基于街道和道路这套运动（步行和车行）系统而展开的。今天，在城市更新和发展规划的编制过程中，也意识到轨道系统作为城市运动系统中的新主角所施加的影响越来越重要，从而需要对原有的设计方法、决策机制乃至建设实践有所改革和创新。由于轨道交通车站的布局，不少原来繁华的地区现在变得默默无闻，也有许多街区一跃成为城市活力新热点，这些事实提示我们在新老城区中，轨道网络和车站正全面融入城市的新陈代谢过程。未来十年，中国将有5万亿人民币的总投资用于城市轨道线网和车站的建设，城市发展与轨道系统同步，尤其在车站地区的规划设计和建设层面的协同发展，无疑对那些已建和即将建设轨道交通的城市具有特别重大的意义。

基于这样的初衷,我们提出了"站城协同"这一理念，并有幸获得了国家自然科学基金的大力支持，以上海中心城区为对象，对城市轨道交通车站地区的综合出行网络（轨网、车网、步网）与空间使用的布局和绩效等方面进行了关联性的研究，也对我们的规划政策和方法进行了反思和检讨，期待着以大数据开放为前景的量化分析方法能成为规划预判和理性决策的支持工具，因此，本书（系列）虽然呈现的是以上海这座特定城市为基础的研究，或许结论并不完全适用其他城市，但我们更期待其中的研究方法和研究工具能引发城市规划和城市设计的研究者和实践者们交流、探讨和应用。使关于人们日常出行与活动的密切关联性成为塑造"紧凑活力永续"城市的重要原则和深化依据。

本书是"站城协同"系列的主要研究成果之一，主要探讨的是城市轨道车站地区的空间形态对人流活动的具体影响，分别从整体尺度和局部尺度两个层面构建站区多维空间形态对人流活动的综合影响模型，并在统计模型的基础上进行应用型转化，构建街道人流分布的快速预判模型，为推动城市设计从"经验判断"到"科学分析"提供支持。

庄宇

2019年5月15日

前言

在当前城市空间规模持续扩张和城市机动化快速增长的双重压力下，我国城市发展正面临严峻的空间与交通危机，人们逐渐认识到交通规划对城市结构的重要引导作用。因此，我国很多大城市正在寻求一种以轨道交通为驱动，将轨道交通车站地区作为城市空间发展单元，进而促进城市结构优化调整的城市发展策略。

在此背景下，本书将轨道交通车站地区人流活动作为主要研究对象，从城市设计的视角出发，探讨空间形态对站区人流活动的具体影响。研究选取上海中心城区发展较为成熟的 10 个典型轨道交通车站地区作为样本案例，借助于不断革新的量化分析技术及大量翔实的调研数据，分别从整体尺度（以站区为基本分析单元）和局部尺度（以街道为基本分析单元）两个层面构建站区人流活动的综合影响模型，从而为推动城市设计从经验判断到科学分析提供支持。本书的主要研究内容和相关研究结果概述如下：

（1）科学构建空间形态与站区人流活动的定量分析框架

在大量文献阅读及实际应用的基础上，建立有关站区人流活动及空间形态的定量分析框架，这其中既包括对人流活动调查内容及空间形态度量指标体系的构建，也包括相应调查方法及分析工具的合理选取等。研究的主要贡献为：一是对城市空间形态定量分析方法的发展脉络进行梳理，并对当前较有代表性的几种城市空间形态定量分析工具的工作原理进行总结，包括空间句法（Space Syntax）、多中心性评价（Multiple Centrality Assessment）、空间设计网络分析（Spatial Design Network Analysis）、场所句法工具（Place Syntax Tool）、城市网络分析（Urban Network Analysis）等；二是全面关注与站区步行活动相关联的城市空间形态要素，分别从路网构形、空间组成、功能构成和交通设施四个维度构建有关站区空间形态的度量指标体系。

（2）探讨多维空间形态对站区人流活动的综合影响

基于图表形式的数据比较和统计学中的相关分析、因子分析及多元回归分析方法等，对调查数据的基本特征进行提炼归纳，对空间形态与人流活动的关联影响进行深入探讨，进而构建站区整体尺度和局部尺度的人流活动综合影响模型，并找寻关键性空间形态影响变量。研究证实，在本书探讨的中心型站区，其人流活动受到多维空间形态的综合影响：有超过 70% 的日均站点客流量可通过轨网构形与功能构成、公交设施综合变量共同预测得出；有超过 70% 的日均通行人流密度可通过车网构形与功能构成、步网构形与公交设施综合变量共同预测得出；有超过 90% 的日均驻留人流密度可通过步网构形与空间组成、车网构形、轨网构形、功能构成和公交设施综合变量共同预测得出。在综合考虑多维空间形态要素后，可对工作日和周末的街道人流分布均有较高的解释作用，预测人流值与观测人流值的完全一致度可达 60% 以上，相似度可达 95% 以上，相较仅考虑单维空间形态要素的影响模型，综合影响模型的拟合效果在完全一致度上可有 10%—25% 的提升，在相似度上可有 1%—20% 的提升。

（3）构建街道人流分布的应用型评估模型

通过统计回归方程建立的街道人流分布综合影响模型可帮助我们更为准确地认识空间形态对人流分布的影响作用，然而从实际应用的角度，一种简化并直观的评估模型是设计实践中更为需要的。本研究即在街道人流分布综合影响统计模型的基础上，通过区分关键性影响变量和非关键性影响变量，并对其赋予不同的权重，从而建立街道人流分布的快速评估模型，在此基础上再将其转化成更具实际应用意义的可视化评估模型图。借助这一可视化评估模型，在城市中心区的轨道交通站区有超过 60% 的人流分布可通过对街道空间形态的快速评估而直接预测得出。

本研究与“站城协同”其他两本《站城协同：轨道车站地区空间使用的分布与绩效》《站城协同：轨道车站地区的交通可达与空间使用》为系列研究，均基于 2015 年的研究数据，当时正值上海轨道交通网络建设快速发展时期，希望通过本书的研究发现其中的问题。虽然在当下出现大量 TOD 的理论和一部分节点型项目的提升，但轨道车站与城市的协同发展，特别是与人们就业、生活等日常活动密切相关的空间容量和立体化布局，仍然需要创新和变革。因此从城市全局来说，本研究所呈现的问题、发现和工作方法仍有重要价值。

书中图片、表格未注明资料来源的，均为作者自绘或拍摄，资料来源标注“课题组”的图片或表格，为“轨道交通站点区域人车路径与空间使用的协同效应课题研究小组”研究内容，作者参与了绘制过程中的部分工作（现场调研、资料收集、数据整理等）。

2019 年 5 月 15 日

目录

第 1 章　绪论

1.1　研究背景与缘起

1.1.1　现实背景

1. 快速城市化建设所面临的空间与交通危机

城市化现象是人类历史上不断拓展生存空间的具体表现。根据联合国经济及社会理事会人口事务部数据，截至 2014 年年末，全球范围内城市人口已达到总人口的 54%，而在 1950 年，这一城市人口比例仅为 30%；全球每天有近 18.7 万的新增城市人口，预计从 2014 年至 2050 年，全球城市人口将从 72 亿增至 96 亿。在如此快速的全球城市化进程中，中国的城市化速度尤为突出。联合国统计数据显示，全球 71 个超 500 万人口的城市中，包含中国城市 17 个，约占 1/4；预计至 2050 年，在全球增加的 24 亿城市人口中，中国与印度将贡献超过 1/3[①]（图 1-1）。

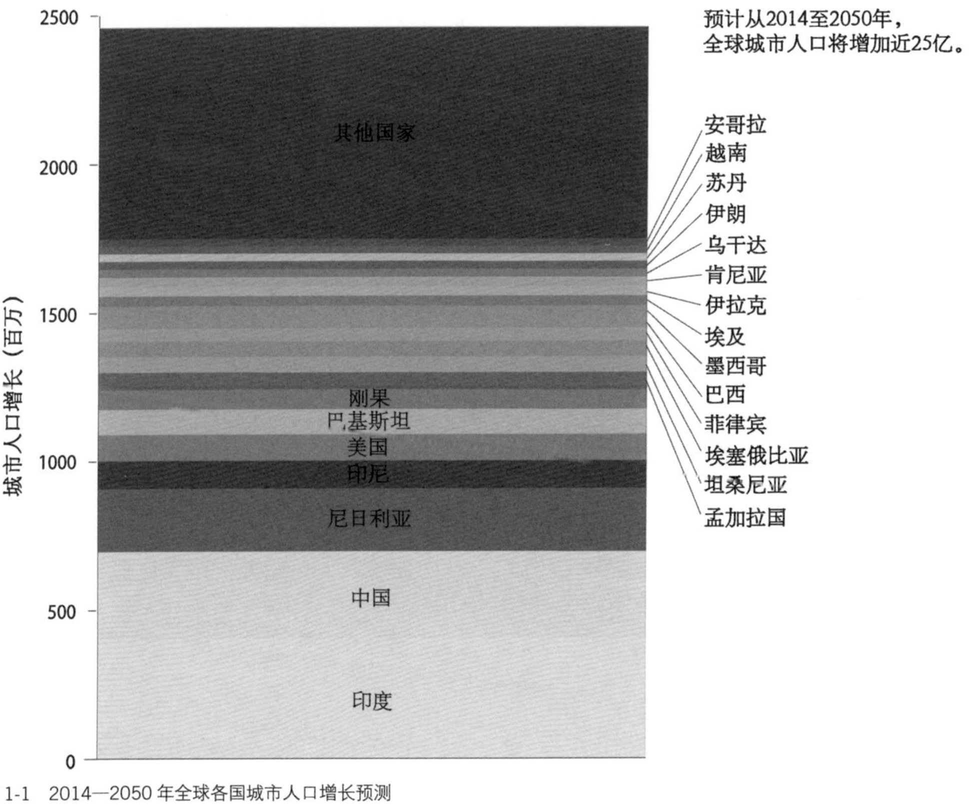

图 1-1　2014—2050 年全球各国城市人口增长预测
数据来源：联合国经济及社会理事会人口事务部（2015）数据

① 联合国经济及社会理事会人口事务部（2015）数据。

城市人口规模的持续增长，必然导致城市空间建设的需求增大。自 20 世纪 90 年代以来，城市外延空间呈现明显的快速扩张特征，原本应与人口城市化相适应的土地城市化以一种超常规的态势发展。以上海为例，作为中国人口最多的城市，也是目前全球第三大城市[①]，从 1991 年至 2015 年的 25 年间，上海常住人口从 1004 万人增至 2439 万人，增长率为 1.4 倍；与此同时，城市建成区面积却从 4.6 万 ha 增至 26.9 万 ha，增长率达到 4.8 倍，在研究范围内城市建成区面积占比从 23% 增至 57%[②]（彩图 1）。

此外，城市的外延式扩张又变相促进了机动车出行趋势的增长。新城、新区的建设与住房货币化的政策使得各阶层城市居民在空间上分离，城市低收入人群和新移民涌向城市外围，居住、工作、购物之间的分离进一步加剧，由于道路建设先期形成，而公共交通建设却严重滞后，这使得小汽车成了许多家庭出行的必要交通工具。可以看到近年来，我国汽车保有量呈高速增长趋势，至 2015 年年底，我国机动车保有量已突破 2.8 亿辆，与 2014 年相比，私家车的数量增长达 17.8%，全国平均每百户家庭拥有 31 辆私家车，在北京、成都、深圳等大城市每百户家庭拥有私家车数量超过 60 辆[③]。

然而，在如此快速推进的城市化建设中，我国现有的城市空间增长与交通发展模式逐渐显露出诸多问题。一方面，城市用地的过度扩张造成了土地资源的严重浪费。我国耕地资源流失严重，相关学者对此统计发现，我国城市（镇）人口每增加 1 个百分点，城市建成区面积即扩大 10.2 万 ha，耕地相应减少 47.8 万 ha[④]。有限耕地资源的流失使粮食安全成为影响我国环境变化及可持续发展的关键性问题。而在极速城市扩张下所产生的许多新城、新区，比如被安置于城市边缘地区的“开发区”“大学城”“居住区”，由于其基础公共设施严重缺乏，不能支撑新区有效运转，它们在城市中往往是孤立的、分散的、功能结构单一的，加之与城市主城区缺乏先导交通联系，而导致新区与城市原有片区割裂，城市资源不整合，造成土地资源的浪费。

另一方面，快速增长的小汽车数量导致人车矛盾更加复杂，交通拥堵、环境恶化等问题日益突出。全国多个大城市出现“常态化拥堵”的现象，在高峰期中心区道路与城市主干道的运行效率大幅下降。在城市道路空间建设方面，相关决策者往往将机动车作为道路规划设计的主要服务对象，关注道路的快速机动车交通功能，而忽视对公共交通

① 根据联合国经济及社会理事会人口事务部（2015）数据，全球人口最多的两个城市依次为日本东京和印度德里。

② 数据源自《城市扩张地图集》（*Atlas of Urban Expansion*），由纽约大学城市扩张研究项目与联合国人居署和林肯土地政策研究院合作完成。

③ 公安部交通管理局 2016 年统计数据。

④ 赵俊超，朱喜．在城市化进程中实现耕地增加：一个大胆而具有现实可行性的构想 [J]. 科学研究，2006，24（1）：52-56.

和步行空间的建设需求。同时，汽车尾气也被证明是形成雾霾的重要污染源之一，相关研究指出，机动车对于北京雾霾天气的贡献度超过 20%[①]，对局部区域的贡献度超过 80%[②]。

在城市空间规模持续扩张和城市机动化快速增长的双重压力下，我国城市发展正面临严峻的空间和交通危机。特别是在 21 世纪的今天，移动互联网技术的兴起使得城市活力受到极大的冲击，个人资源的获取从广度到效率上都得到了极大提升，从而促使传统的城市生活方式发生了颠覆性变化。如何使城市空间增长与交通发展模式相调和，如何在城市建设中重塑城市活力，如何通过城市设计手段改善人们在城市中的日常生活，如何将城市建设由外延式扩张转向内涵式发展，由追求数量转向注重质量，将城市建设回归到“以人为本”，这是在我国城市化进入加速发展的中后期面临的主要挑战。

2. 城市与交通的发展思路急需转变

在我国城市化与城市机动化的双重快速增长态势下，人们逐渐认识到交通规划对城市结构的重要引导作用，城市与交通的发展思路急需转变，城市交通的发展与城市空间规划需相互协调。从国家到城市，“优先发展公共交通”等相关政策相继出台，“以车为本”向“以人为本”的发展思路转变。相较于小汽车，公共交通往往具有集约高效、节能环保等优点（表 1-1），“优先发展公共交通是缓解交通拥堵、转变城市交通发展方式、提升人民群众生活品质、提高政府基本公共服务水平的必然要求，是构建资源节约型、环境友好型社会的战略选择”[③]。

表 1-1　小汽车与公共交通的外部成本对比　　单位：欧元 /（千人 • km）

项目	外部成本		
	小汽车	公共汽车	轨道交通
噪声	10—25	2—3	2—3
空气污染	6—12	<1	<1
空气污染包括温室效应	10—50	小汽车的 1/3	小汽车的 1/10—1/4
交通事故	5	<1	<1
交通拥挤	50	<10	0
占用城市空间	50—250	3—20	<5

数据来源：蔡君时 . 世界公共交通 [M]. 上海：同济大学出版社，2001.

① 彭应登 . 北京近期雾霾污染的成因及控制对策分析 [J]. 工程研究 - 跨学科视野中的工程，2013，5（3）：233-239.
② 张楫泽，刘憬然，孔漪宝 . 北京雾霾现象与机动车尾气排放关系分析 [J]. 北方环境，2013（11）：115-117.
③ 国务院 . 国务院关于城市优先发展公共交通的指导意见 [R/OL].（2013-01-05）[2015-05-10]. http：//www.gov.cn/zhengce/content/2013-01/05/content_3346.htm.

我国在特大城市和大城市中大力推进轨道交通系统建设，这正是“优先发展公共交通”政策的重要体现，中央提出“通过推行公交优先规划与政策，建设与轨道交通相互衔接的多层次、多元化的城市公共交通体系，优化综合交通换乘系统，保证公交出行的多样性和换乘的方便性”①。可以看到，整个“十二五”期间，共建成投运线路达 2019km，从 2011 年至 2015 年平均每年增加 404km，通车线路长度呈迅速增长之势（图 1-2）。截至 2015 年年末，中国大陆地区已经有 26 座城市开通了轨道交通运营（图 1-3），运营线路共计 116 条，建设车站 2236 座，运营线路总长度达 3618km，其中除了北京和上海的城轨交通运营里程已超过 600km 外，另外有 18 个城市均拥有 2 条以上的城轨交通线路，逐步形成网络化的运营格局②。

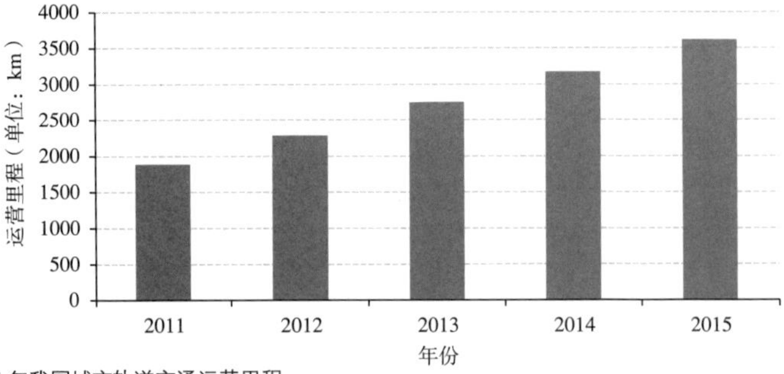

图 1-2　2011—2015 年我国城市轨道交通运营里程

注：图为作者自绘，数据源自中国城市轨道交通协会 . 城市轨道交通 2015 年度统计分析报告 [R]. 北京：中国城市轨道交通协会，2016.

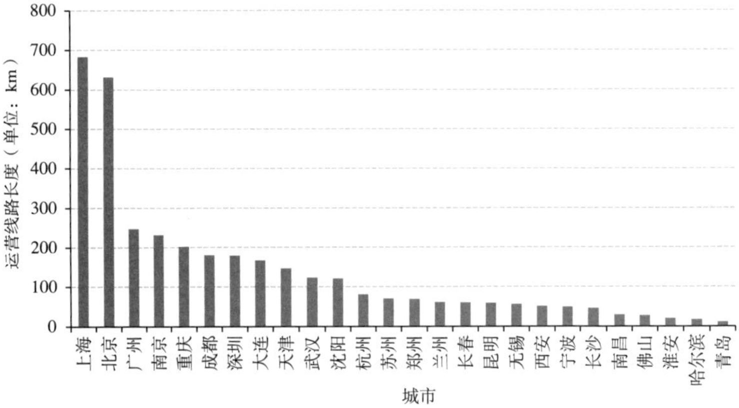

图 1-3　2015 年度中国城市轨道交通运营线路长度

注：图为作者自绘，数据源自中国城市轨道交通协会 . 城市轨道交通 2015 年度统计分析报告 [R]. 北京：中国城市轨道交通协会，2016.

① 住房和城乡建设部 . 城市轨道沿线地区规划设计导则 [S]. 北京：住房和城乡建设部，2015.

② 中国城市轨道交通协会 . 城市轨道交通 2015 年度统计分析报告 [R]. 北京：中国城市轨道交通协会，2016.

轨道交通是城市公共交通系统中的重要组成部分，作为一种具有运量大、便捷性好、时效性强等特点的城市交通运输方式，轨道交通是现代大都市可持续发展的必然选择。大规模的轨道交通建设可提高城市公共交通的竞争力，提升城市可达性，减少人们日常出行的时间，这为优化城市结构、提高城市运行效率、促进城市活力带来契机。

3. 以轨道交通为驱动实现城市结构优化调整

早在20世纪80年代末期，美国即提出“以公共交通为导向的发展”（Transit-Oriented Development，TOD）的发展理念，它提倡通过公共交通引导城市空间结构以“对抗导致长距离出行、交通拥挤、不利于步行和环境恶化的城市蔓延”①。TOD规划理念中强调以公交站点为核心，结合其周边区域作为一个整体的空间发展单元，加利福尼亚交通局将TOD定义为“位于主要公共交通站点周围，适合于步行的范围之内，中等密度到高等密度的城市开发，通常将居住、就业和商业服务设施混合布置，采用适合于行人的规划标准，但是也并不排除小汽车；可以是新建也适合于改建，前提是充分与公共交通设施相互协调。”②TOD的发展模式被认为可以在生活方式、环境和经济等方面带来诸多好处，包括有效降低机动车出行量，允许居民将居住、工作和娱乐集中于同一地区，减少碳排量降低对环境的消极影响，提高地区可达性，刺激地区经济复苏，复兴城市地区等③。经过多年的理论探索与实践总结，TOD已从早期的一种规划概念逐步发展成一种新的城市组织结构（图1-4）。

这里TOD模型中所强调的公交站点核心往往被理解为具有较大客流量的公交枢纽，如轨道交通车站。轨道交通车站是城市中的交通功能节点，它为居民出行提供交通设施以及转换联系的场所；同时它也是密集人流的源点，往往带动车站周边地区发展成城市社会经济活动最密集、土地价值和开发利用程度最高的区域，其所具备的客流效应、商业价值及经济带动作用决定了轨道交通站区成为当今时代背景下城市活力营造的策略性城市节点，而整个轨道交通网络的建设将对城市空间结构产生根本性的影响。

学者张有恒将轨道交通与城市发展的协同归纳为因果效应、催化效应和可达性效应三种，便利的公车站会带来大量人流，从而吸引零售业、服务业等商业及住宅等的联合开发；站区的开发建设会吸引人口

---

① CALTHORPE P. The next American metropolis：ecology，community，and the American dream[M]. New York：Princeton architectural press，1993.

② BOROSKI J，FAULKNER T，ARRINGTON G B，et al. Statewide transit-oriented development（TOD）study：factors for success in California[J]. Land Use Planning，2002.

③ Benefits of Transit Oriented Development，Transit Oriented Development Institute，2016.

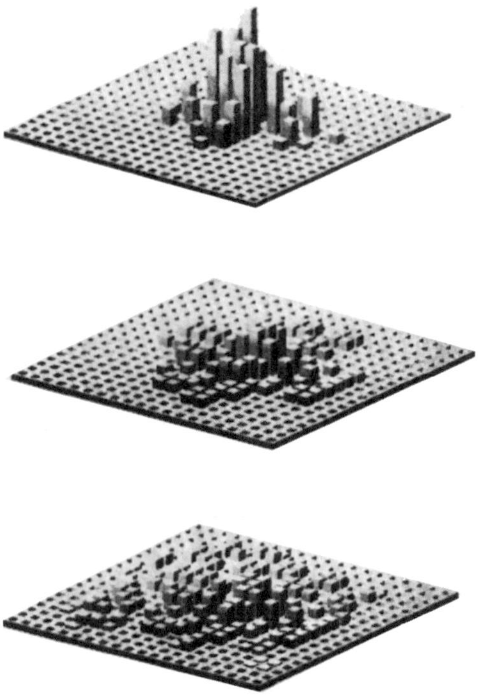

图 1-4　不同交通方式对城市空间结构形态的影响
图片来源：PUSHKAREV B，ZUPAN J M. Public transportation and land use policy[M]. Bloomington：Indiana University Press，1977.

移入、旅次增加以及商业与住宅的需求增加，从而形成一种相互催化的作用；同时轨道交通系统会增加整个社区与商业活动空间的可达性[①]。换言之，基于交通可达性的影响，轨道交通与城市空间之间的相互作用使得城市空间往往表现出围绕站点节点（即交通可达性最优点）自发组织的空间特征和相关效应[②]。

由此可以看到，轨道交通车站的建设与改造应不局限于站点自身，而是以区域性的协同发展策略塑造站点与周边场所的关系，兼顾为周边的使用人群（包括居民、从业者、购物者等多样性使用人群）提供服务，通过科学的空间与功能组织合理引导人流，带动周边经济发展，营造多样高效的使用场所，提升社区活力。将轨道交通站区作为城

① 张有恒 . 都市公共运输 [M]. 台北：华泰文化，1994.
② 潘海啸，任春洋 . 轨道交通与城市公共活动中心体系的空间耦合关系：以上海市为例 [J]. 城市规划学刊，2005（4）：76-82.

市空间发展单元，建立适应车站地区多元功能的步行系统，将车站的交通功能与周边社区环境塑造相配合，从而激发城市获得交通优化以外的多向度效应，这对于推进地区的整体机能运行、促进公交和步行优先的低碳发展以及维持城市经济的持续进程具有重要意义。

1.1.2 研究缘起

1. 站点建设疏于兼顾周边地区的整体发展

虽然我国城市决策者已认识到大运量公交引导城市发展的重要性，目前的轨道交通建设却仍存在较多问题。由于规划设计时间短、建造速度快、开工数量多、投资资金受限等原因，其往往仅立足于解决快速城市发展中公共交通运能严重不足的现实矛盾和交通拥堵等轨道交通自身问题，而疏于兼顾周边地区的整体发展。大量建成的轨交车站独立于周边环境，有限的步行通道和出入口在高峰时段形成严重拥堵，周边的改扩建及新开发项目缺乏有效的规划控制和引导，各功能空间彼此独立、互不连通，因而导致城市地区运行效率低下，难以形成具有活力的城市节点。

以上海为例，截至 2015 年年末，上海轨道交通共开通线路 14 条（1—13 号线、16 号线），全网运营线路总长度为 683km，车站为 375 座，其中包含换乘站 118 座[①]。综合车站建成的多层面空间特点，可将其分为 3 个组成部分：①轨交站，即付费区以内的疏散通道；②周边与地铁站在多个层面直接连接的物业项目，可能包括商业、办公等场所；③连接周边物业项目的步行通道。在此基础上，将已建车站按其步行系统的空间结构特点，又可分为 5 种空间形式，分别是：孤岛式、上盖物业结合式、通道结合式、网络整合式以及多站整合式[②]（图 1-5），它们反映了轨交站在发展演变过程中于各个阶段所呈现的不同空间结构特点。经调查统计发现，在上海核心城区范围内已建成并投入使用的 86 座站点（换乘站不重复计算），仍采用孤岛式的轨交站有 72 座，占比高达 83.7%，采用上盖物业式（2 座）和通道结合式（7 座）开发的轨交站分别占比为 2.3% 和 8.1%，而采用整合式开发即网络整合式（1 座）与多站整合式（4 座）开发的轨交站仅占核心城区站点总数的 5.8%。

数据分析结果表明，目前上海的大多轨道交通站点仍采用独立出入口即孤岛式的开发模式，这一般是轨交站在建成初期形成的一种基本形式，站厅层沿城市道路设置于城市道路上方或下方，并通过 2—4 个独立出入口与地面层的城市人行道连接，这种模式多以解决大客流的交通疏散问题为主，兼具

① 中国城市轨道交通协会 . 城市轨道交通 2015 年度统计分析报告 [R]. 北京：中国城市轨道交通协会，2016.
② 庄宇，张灵珠 . 上海地铁车站及周边地下空间开发的现状与发展趋势 [J]. 城市建筑，2015（13）：30-33.

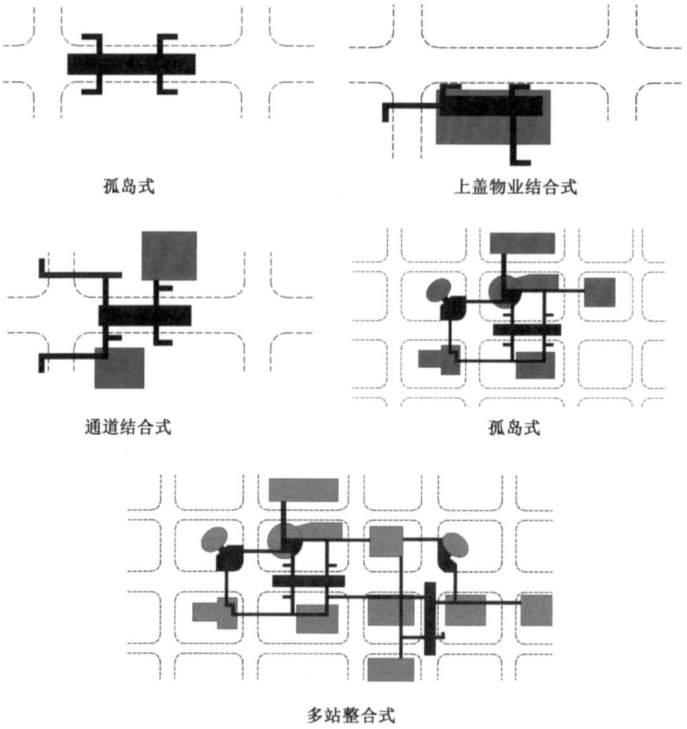

图 1-5　轨道交通站路径结构的 5 种空间形式
图片来源：庄宇，张灵珠 . 上海地铁车站及周边地下空间开发的现状与发展趋势 [J]. 城市建筑，2015（13）：30-33.

地下 / 地上过街功能，却尚未与周边物业形成多种途径的联系，未充分考虑对多层面空间的充分利用以及由人流引导而引发的空间效益。而以连接轨交站与周边开发项目的体系化步行网络，及汇集购物、餐饮、交通、休闲等多功能于一体的立体化空间为主要特征的轨交站整合式开发模式在上海还较为少见，特别是在城市中心区，这一现象直接造成了客流资源及土地资源的浪费。

2. 站区建设需结合行为评估的重要性

轨道交通站区的活力由建成空间与空间中的使用活动共同建构，除了建成使用的空间自身，在空间中产生的人流活动也是其重要组成部分。将对人流活动的考量纳入轨道交通站点的开发建设中是十分必要的，这既涉及站点选址及轨道交通网络线路搭建的问题，也包含站点及周边地区的整体空间开发的问题。

一方面，轨道交通建设本身是一个投资规模巨大、运行成本极高的城市基础设施项目，保证轨道交通充足的客流量，以有效解决快速城市扩张中公共交通运能严重不足的现实矛盾，并使客流得到有序组织，以适应人们通勤、交往、消费和文化休闲等行为需求，这是轨道交通的建设目标也是经济目标所在。考虑到轨道交通的经济效益问题，轨道交通站点一般应设置在流量相对集中的地区，保证有足够的使用率，而站点自身带来的大客流量也为站点周边地区活力提供保证。潘海啸、任春洋提出，若轨道交通车站与城市各级公共活动中心在空间上相叠合设置，“一方面会促进城市中心的发展，另一方面又为轨道交通提供了客流，保证轨道交通作为促进城市交通可持续发展的经济理由存在。”[①]从市级到社区中心级的各级城市公共活动中心会形成高活动强度的核心节点，而由轨道交通提供的各节点之间的便捷联系有利于城市地域功能的互补。

另一方面，人流活动在站区多层面步行系统中的分布差异也直接与站区各部分的经济效益、地产价值和长期可持续发展密切相关[②]。相关研究显示，部分轨交站使用率较高是和该区域较高的购物密集度相关[③]，而通道中的人流活动又可以部分解释商店的访问率[④]；在另外佩瑟（Peisser）的研究中进一步证实，成组商业设施的平均租金与人流活动呈显著相关性，这是因为人流活动可直接带动商店访问率，并相应带动商店销售额，从而反映到商业设施的地产价值中。多项研究均明确表明，在多层面步行空间中经济行为与人流活动分布关系密切，因而能否预测行人活动变得十分关键[⑤]。

3. 站区建设缺乏系统性的决策支持

在增强轨道交通站区协同研究的基础上，相关实施部门在管理机制上能否实现系统性的决策支持也是十分重要的。目前对于大多轨道交通站区空间环境及土地使用建设与人流活动联动性出现的问题，很大程度上是由于相关部门缺乏一种系统性的决策支持，各个部门往往只关注完成各自独立的工作，而缺乏一种总体性的规划控制，这在轨道交通站区的规划建设中正是尤为需要的。

一方面，轨道交通站区的空间开发往往较为复杂，站区多层面空间开发并不是建筑在地上或地下空间的简单延伸，从人流活动的角度，一种科学、可行且系统的评估方法是站区开发决策中所十分必要的。对于新建项目进行合理评估，将新建项目与现存项目

---

① 潘海啸，任春洋．轨道交通与城市公共活动中心体系的空间耦合关系：以上海市为例 [J]. 城市规划学刊，2005（4）：76-82.

② ZACHARIAS J，许玫．地下系统推动蒙特利尔中心城区的经济发展 [J]. 国际城市规划，2007b（6）：28-34.

③ ZACHARIAS J. Modelling pedestrian dynamics in Montreal's underground city[J]. Journal of Transportation Engineering，2000，126（5）：405-412.

④ ZACHARIAS J. Predicting the economic value of indoor pedestrian corridors from pedestrian behavior[C]// Proceedings of the 6th International Symposium for Environment-Behavior Studies. Tianjin，2004：92-99.

⑤ PEISSER E. The relationship between sales volume，rental value and pedestrian volume in the underground[D]. Montreal：Concordia University，1997.

看作一个整体，其中做出一些增加或减少的改变，均可能对原有的人流活动产生影响。因而对于决策者来说，能在项目之初即对未来的人流活动状况做出总体性的评估预判，并使其能与现存系统协同运作，这对接下来的项目运作是十分重要的。

另一方面，轨道交通站区借助轨交站的开发逐步建设形成，其同时涉及政府部门与私营部门的共同推动，政府部门的总体性评估控制与私营部门的自治管理要相互配合。同时由于站区建设过程又往往是长期且阶段性的，在未来发展中具有一定的不确定性，因而在项目实施管理过程中需要形成一种具有弹性的指导策略，以应对实际发展中的不确定性。

4. 新数据环境推动相关研究的进一步发展

2012 年，联合国发布《大数据促发展：挑战与机遇》一书，指出通过数据指导城市生活的“大数据时代”已经到来，这将对各学科及相关研究领域的数据收集与分析技术带来重大变革。其中，应用于城市设计研究中不断革新的量化分析技术以及更高广度与精度的空间行为数据，为帮助理解复杂的城市秩序提供了新的思路，为促进城市设计决策中的科学性带来契机，这一变革也进一步帮助促进不同专业领域知识的联系，并带动了一种全新的城市分析方法与工作框架①。

沈尧、龙瀛对在新数据环境下理解城市秩序的一般流程进行梳理（图 1-6）：首先，调查并收集各种数据，将其数字化，这其中既包含传统意义的静态调查数据，也包含借助“大数据资源库”获取的大覆盖、高精度的即时数据，另外也包括与城市规划设计相关的数据；其次，选择有效的分析方法与建模软件，将收集到的各类型数据在一个高效的空间信息系统中进行关联；最后输出定性报告以及可视化成果。这一工作流程最大的意义在于可以“将规划与设计所调控的空间要素与其功能意义联系起来，并最终确定精准的相互关系”②。

应用于城市设计领域中的定量分析方法为城市设计师及决策者提供了一种辅助的评估手段，同时也对在新数据环境下的城市设计评估方法提出了新的要求，这其中即包括对多个尺度下评估指标的关注，从城市尺度到街道尺度的城市形态评估指标可反映不同细节程度的形态特征，城市尺度的研究更强调从优化城市结构的角度进行控制，街道尺度则从行人使用的角度出发，可以帮助城市设计者关注于更小尺度的环境要素，重视“以人为本”的城市设计，这也正呼应了当下追求空间品质建设及城市活力营造的城市发展需求。

① 联合国 . 大数据促发展：挑战与机遇 [R]. 纽约：联合国秘书长执行办公室，2012.
② 沈尧，龙瀛 . 数据作为设计的工具性：在新数据环境下探索城市秩序的可持续内涵 [J]. 景观设计学，2015（3）：10-19.

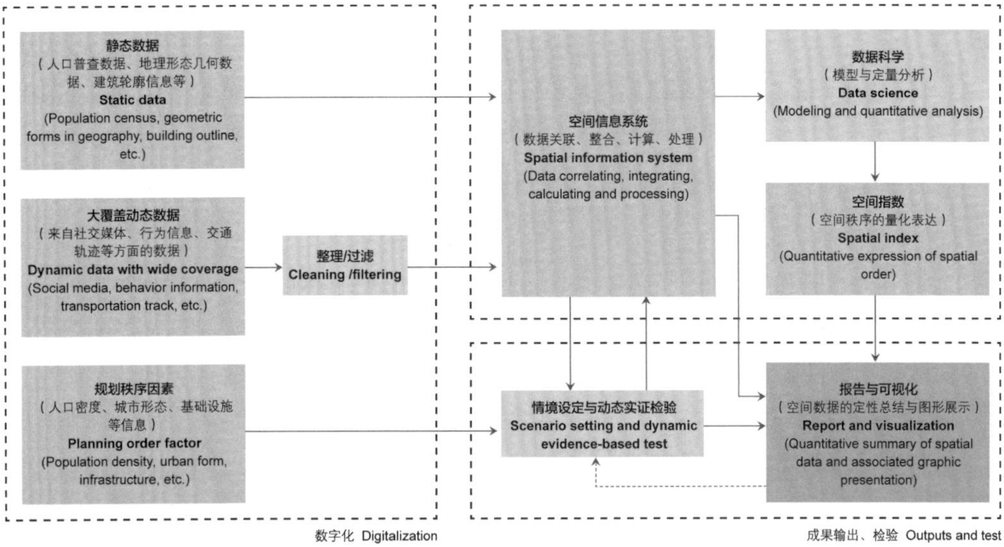

图 1-6 新数据环境下理解城市秩序的一般流程

图片来源：沈尧，龙瀛．数据作为设计的工具性：在新数据环境下探索城市秩序的可持续内涵 [J]. 景观设计学，2015（3）：10-19.

1.2 研究问题界定

1.2.1 研究对象

本书的研究正是缘起于上述背景的讨论，从城市设计的视角出发，将轨道交通车站地区作为研究对象，探讨站区空间形态如何具体作用于人流活动，进而影响整个站区活力，并尝试提出更具实操性的评估方法，实现对城市设计决策与实践的有效指导与帮助。基于多尺度下的城市功能连接及人流活动评估需求，研究分别从整体尺度（即以站区为基本度量单元）和局部尺度（即以街道为基本度量单元）两个层面展开，前者从城市结构角度，后者从行人使用角度分别探讨城市空间形态如何作用于人流活动。具体来说，研究需要解决的关键问题主要包括以下 3 点：

（1）发现空间形态中影响站区人流活动的重要因子。将城市设计实践中所调控的空间形态要素与站区人流活动建立联系，基于相应的传统理论与调查方法，建立有关站区人流活动及空间形态的定量分析框架，并构建与站区人流活动相联系的空间形态度量指标体系，也包括相应调查方法及分析工具的合理选取等。

（2）探寻多维空间形态对站区人流活动的综合影响。在数据调查采集的基础上，基于图表形式的数据比较和统计学中的相关性分析、因子分析及回归分析等方法，提炼归纳研究对象的基本特征，深入探讨空间形态对站区人流活动的影响机制，这其中主要包括考察构建的空间形态模型对于人流活动的预判能力，以及找寻站区人流活动的关键性形态影响因子及其各自的具体作用规律，从而为城市设计领域的设计师和政府决策者提供一些可供参考的城市设计参数。

（3）构建站区人流活动的应用型评估模型。基于实际应用的考虑，特别是对于城市设计领域的设计师和决策者来说，简化、直观并形象的评估模型是实操中更为需要的。研究希望在统计模型的基础上建立对空间形态更为精简快速的计算模型，从而应用于对街道人流分布的快速评估预判中。

以上 3 点是研究中有待解决的关键问题，也是研究所面临的技术难点，这将在下文中一一进行解答。

1.2.2 核心概念界定

1. 城市轨道交通

城市轨道交通（Urban Rail Transit）指的是“采用轨道结构进行承重和导向的车辆运输系统，依据城市交通总体规划要求，设置全封闭或部分封闭的专用轨道线路，以列车或单车形式，运送相当规模客流量的公共交通方式”[①]。城市轨道交通包含多种类型，根据《城市公共交通分类标准》中的划分，城市轨道交通包括地铁系统（Metro Rail Transit，MRT）、轻轨系统（Light Rail Transit，LRT）、单轨系统（Mono Rail Transit）、有轨电车（Tramway）、磁浮系统（Maglev Train）、自动导向轨道系统（Automated Guideway Transit）和市域快速轨道系统（Sunburden Rail）。本书所研究的城市轨道交通特指城市内部的中等运量以上的轨道交通，主要包括地铁与轻轨等，它们是城市轨道交通建设中最常见的类型，由于其具备独立封闭的路权，行驶速度要比混合路权状态下的常规公共交通快很多。一般地铁的单向运送能力为 30 000—90 000 人次 /h，轻轨的单项运送能力为 10 000—30 000 人次 /h；轻轨车厢重量较轻，运行速度不高，地铁自重相对较大，具备较好的稳定性，所以运行速度可达到 60km/h；二者在造价上也差异较大，轻轨每公里造价为 1.5 亿—3.5 亿元人民币，地铁可达到 6 亿—8 亿元人民币。

2. 轨道交通车站地区

轨道交通站点因其人流聚集效应而产生对周边空间的带动与影响，由站点形成实际影响的区域称之为轨道交通车站地区(Urban Rail Transit Station Area）。可以看出，轨道交通车站地区同时具备节点和场所的双重性质[②]，节点反映了站点在城市网络中的交

① 中华人民共和国建设部 . 城市公共交通分类标准（CJJ/T114-2007）[S]. 北京：中国建筑工业出版社，2007.
② 惠英 . 城市轨道交通站点地区规划与建设研究 [J]. 城市规划汇刊，2002（2）：30-33.

通功能，而场所反映了车站地区以轨道交通站点为核心形成设施集中、功能多样等的区域性特征。

一般认为，轨道交通车站地区具有一个显著的范围界定，其范围大小与形态受到包括经济社会条件、土地用地结构、街道路网、开发强度等多种因素的影响，而在众多影响因素中，最为常用的是以步行半径作为站区的范围界定依据。参考国内外学者对轨道交通站区的范围界定，10min 即 400—600m 的出行路程往往是步行者最为容易接受的。扬·盖尔（Gehl）发现，大多数人每次步行的活动半径为 400—600m①；塞维罗等将轨道交通的步行影响范围设定为 500—800m②；卡尔索普（Calthorpe）在其 TOD 定义中，将大约 10min 步行距离、2000 英尺（约 610m）设定为对于大多数人的“舒适步行距离”③,④。在我国，潘海啸等选取上海轨道交通的 48 个站点分析了轨道交通对站点地区土地利用的影响，证实在中心城区，轨道交通对站点的影响范围大约在 500m⑤；边经卫、刘皆谊等同样认为，轨道交通站点乘客的合理步行时间不超过 10min，最大步行影响区半径不超过 600m⑥,⑦。

在此基础上，本研究中所界定的轨道交通车站地区即研究范围，是在街道网络基础上，以各个轨交站出入口为起点，沿步行路径步行 500m 的可达范围集合。考虑到本书表述中的简洁性要求，轨道交通车站地区又被简称为“轨道交通站区”或“站区”。

3. 城市空间形态

“形态”（Morphology）一词来源于希腊语 Morphe（形）和 Logos（逻辑），意指形式的构成逻辑。基于“形态”的分析方法最早产生于生物学中，主要用以研究植物的外形、生长与内在结构的关系，后发展至城市设计领域，成为其一个重要分支。

1928 年，美国人文地理学家莱利（Leighly）在其专题论文《瑞典梅勒达伦：城市形态学中的一项研究》（*The Towns of Malardalcn in Swcdcn: a Study in Urban*

---

① 盖尔 . 交往与空间 [M]. 何人可，译 . 北京：中国建筑工业出版社，2002.

② CERVERO R，DUNCAN M. Transit's value-added effects：light and commuter rail services and commercial land values[J]. Transportation research record，2002，1805（1）：8-15.

③ CALTHORPE P. The next American metropolis：ecology，community，and the American dream[M]. New York：Princeton architectural press，1993.

④ 卡尔索普 . 未来美国大都市：生态·社区·美国梦 [M]. 郭亮，译 . 北京：中国建筑工业出版社，2009.

⑤ 潘海啸，任春洋，杨眺晕 . 上海轨道交通对站点地区土地使用影响的实证研究 [J]. 城市规划学刊，2007（4）：92-97.

⑥ 边经卫 . 大城市空间发展与轨道交通 [M]. 北京：中国建筑工业出版社，2006.

⑦ 刘皆谊 . 城市立体化发展与轨道交通 [M]. 南京：东南大学出版社，2012.

Morphology）中首次正式使用“城市形态学”（Urban Morphology）这一概念①，此后，城市形态学的研究作为一个独立研究领域逐步兴起，并进入地理学、建筑学、人文学等多个学科，产生了大量积极成果。“形态的方法用以分析城市的社会与物质环境即被称为城市形态学”②，在英文文献中除了“Urban Morphology”，也有“Urban Form”等多种不同用法，相较而言，“Urban Morphology”一词所表达的空间性概念更强，“Urban Form”一词则表达的综合性意义更强③。

有关城市形态的定义有广义和狭义之分：广义的城市形态不仅是指城市各组成部分有形的表现，也是一种复杂的经济、文化现象和社会过程，是在特定的地理环境和一定的社会经济发展阶段中人类各种活动的结果；狭义的城市形态主要指的是城市实体和由这些实体组成的外部空间所共同表现出来的具体物质形态，它涉及实体和空间组合环境中的尺寸、结构、形状以及各要素间组成关系等内容。

在城市形态相关研究领域，城市空间形态（Urban Spatial Morphology）研究逐步发展为一个重要分支，它可追溯至20世纪50年代由莱斯利·马丁（Leslie Martin）和莱昂内尔·马奇（Lionel March）在英国剑桥大学创立的“城市形态与用地研究中心”④,⑤。城市空间形态研究更关注城市空间主体，并试图定量化探讨这些空间元素和它们之间的关系。段进认为，城市空间形态所表现的是城市形态发展规律的显性特征，是相互作用的城市形态诸要素所构成的有机体⑥；储金龙认为城市空间形态是一个由城市用地、城市交通、城市结构三个维度所组成的完整结构体系⑦；斯蒂文·马歇尔（Stephen Marshall）根据空间结构性特征将街道路网的空间结构关系进一步描述为空间组构与空间组成两种类型，前者强调的是一种抽象的拓扑性形态，后者呈现的是一种几何性形态⑧。

综上，本书所探讨的城市空间形态概念聚焦在以公共交通为支撑的城市空间形态要素，将其归纳为以下四个维度，即：①空间结构方面的路网构形（连接与组合关系等）；②物质形态方面的空间组成（长度、宽度、

---

① LEIGHLY J B. The towns of Mälardalen in Sweden：a study in urban morphology[M]. Berkeley：University of California Press，1928.

② 谷凯 . 城市形态的理论与方法：探索全面与理性的研究框架 [J]. 城市规划，2001，25（12）：36-41.

③ ANDERSON W P，KANAROGLOU P S，MILLER E J. Urban form，energy and the environment：a review of issues，evidence and policy[J]. Urban studies，1996，33（1）：7-35.

④ 谷凯 . 城市形态的理论与方法：探索全面与理性的研究框架 [J]. 城市规划，2001，25（12）：36-41.

⑤ March L, Martin L. Urban space and structures. Cambridge: University Press; 1972.

⑥ 段进 . 城市空间发展论 [M]. 南京：江苏科学技术出版社 . 2006

⑦ 储金龙 . 城市空间形态定量分析研究 [M]. 南京：东南大学出版社，2007.

⑧ MARSHALL S. Streets and patterns[M]. London：Routledge，2004.

密度等）；③空间使用方面的边界功能构成（功能强度、功能混合度等）；④交通维度方面的公交设施（轨交站出入口与巴士站的数量、分布等）。其中，路网构形与空间组成分别体现了实体环境中不同层面的空间形态特征，路网构形从路网形态的角度反映交通路网的连通程度，强调的是要素之间的组合关系，侧重于拓扑性结构关系的表达；空间组成强调从组成要素的差异性来理解网络结构，体现场所空间的长度、宽度、密度、肌理等尺度形态特征；功能构成是从功能使用的角度体现场所空间的吸引力影响；而针对本书所研究的轨道交通站区人流活动，交通设施也是重要的考察维度，其中又以公共交通设施为核心要素，其可在一定程度上反映区域内的主要人流来源及人流走向，它是完整呈现城市空间形态的有效组成部分。

4. 人流活动

人流活动（Pedestrian Movement）被广泛认为是评价城市活力的重要量化表征，简•雅各布斯认为，城市的活力产生于人与人活动及生活场所相互交织的过程中①；扬•盖尔对此做出了更为明确的解释，他认为，城市生活表现为“多少”和“多长”的产物，前者强调“量”的影响，即城市公共空间中使用者的人数，后者体现对“质”的追求，即城市公共空间中使用者度过的时间量②。

本研究中所探讨的人流活动主要指的是人们在轨道交通站区研究范围内发生的并以步行为基础的人流活动强度，依据扬•盖尔对人流活动的分类定义，研究所探讨的主要包括通过性（Walking）和停留性（Staying）两种，它们都是可用于反映站区活力良好状况的量化表征。结合轨道交通站区的自身特点，并借助于网络数据库资源及科学的实地调查方法，本书具体关注的人流活动数据包括轨道交通站点客流量、站区范围的街道通行人流量及主要公共空间内的驻留人流量，希望在可控的实操范畴通过多个人流活动表征值尽可能全面地反映轨道交通站区空间活力状况，并将其作为站区空间活力的重要评价指标。

具体来说，研究分别从两个层面对站区人流活动进行综合表述：一是在城市整体层面上展开，其以站区整体作为基本分析单元，侧重于对站区人流活动总体水平的考察，具体采集数据包括站点客流量、站区通行人流密度、站区驻留人流密度 3 部分；二是在站区局部层面上展开，以街道作为基本分析单元，主要关注的是街道人流分布的运作规律；并以街道截面通行人流量作为街道人流分布的考察参数。各数据可较为全面地反映站区活力的不同评估内容，具体的调查内容及调查方法将在本书第 3 章中作详细阐述。

---

① 雅各布斯 . 美国大城市的死与生 [M]. 金衡山，译 . 南京：译林出版社，2006.

② 盖尔 . 人性化的城市 [M]. 欧阳文，徐哲文，译 . 北京：中国建筑工业出版社，2010.

1.3 研究目标与意义

1.3.1 研究目标

针对城市轨道交通车站的建设孤立于周边地区发展的问题，特别是城市活力受到极大挑战的当下，本研究分别从不同尺度层面揭示城市空间形态如何影响站区人流活动，进而影响整个站区活力，并在二者之间建立协同关联模型，为城市设计决策与实践的站区活力评估预判构建基础。具体包括如下内容：

（1）选取上海中心区发展较为成熟的10个典型轨道交通车站地区作为研究样本案例，借助于不断革新的量化分析技术以及新的大数据环境，并基于大量翔实可靠的调研数据，研究希望分别从整体尺度和局部尺度两个层面构建站区空间形态度量指标体系及站区活力评估参数，为推动城市设计从“经验判断”到“科学分析”提供支持。

（2）研究中涉及多个尺度下的空间形态定量分析，需要采用多种分析工具，而在新的数据环境下，有关城市形态的定量分析再次得到推动发展，出现了一系列新的定量分析工具及方法。本书因而尝试对当前主流的几款城市形态定量分析工具的发展脉络、工作原理进行回顾、归纳和比较，以使其更为有效地辅助于未来的城市研究及设计实践中。

（3）从城市设计的角度出发，将定量研究与实际应用相结合，构建轨道交通站区空间形态与人流活动的关联性框架，并建立具有实际应用意义的站区人流活动评估模型，找寻影响站区人流活动的关键性空间形态设计要素，明确空间形态设计对人流活动的具体作用规律，从而为城市领域及建筑领域的设计师和政府规划决策者提供一些可供参考的城市设计参数，为站区活力营造提出应对策略，并作为设计构思的决策性支撑。

1.3.2 研究意义及创新点

主要从以下 3 个方面阐述本书的研究意义及创新之处：

（1）区别于以往城市设计师和决策者常依赖于“经验”和“主观”的想法指导城市设计，导致缺乏一种理性的依据和探讨，本研究通过将定性描述转化为定量指标可以有助于更好地理解城市现象，为城市设计者提供一种“科学”并“客观”的评估方法和分析工具。研究中对行人活动数据进行采集，并将其与实体空间及功能配置数据相结合，所建立的度量指标与评估参数，为实体环境与空间使用的关联性研究搭建桥梁，为实现对轨道交通站区发展潜力及区域活力的定量预判提供评估基础。空间形态与人流活动的关联性模型可直接用于评估和指导轨道交通站点选址、站区路网规划、站区空间组织及功能排布等实际设计问题，为引导轨道交通站点密集人流的合理分布提出更为高效有序的空间组织与功能布局策略，为实现轨道交通站点从单一交通功能向综合功能转变提供支持。

（2）不同于以往的空间与行为研究，

容易限制于物质空间分析，而较少关注功能层面对行为活动的影响，本书将物质空间与功能吸引力二者进行有效整合，并在此基础上建立较为全面的轨道交通站区人流活动的评估模型，以尽量做到城市分析的客观性。研究中综合多学科领域的相关理论及方法，包括城市设计学、环境行为学、社会学研究、空间句法相关理论及方法、数理统计分析等，所建立的站区空间形态与人流活动的关联性研究框架，包括其中所归纳梳理的站区空间形态度量指标体系和方法、应用于研究中的调查与分析方法，以及建立的数理统计模型，均可为相关研究提供参考与支持。

（3）不同于以往城市空间形态分析中主要依赖于平面分析的传统方法，本书将城市空间形态分析从传统的二维平面拓展到三维立体层面，模型分析进一步向精细化发展。在轨道交通站区，由于区域内交通出行密集复杂、地面空间资源有限，从多层面上建立步行连接方式实现立体分流，在扩大空间容量的同时促进更多公共活动的进行，这是其主要并有效的空间发展模式。而对于当前中国和大多高密度人口的亚洲国家来说，城市空间立体化建设也是其必要的发展策略。本研究正是基于这样的思考，尝试建立三维空间的分析方法，这对于当代城市活力研究具有重要意义。

1.4 研究框架

全书共计 7 章，第 1 章绪论作为问题的提出，对研究背景、研究问题及研究目标与意义进行阐述，其中也包括对需要讨论的核心概念进行界定；第 2 章分别从概念、方法及应用 3 个方面对国内外重要的相关文献及理论方法进行回顾梳理；在此基础上，研究结合所选样本案例，采用定量分析方法对城市空间形态与轨道交通站区人流活动二者进行比较并研究它们之间的互动关系，整个实验过程作为研究重点主要展现在第 3 章至第 6 章中，可将其概括为研究准备、初步分析及模型建构 3 个阶段（图 1-7）。

首先，研究准备工作主要展现在第 3 章中，其具体内容包括样本案例的选取、对案例背景的了解、确定人流活动的调查内容并合理选取相应调查方法、对城市空间形态进行量化表述并构建度量指标体系以及合理选取相应分析工具等。其中，人流活动与空间形态的数据调查均分别从整体尺度（即以站区为基本度量单元）和局部尺度（即以街道为基本度量单元）两个层面展开，这在接下来的研究工作中也作为两个分支分别进行展开。

其次，在数据调查采集的基础上，对大量基础数据进行汇总整理及初步分析，相关内容在本书第 4 章中作详细阐述。通过图表形式的数据比较和统计学中的描述性分析方法（包括均值、标准差、方差等），对研究对象的基本特征进行提炼归纳，对空间形态与人流活动的相互影响机制形成初步理解，为进一步构建站区人流活动评估模型建立基础。

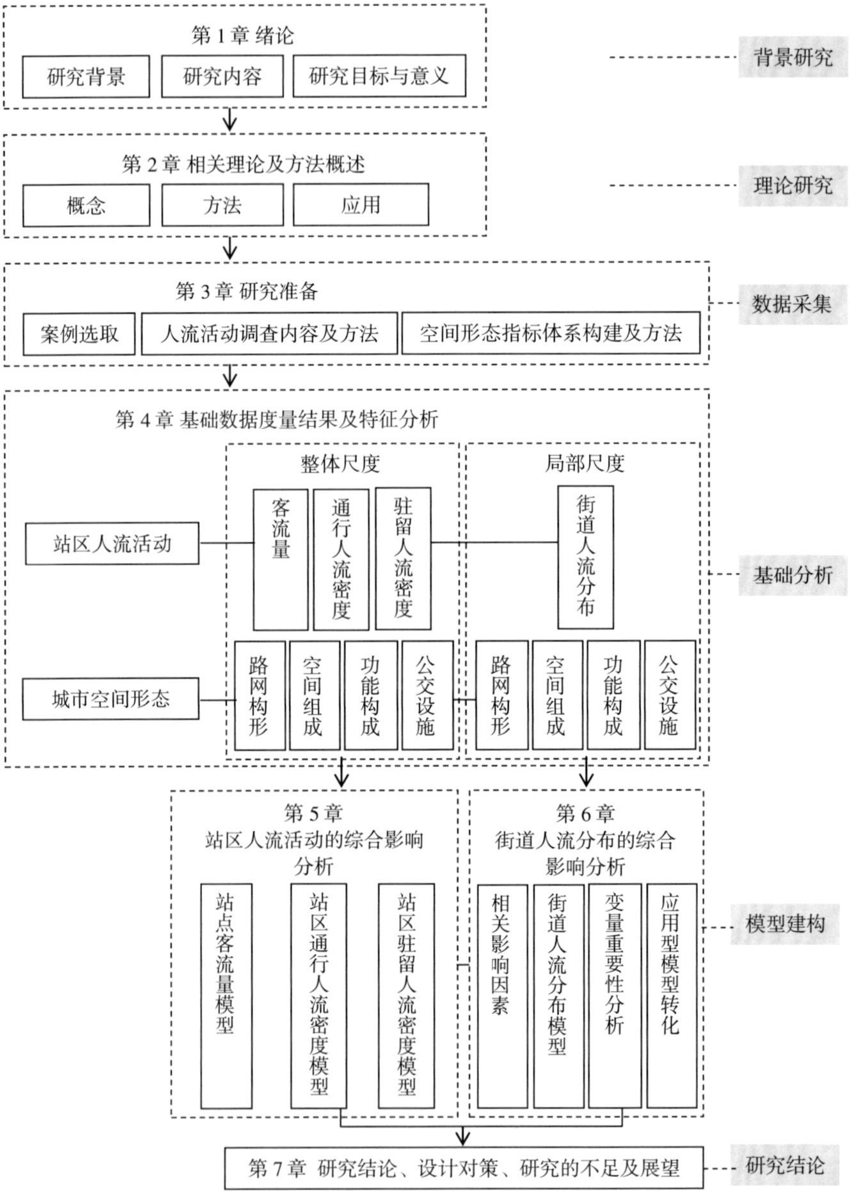
第 1 章 绪论
研究背景
研究内容
研究目标与意义
背景研究
第 2 章 相关理论及方法概述
概念
方法
应用
理论研究
第 3 章 研究准备
案例选取
人流活动调查内容及方法
空间形态指标体系构建及方法
数据采集
第 4 章 基础数据度量结果及特征分析
整体尺度
局部尺度
站区人流活动
客流量
通行人流密度
驻留人流密度
街道人流分布
城市空间形态
路网构形
空间组成
功能构成
公交设施
基础分析
第 5 章
站区人流活动的综合影响分析
站点客流量模型
站区通行人流密度模型
站区驻留人流密度模型
第 6 章
街道人流分布的综合影响分析
相关影响因素
街道人流分布模型
变量重要性分析
应用型模型转化
模型建构
第 7 章 研究结论、设计对策、研究的不足及展望
研究结论

图 1-7 研究框架

最后，模型建构阶段的工作内容同样在整体尺度和局部尺度两个层面展开，分别展现在第 5 章与第 6 章中。其主要是运用统计学分析方法（包括相关性分析、因子分析、多元线性回归分析、逻辑回归分析等），明确城市空间形态对人流活动的具体作用规律，考察由空间形态度量指标预判得出的预测人流活动值与观测人流活动值二者的一致程度，找寻站区人流活动的关键性空间形态影响因子，并基于实际应用的考虑，建立站区人流活动的定量评估模型，从而为城市设计师和决策者提供一种快速评估站区活力的手段。

在上述研究基础上，第 7 章为结论章，对本书的研究结论及研究贡献进行再总结，并指出研究中存在的不足及对后续研究的展望。

第 2 章　相关理论及方法概述

2.1 以行为活动为表征的城市空间形态研究

2.1.1 城市空间形态的主要研究内容

早期的城市空间形态研究更强调对视觉美学的探讨，其关注于由建筑实体与开敞空间所构成的城市肌理，主要表现为建筑、街道、公共空间等空间物质要素的大小、形状等尺度特征，以及它们之间存在的表达公共与私有的图底关系（图 2-1）。

此后有关城市空间形态的研究得到了极大的拓展，自 20 世纪 60 年代以来，以简•雅各布斯为代表的众多学者针对现代城市建设的许多基本原则提出质疑，这是因为城市实践者在大力推行快速城市建设的同时，常常忽略了人们在使用空间过程中的具体行为习惯，导致许多城市地区发生严重衰败，因而简•雅各布斯将城市活力作为城市空间形态研究的核心要素，针对现代主义城市形态功能主义的不足，提出多样性应成为城市建设的本质属性。

在同一时期，认知理论的发展也极大程度地更新了人们对城市空间的理解。凯文•林奇（K. Lynch）由对美国 3 个城市的调查，关注于城市景观的“可读性”，研究发现城市市民心目中的城市意象具有类似的构成要素，可概括为路径（Paths）、边界（Edges）、

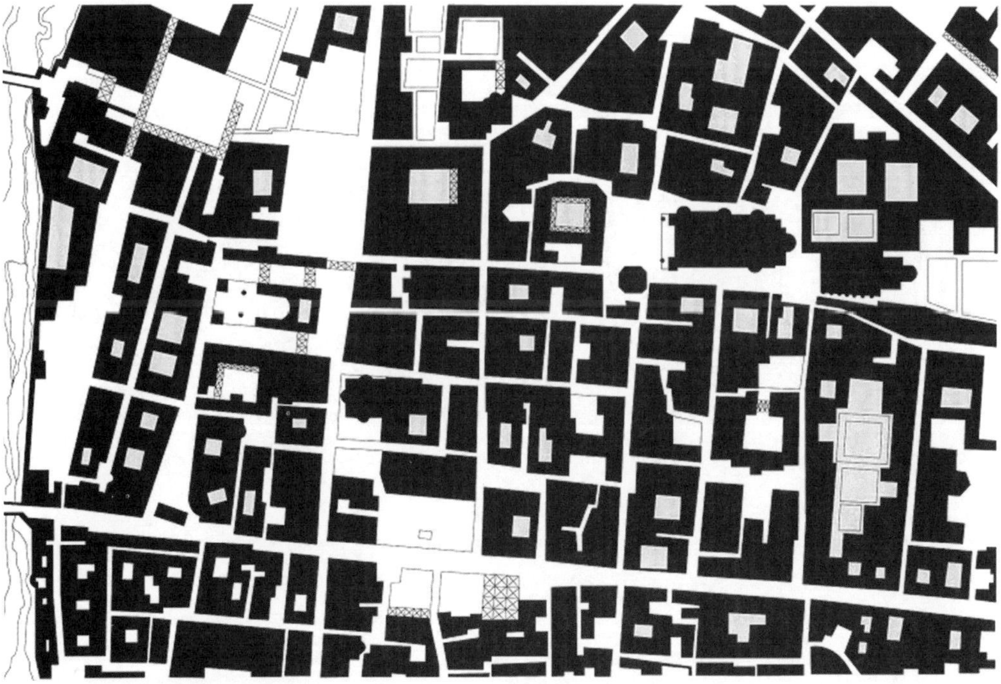

图 2-1　意大利帕尔马图底关系平面图
图片来源：ROWE C，KOETTER F. Collage City[M]. Cambridge：MIT Press，1978.

地域（Districts）、节点（Nodes）和地标（Landmarks）5 要素[①, ②]。他认为对城市空间的理解是以人的认知为前提，由对城市局部空间产生的具有明显特征的意象要素相互交织重叠组合，从而形成对城市空间的整体感知。换言之，对城市空间的表达不再限定在一种实物转换式的直观性描述，也不再限定在几何性的物质实体方面。

在此基础上，英国学者比尔•希列尔（Bill Hillier）开创性地将城市认知理论与图解分析相结合，并将其应用于城市建筑领域，建立了一种全新的城市空间形态分析方法——空间句法[③]。在该理论中，城市空间形态可被理解为一种空间网络结构（图 2-2），并存在一定的层级和序列关系，城市活力取决于网络结构中相互连接关系，更高级别的路径往往会吸引更多的人行交通，这里比尔•希列尔更为强调物质空间形态的社会属性，城市空间不只表现为一种物质形态，也体现了一种社会关系。

而斯蒂文・马歇尔对城市空间形态的理解做出更清晰的解释，其中较为重要的是他将城市空间结构关系区分为“组成”和“组构”两种属性，前者呈现的是一种几何性形态，后者则强调的是一种抽象的拓扑性形态。“将一个二维的城镇平面转化为单纯的主次

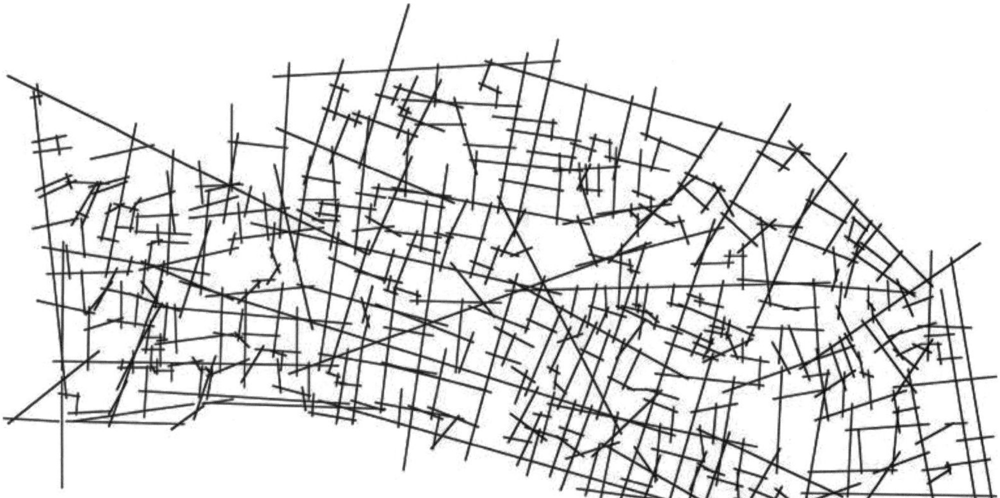

图 2-2　伦敦老金融城的轴线图
图片来源：HILLIER B. Space is the machine：a configurational theory of architecture[M]. Cambridge：Cambridge University Press，2004.

① LYNCH K. The image of the city[M]. Cambridge：MIT press，1960.
② LYNCH K，RODWIN L. A theory of urban form[J]. Journal of the American Institute of Planners，1958（24）.
③ HILLIER B，HANSON J. The social logic of space[M]. Cambridge：Cambridge University Press，1984.

道路结构的过程就是形成组构图示的过程，通过组构图示可以获知路网中路径的数量，以及各条路径的连续性值、连接性值以及深度值。”①

英国地理学家康泽恩则构建了一整套更为系统的城市空间形态描述体系，将城市空间形态的构成维度归纳为城市平面（Urban Plan）、建筑类型（Building Form）、土地利用（Land Use）三部分，并将城市平面作为城市形态学研究的核心，由街道（Street）、地块（Plot）和建筑物（Building）构成。其中，功能被认为是城市空间形态中最容易改变的，相较而言建筑物与地块存在周期往往更为长久，而街道系统的建设由于涉及大规模的规划设计与资金投入，应是城市空间形态中存在最为持久的要素，这一解读的意义在于帮助我们将物质空间与土地利用相结合，并将城市形成过程中所涉及的现实性因素涵盖其中②。

不同于此前早期有关城市空间形态的研究，其往往仅限于对视觉美学的探讨，当代对城市形态的认识，是包含更多层次的，它是一种城市物质环境与社会机制的连接体，它不仅可表现为城市实体中的具体空间物质形态，同时可以被理解为是在特定的地理环境和一定的社会经济发展阶段中人类各种活动综合作用的结果，换言之，城市实体中的空间物质形态作为一种媒介衔接了社会层面的功能活动。

在我国当前的城市发展进程中，我国目前城市建设仍处于追求粗放式的总量扩张阶段，伴随日益壮大的城市规模、持续增长的城市人口，许多城市环境却是单调且缺乏活力的，因而将研究聚焦于探讨城市物质空间形态与在其中产生的行为活动之间的互动关系是十分必要的。

2.1.2 城市空间形态研究中的若干倾向

然而，连接城市活力的城市空间形态其建造原则却是繁复且多元的，有关城市空间形态与城市活力之间的关联性始终难以表述清晰，在这一研究范畴下，对相关研究进行梳理，存在如下几方面的问题。

1. 模糊化

充满活力的传统城市空间形态往往被认为是一种复杂的有机体，简·雅各布斯即对这一有机体论（Organicism）赞许有加，她在《美国大城市的死与生》一书中说到，“城市是一个有序复杂的问题，就像生命科学，城市中呈现出来的各种特性趋同变化并

① 马歇尔 . 街道与形态 [M]. 苑思楠，译 . 北京：中国建筑工业出版社，2011.
② 童明 . 城市肌理如何激发城市活力 [J]. 城市规划学刊，2014（3）：85-96.

巧妙相连。”[①]在这里简·雅各布斯引用韦弗(Warren Weaver)[②]的界定把城市比作“一个有序复杂的问题”，然而这种对于城市有机性的过分强调同时也带来了一种含糊性[③]。

在城市形态学分析中，有相当多的学者采用一种类型学的方法对城市空间形态进行分类，而事实上这种方法本身也存在很大的模糊性。朱莉恩·汉森(Julienne Hanson)对此评价道，“一方面，面对极其多样化的形态我们不具备足够的描述方式对它进行归纳总结；而另一方面，在表达某些相同的具有普遍性的形态特性时，所给出的定义似乎又过于丰富。”[④]斯蒂芬·马歇尔同样对此做出回应，他说到，“研究者们一次又一次地建议利用所有的城镇构建起一个有限的城市形式总表，但是每当尝试确定构成总表的元素时，总是无法控制不断地增加出新的类别。”[⑤]

换言之，这种定性方式的描述更多的是建立了一种理论上的共识，却无法实现实践上的有效应用。这正是当前城市空间形态分析中日益显露的问题，常常依赖于城市设计师和决策者“主观的”和“经验的”判断，却又往往缺乏一种理性的依据和思考，从而导致城市空间形态分析难以真正应用于城市设计实践中。因而，结合以往经典的城市形态分析方法，将定量分析方法引入到城市空间形态分析中，建立一种“科学”并“客观”的评估分析方法是十分必要的。

2. 平面化

另一种倾向可以称之为平面化。城市形态学认为，城市实体中的空间物质形态可作为一种媒介使城市得以被阅读，这里的城市空间形态可通过街道、地块和建筑物等几种基本物质空间元素来定义，这特别体现在英国康泽恩学派下的诸多城市形态研究中。其中，对城市空间形态的解读往往以城市平面图为基础，以平面分析为主要特征，这种基于城市平面的空间形态分析方法早在18世纪即得到广泛推行，它被认为对于城市空间结构及其历史演变的理解都十分有效[⑥]。

一直到今天，许多新兴的城市空间形态分析方法仍然依赖于这种城市平面分析。例如，在广为人知的空间句法分析中，其突出

① 雅各布斯.美国大城市的死与生[M].金衡山，译.南京：译林出版社，2006.

② 瓦伦·韦弗(Warren Weaver)在《科学与复杂性》(*Science of Complexity*)一书中将现代科学分为3个阶段：“简单问题”阶段(Problems of Simplicity)；“无序复杂问题”阶段(Problems of Disorganized Complexity)；“有序复杂问题”阶段(Problems of Organized Complexity)。

③ 童明.城市肌理如何激发城市活力[J].城市规划学刊，2014(3)：85-96.

④ HANSON J M. Order and structure in urban space：a morphological history of the City of London[D]. London：University of London，1989.

⑤ MARSHALL S. Streets and patterns[M]. London：Routledge，2004.

⑥ QUINCY A Q. Dictionnaire historique d’architecture[M]. Paris：le Clere，1832.

的贡献是将定义城市空间组构关系的空间整合度值与行人分布之间建立密切联系，而研究证明这一规律主要体现在二维层面上的分析；在三维层面，基于空间句法理论通过空间整合度直接预测行人分布的能力则被大大削弱，其主要原因是，相比于二维层面的街区步行路径，在地下、地面、地上多个层面交叠连接的步行路径的可理解性降低，而其所呈现出的多样且复杂的空间形态结构并不能在句法的组构关系分析中得到充分体现[①,②,③]。

必须看到的是，随着城市人口密度和建设密度的高速增长，尤其在亚洲城市，城市空间立体化发展成为许多高密度城市建设的必然策略和走向。高密度、集约式发展的“垂直城市”与低密度、分散式发展的“水平城市”相比较，前者因共享的城市基础设施（例如在交通方面提供多样化选择）而被广泛认为在能效和碳排放方面更加的可持续[④,⑤,⑥,⑦]。因而，在高密度城市发展的背景下探索多层面空间的形态特征对于当代城市活力研究显得十分必要。

3. 片面化

另外，在城市空间形态研究中有一种倾向是只关注于物质空间的形态分析，而忽视功能层面的影响。可达性分析中的空间阻隔度量本质上即通过控制其中的吸引力变量，而单独考察空间阻隔对可达性的影响，其意义在于对城市物质空间的独立分析，但这一方法同时也因为影响因子的缺失而受到批判。

以空间句法分析为例，组构度量是空间句法分析的核心，空间句法的创建人希列尔认为，组构关系是城市系统中一种长期的

① CHANG D，PENN A. Integrated multilevel circulation in dense urban areas：the effect of multiple interacting constraints on the use of complex urban areas[J]. Environment and Planning B：Planning and Design，1998，25（4）：507-538.

② PARVIN A，YE A M，JIA B. Multilevel pedestrian movement：does visibility make any difference[C]// Proceedings of the 6th International Space Syntax Symposium. ITU Faculty of Architecture，2007.

③ 庄宇，宋晓宇，戴晓玲 . 多层面步行系统中垂直联系对人流预测模型的影响 [J]. 同济大学学报：自然科学版，2014，42（7）：1051-1057.

④ BASTOS J，BATTERMAN S，FREIRE F. Significance of mobility in the life-cycle assessment of buildings[J]. Building Research & Information，2016，44（4）：376-393.

⑤ DU P，WOOD A，STEPHENS B，et al. Life-cycle energy implications of downtown high-rise vs. suburban low-rise living：An overview and quantitative case study for Chicago[J]. Buildings，2015，5（3）：1003-1024.

⑥ NORMAN J，MACLEAN H L，KENNEDY C A. Comparing high and low residential density：life-cycle analysis of energy use and greenhouse gas emissions[J]. Journal of Urban Planning and Development，2006，132（1）：10-21.

⑦ PERKINS A，HAMNETT S，PULLEN S，et al. Transport，housing and urban form：the life cycle energy consumption and emissions of city centre apartments compared with suburban dwellings[J]. Urban Policy and Research，2009，27（4）：377-396.

存在，它不同于功能会随着时代的变化而变化，如果要厘清组构关系在城市系统中的作用，则必须使它“保持独立”，而“不和处于某一地点的吸引者的作用相混淆”①。对空间组构的独立分析的确促进了人们对城市中“深层次结构”以及它与城市生活相互关系的理解，这体现在组构分析在理论方法以及应用上不断革新的成果中。建立在图论模型基础上的组构度量通过对路径网络组构关系的分析来度量场所间的空间阻隔程度，然而这一方法的前提条件是把城市抽象为功能用地的分布及容量都完全同一均等的理论模型，从而使交通路径网络的构成形态从城市中抽离出来被独立分析，因为路径网络中各点的差异性被消除，所以某一场所的组构度量往往测算的是从这一点到研究半径内其他所有场所的空间阻隔，换言之，分别到不同功能类型场所的可达性在其中不能被有效体现。

正因如此，这种对城市物质空间的独立分析遭受质疑，主要原因在于从出行者的角度感知某一场所的吸引力显然会受到功能类型的影响；而即使是同一类型的功能用地，场所吸引力也会受到功能容量的影响，比如大型购物商场和小型零售店铺对出行者的吸引力也是不同的。就本书的研究对象轨道交通站区而言，由于轨道交通自身需要大规模客流的支持，所以轨道交通站点不仅表现出对城市空间形态的重要影响，也体现了对土地使用的依赖作用，站点周边地区的建设发展需从空间环境与土地使用两方面来深入思考与站点的衔接及可持续发展的问题。

2.2 城市空间形态定量分析方法的发展

对空间形态的定量分析是城市空间形态研究中的一个重要分支，它为城市设计师及决策者提供了一种辅助的评估手段。在新数据环境下，有关城市空间形态特别是有关城市空间结构性特征的定量分析再次得到推动发展，出现了一系列新的定量分析工具及方法，有必要对其中的发展脉络、工具方法进行回顾、归纳和比较，这将在本节中作详细阐述。

2.2.1 城市空间形态度量方法的时间演进

对城市空间形态的定量分析可以追溯至20世纪60年代沃尔特·汉森（Walter Hansen）的一篇经典文献《可达性如何塑造土地使用》（How Accessibility Shapes Land Use），在此篇文章中，汉森根据重力公式计算了可达性与路网以及土地使用之间

① HILLIER B，IIDA S. Network effects and psychological effects：a theory of urban movement[C]. Delft：5th Space Syntax International Symposium，2005.

的相互关系，他将可达性定义为某一场所所具有的“相互作用机会的潜能”（Potential of Opportunities for Interaction），首次明确提出可达性由场所吸引力（Attractions）及场所间空间阻隔（Spatial Separation）共同决定，并建立著名的汉森模型，其中某场所的可达性与周边场所的吸引力成正比，与其和周边场所的分离程度成反比[①]。

随后，有关场所吸引力及城市空间阻隔的可达性度量成为城市空间形态定量分析中的重要组成内容。其中，场所吸引力往往与城市功能空间的类型、容量和分布有关，累积机会法（Cumulative Opportunities）即是在此基础上衍生出的一个有关场所吸引力的计算方法，它是重力模型的一种特定形式，测算的是在一定时间内即场所间空间阻隔完全均等的情况下，某场所可获取机会的大小[②,③]。

对空间阻隔的测算则伴随着有关路网形态数学模型的发展。20世纪60年代，图论（Graph Theory）——一种来自数学领域的理论和方法逐步开始应用于交通网络结构研究中，这大大拓展了城市空间形态分析中有关场所间空间阻隔的测算方法。其中城市交通网络被转化为主要由节点（Nodes）和边（Edges）组成的图论模型（点—线图）[④,⑤]，这里采用的是一种早期的图论建构法，边用以表示运动路径即街道，节点用以表示路径交汇点即路口。因为节点是图论模型分析的核心，因而这一方法较多地适用于尺度较大的交通网络分析中，其中各节点作为终点或者中转枢纽是研究的主要关注点。

而在同一时期，认知理论的发展也极大程度地更新了人们对城市空间的理解。英国地理学家威廉姆·柯克（William Kirk）在心理学理论的基础上建立了新的空间认识模式，他认为，人们所能看到的现象环境只有通过人对其的感知及评价，才决定了人在环境中的行为[⑥]；而凯文·林奇提出的城市意象理论则进一步构建了一种对城市空间的全新表达，他认为，对城市空间的理解是以人的认知为前提，由对城市局部空间产生的具有明显特征的意象要素相互交织重叠组合，从而形成对城市空间的整体感知。换言之，对城市空间的表达不再限定在一种实物转换式的直观性描述，也不再限定在几何性的物

---

① HANSEN W G. How accessibility shapes land use[J]. Journal of American Institute of Planners，1959，25（2）：73-76.

② Wickstrom G V. Defining balanced transportation-a question of opportunity[J]. Traffic Quarterly，1971，25：337-350.

③ KOENIG J G. Indicators of urban accessibility：theory and application[J]. Transportation，1980，9（2）：145-172.

④ GARRISON W L，MARBLE D F. The structure of transportation networks[J]. Transportation Center at Northwestern University，1962.

⑤ KANSKY K J. Structure of transportation networks：relationships between network geometry and regional characteristics[J]. Econometrica，1963：152-155.

⑥ KIRK W，LÖSCH A，BERLIN I. Problems of geography[J]. Geography，1963，48（4）：357-371.

质实体方面①。

20世纪70年代，比尔·希列尔在此基础上，开创性地将城市认知理论与图论分析相结合，并将其应用于城市建筑领域，建立了广为人知的空间句法（Space Syntax）理论及分析方法②。希列尔提出人们根据对城市空间关系的意象来决定行进路径的选择，并将这种认知空间与认知空间之间的关系称为“空间组构”（Spatial Configuration），从而将对场所间空间阻隔程度的测算转化成对认知空间之间空间组构的度量，并借助于图论模型使空间组构得以被量化分析。其中重要的革新在于将传统的图论模型进行转换，节点用以表示人车沿街道行进过程中由局部感知形成的“视觉轴线”，边用以表示视觉轴线之间的连接关系。在新图论模型中，城市中承载多样化公共活动的街道成为图论分析的核心，因而可以应用于分析那些以街道路径本身作为主要关注点的空间网络。

此后，图论在各学科领域的应用性得到不断拓展，对于其点—线模型结构的理解和度量研究也在不断深入。1979年，作为社会网络研究领域的代表人物林顿·弗里曼（Linton Freeman）明确定义了用来度量网络中心性的几个核心概念，包括“邻近中心度”（Closeness Centrality）、“中介中心度”（Betweenness Centrality）等③。这表示，对于图论模型中某一节点在网络结构中的重要性（中心性）评价不仅可以通过这一节点与网络系统中其他节点的邻近程度来表达，也可以借由该节点在网络信息流通中所表现的“中介”作用来度量。邻近度（Closeness）和中介度（Betweenness）的概念随后被广泛应用于空间网络研究中。

在此基础上，希列尔等从认知的角度定义不同的“距离”概念，并分别基于最短的物理距离——欧几里得距离（Euclidean Distance），最少的方向转换次数——拓扑距离（Topological Distance）、最少的角度变化——角度距离（Angular Distance）三种距离的考量而测算邻近度和中介度，这进一步丰富了图论模型中有关认知空间之间空间组构的度量方法④。

另有学者常和佩恩⑤、庄宇等⑥则将空

① 林奇．城市意象[M]．方益萍，何晓君，译．北京：华夏出版社，2001.

② HILLIER B，HANSON J. The social logic of space[M]. Cambridge：Cambridge University Press，1984.

③ FREEMAN L C. Centrality in social networks：conceptual clarification[J]. Social Networks，1979，1（3）：215-239.

④ HILLIER B，IIDA S. Network effects and psychological effects：a theory of urban movement[C]. Delft：5th Space Syntax International Symposium，2005.

⑤ CHANG D，PENN A. Integrated multilevel circulation in dense urban areas：the effect of multiple interacting constraints on the use of complex urban areas[J]. Environment and Planning B：Planning and Design，1998，25（4）：507-538.

⑥ 庄宇，张灵珠，戴晓玲．多层面商业空间整合度与人流量关联性分析[J]．同济大学学报：自然科学版，2012，40（11）：1620-1626.

间网络的组构研究从二维层面拓展到三维层面，一方面借助于多层面路径网络的有效表达，把三维层面的组构测算和二维层面的组构测算相结合；另一方面通过引入垂直联系、楼层等多层面路径网络中特有的空间变量，建立多层面整合模型。

21 世纪初，随着计算机技术的发展，城市空间形态的定量分析产生了很多重要的新成果，一批研究机构提出了一系列有关城市空间形态定量分析的新工具。这其中即包括由塞尔吉奥·波特（Sergio Porta）与他的同事们共同开发的多中心性评价工具 MCA（Multiple Centrality Assessment），其所采用的建构与测算方法均与早期建立在图论基础上的常规交通网络分析较为相似，从而可实现与交通网络地图的直接对接①；英国卡迪夫大学基亚拉迪亚（Alain Chiaradia）等人则在空间句法基础上，把基于三种距离的空间组构分析进一步拓展到 ArcGIS 平台、QGIS 平台和 AutoCAD 平台，开发了空间网络分析工具 sDNA（Spatial Design Network Analysis），将城市空间形态度量与丰富的地理信息数据相连接，从而在一定程度上简化了数据整理过程，提高了分析的易操作性；同时在三维空间网络分析及可视化表达上取得进一步发展②。

尽管基于图论的城市空间形态分析方法日趋成熟，并被证明与行为活动分布之间存在重要联系，但对功能及其他空间要素的忽视仍然成为这一方法被批判的主要原因，因而另有一批学者尝试将功能用地加入路径网络的组构分析中，这其中包括由斯德哥尔摩皇家理工学院的亚历山大·斯塔勒（Alexander Ståhle）、拉尔斯·马库斯（Lars Marcus）等人开发的一款空间分析工具——场所句法（Place Syntax）③，以及由新加坡科技设计大学的安德烈斯·舍夫丘克（Andres Sevtsuk）等人所开发的一款城市网络分析工具——UNA（Urban Network Analysis）④。前者基于 Mapinfo 和 QGIS 平台，而后者有基于 ArcGIS 平台和 Rhino 3D 平台的两个版本。两种工具均是在图论模型基础上，另外添加了第三类构成元素以表示功能用地或其他空间要素，使得功能类型与分布、空间尺度等同空间组构一起纳入图论分析中，从而进一步拓展了城市空间形态的度量方法（表 2-1）。

---

① PORTA S，CRUCITTI P，LATORA V. Multiple centrality assessment in Parma：a network analysis of paths and open spaces[J]. Urban design International，2008，13（1）：41-50.

② CHIARADIA A，CRISPIN C，WEBSTER C. sDNA a software for spatial design network analysis[EB/OL]. [2014-06-16]. www.cardiff.ac.uk/sdna/.

③ STÅHLE A，MARCUS L，KARLSTRÖM A. Place Syntax：Geographic accessibility with axial lines in GIS[C]// Fifth international space syntax symposium. Amsterdam：Techne Press，2005：131-144.

④ SEVTSUK A，MEKONNEN M. Urban network analysis[J]. Revue Internationale de Géomatique，2012，22：287-305.

表 2-1　空间阻隔度量方法的时间演变

			1959	沃尔特 · 汉森	建立汉森模型，提出可达性由场所吸引力及场所间空间阻隔共同决定
			20 世纪 60 年代		图论开始应用于常规交通网络分析中，采用原初表示法建构图论模型
城市意象认知地图	凯文 · 林奇	1960			
			1978	比尔 · 希列尔	在认知理论和图论基础上，建立空间句法理论及分析方法，将图论应用于城市与建筑领域，创建对偶表示法建构图论模型
在社会网络研究范畴提出中介度的概念，并明确定义几种中心性度量	林顿 · 弗里曼	1979			
			1998	常和佩恩	将空间网络的组构研究从二维层面拓展到三维层面
			2004	拉尔斯 · 马库斯等	开发场所句法，在空间句法图论模型基础上添加功能用地单元
			2005	比尔 · 希列尔等	从认知的角度定义不同的“距离”概念，并分别基于欧几里得距离、拓扑距离、角度距离测算空间网络的组构关系
			2009	塞尔吉奥 · 波特等	开发可配合常规交通网络分析的多中心性评价工具 MCA
			2011	基亚拉迪亚等	建立空间设计网络分析工具 sDNA,采用了连线（Links）作为建构单元表达运动路径
			2012	安德烈斯 · 舍夫丘克等	开发城市网络分析工具 UNA,在原初表示法的基础上将承载功能活动的建筑引入路径网络的图论模型中

2.2.2 城市空间形态定量分析的代表性工具及方法

1. 空间句法

空间句法(Space Syntax)理论诞生于20世纪70年代末期,当时空间句法的创始人比尔•希列尔即开始关注于通过计算机技术模拟建筑和城市,并分析其形态元素之间的关系。他与同事在这一时期的研究成果被呈现在1984年出版的《空间的社会逻辑》(*The Social Logic of Space*)一书中,这是空间句法理论里程碑式的读物,从那时起,这一理论开始得到关注并日趋成熟。在此基础上,希列尔在《空间是机器》(*Space is the Machine*)一书中进一步提出了建筑与城市的新理论以及其核心概念——空间组构,它展示了"如何通过分析建筑物内外的空间模式,重新理解人类生存中社会与空间的互动关系"①。

随后几十年,空间句法理论及其分析工具Depthmap②在城市和建筑设计领域的应用得到不断拓展(彩图2),并逐渐渗透到更为多样化的学科研究中。然而,关于空间句法局限性的讨论也随之而来③,④,⑤。针对其中部分内容,空间句法在其理论架构、概念定义等方面均做出一些修正和改进。在2.2.3小节有关分析工具工作原理的阐述中,会对这些最新进展做出说明。

2. 多中心性评价

早期建立在图论基础上的常规交通网络分析是度量城市空间组构关系的基础,由塞尔吉奥•波特与他的同事们共同开发的多中心性评价(Multiple Centrality Assessment,MCA)即是一款可以配合常规交通网络分析的组构度量工具。其依托ArcGIS平台,并采用原初图论建构方法,可与真实交通网络地图直接对接(彩图3)。在MCA分析中,"中心性"被作为用以评估城市空间网络组构关系的主要度量值,波特等人认为"中心性"是评价空间系统结构特征的重要指标,它对城市的土地使用、空间格局演变都有较大程度的影响⑥。

---

① 希列尔.空间是机器:建筑组构理论[M].北京:中国建筑工业出版社出版,2008.*Space is the Machine*于2007年以电子版的形式再版了英文版第三版,并更正了之前版本中的图文错误。这一最新版本被译为中文版《空间是机器——建筑组构理论》一书于2008年出版。

② Depthmap X下载地址为:https://varoudis.github.io/depthmapX/

③ RATTI C. Urban Texture and Space Syntax:some inconsistencies[J]. Environment and Planning B:Planning and Design,2004,31:487-499.

④ STEADMAN P. Developments in space syntax[J]. Environment and Planning B,2004,4(31):483-486.

⑤ PORTA S,STRANO E,IACOVIELLO V,et al. Street centrality and densities of retail and services in Bologna,Italy[J]. Environment and Planning B:Planning and design,2009,36(3):450-465.

⑥ PORTA S,STRANO E,IACOVIELLO V,et al. Street centrality and densities of retail and services in Bologna,Italy[J]. Environment and Planning B:Planning and design,2009,36(3):450-465.

3. 空间设计网络分析

空间设计网络分析(Spatial Design Network Analysis, sDNA)是英国卡迪夫大学的基亚拉迪亚等人基于 ArcGIS 平台、QGIS 平台以及 AutoCAD 平台开发的一款空间设计网络分析工具①。针对空间句法等组构度量工具的部分局限性,sDNA 工具在模型建构等方面作出重要改进,使得常规交通网络分析中与空间句法分析不同的两类模型建构方法得到统一。操作平台的拓展有利于叠加 GIS 自身的网络分析等模块功能,使分析功能更为多样化,同时便于对接共享的地理信息数据,与 ITN、OSM、TIGER 等大多网络地图可以兼容②,从而大大简化了操作过程。sDNA 也在三维空间网络分析上取得创新,论证了空间网络在纵向高度方向上变化的敏感性,从而在可视化表达上取得进一步发展(彩图 4)。

4. 场所句法工具

于 20 世纪 70 年代末诞生的空间句法,在 21 世纪伊始前后取得了很多重要的新成果,它作为早期一套有革新意义的空间分析理论和分析工具,是这一时期产生的一系列空间分析新工具和新方法的基础,场所句法工具(Place Syntax Tool,PST)正是在这一背景下发展而来。由斯德哥尔摩皇家理工学院的亚历山大·斯塔勒(Alexander Ståhle)、拉尔斯·马库斯(Lars Marcus)等人共同开发的场所句法是基于 Mapinfo 和 QGIS 平台的一款空间分析工具③,它建立在空间句法理论和方法基础上,旨在将认知空间与功能用地相关联(图 2-3)。其侧重于关注场所(Places)间邻近程度的度量,而非空间句法中的"空间(Spaces)间的邻近程度",场所句法分析中通过整合功能用地分布与空间系统进而考察二者共同对城市形态的综合影响④。

5. 城市网络分析

城市网络分析(Urban Network Analysis,UNA)是由新加坡科技设计大学与美国麻省理工学院联合创办的城市形态实验室(City Form Lab)所开发的一款城市网络分析工具。它目前有分别基于 ArcGIS 平台和 Rhino3D 平台的两个版本⑤,其中

---

① sDNA 下载地址:https://www.cardiff.ac.uk/sdna/wp-content/downloads/?C=M;O=D

② CHIARADIA A,HILLIER B,SCHWANDER C,et al. Compositional and urban form effects on centres in Greater London[J]. Proceedings of the Institution of Civil Engineers-Urban Design and Planning,2012,165(1):21-42.

③ PST 下载地址:https://www.smog.chalmers.se/pst

④ STÅHLE A,MARCUS L,KARLSTRÖM A. Place Syntax:Geographic accessibility with axial lines in GIS[C]// Fifth international space syntax symposium. Amsterdam:Techne Press,2005:131-144.

⑤ UNA 的 ArcGIS 版本下载地址为:http://cityform.mit.edu/projects/urban-network-analysis.html;Rhino3D 版本下载地址为 http://cityform.gsd.harvard.edu/projects/una-rhino-toolbox

图 2-3 轴线内最近的食品商店，测算结果由 PST 分析获得，颜色越深表示距离越短
图片来源：STÅHLE A，MARCUS L，KARLSTRÖM A. Place Syntax：Geographic accessibility with axial lines in GIS[C]// Fifth international space syntax symposium. Amsterdam：Techne Press，2005：131-144

ArcGIS 版的优势在于方便对接地理信息数据库，在数据获取和空间要素查询方面都较为便捷，而 Rhino3D 版则在运行速度和空间要素编辑方面的表现更为突出。如果说场所句法分析模型是在空间句法分析模型基础上发展而来的，那么 UNA 分析模型则可以被看作是对多中心性评价工具 MCA 分析模型的升级优化。由于将度量单元转换至具体的单幢建筑（彩图 5），所以可以将城市空间形态分析与那些以建筑层面为主的城市决策相配合，从而解决具体的规划设计问题。

这里，城市网络分析（UNA）工具和场所句法工具（PST）均是整合度量的代表性分析方法，它们在图论模型的基础上，通过加入建筑或用地等功能要素，而把功能属性连同空间结构属性一起整合在数学模型中，并借助计算机技术被测算及图示化表达。

2.2.3 城市空间形态度量工具的工作原理

1. 空间图示表达——轴线表示法与道路中心线表示法

空间句法认为人们对空间的认识和理解依赖于基于认知空间形成的认知图示（Cognitive Map），而轴线表示法（Axial Line Representation）即是在此基础上对认知空间的一种表达方法。人们在行进过程中无法从一点全视整体，把其通过一点可以看见或感知的空间用视觉轴线表示，并将每一条轴线相互连接从而建立轴线图（Axial Map）。这里的轴线图最初被定义为：用最少且最长的线段穿过所有凸空间单元，这些线段彼此相连的集合即为轴线图①。

这一方法曾一度受到批判，由于凸空间本身无法通过算法得到②，因而轴线被认为是可以主观表达的，其画法存在多种可能性，研究者根据各自的理解判断可以绘制出不同的轴线图，从而影响分析结果。特纳等人在随后的研究中对轴线图的定义进行修正并对其画法做出严格界定“选用最少数量的尽可能长的线段遍及所有的城市空间，并使得这些线段彼此相交，以此来表示路网”③，这一精确定义使得轴线图具有唯一性，并使得轴线图的绘制可以通过算法实现。

在同一时期，部分研究学者尝试将空间句法与 GIS 分析相结合④，⑤，⑥，这类研究中对运动路径的表达往往采用道路中心线表示法（Road-Center Line Representation）代替轴线法。道路中心线是道路网络的一种直观性描述，借助于开放式的地理信息数据资源，它更易被直接获取。事实上，在此前的研究中，由于可能产生的线段交叉口问题⑦，轴线表示法和道路中心线表示法被认为是很

---

① HILLIER B，HANSON J. The social logic of space[M]. Cambridge：Cambridge University Press，1984.

② BATTY M，RANA S. The automatic definition and generation of axial lines and axial maps[J]. Environment and Planning B，2004，31（4）：615-640.

③ TURNER A，PENN A，HILLIER B. An algorithmic definition of the axial map[J]. Environment and Planning B：Planning and Design，2005：425-444.

④ JIANG B，CLARAMUNT C. Integration of space syntax into GIS：new perspectives for urban morphology[J]. Transactions in GIS，2002，6（3）：295-309.

⑤ BATTY M，RANA S. The automatic definition and generation of axial lines and axial maps[J]. Environment and Planning B，2004，31（4）：615-640.

⑥ CUTINI V，PETRI M，SANTUCCI A. From axial maps to mark point parameter analysis （Ma. PPA）–A GIS implemented method to automate configurational analysis[C]//Computational Science and Its Applications–ICCSA 2004，2004：1107-1116.

⑦ 线段交叉口问题指的是在线段图的拓扑分析中，一条直线上交叉点的打断会造成“距离消耗”被额外计算。

难相互转换的，而角度分析[①]的出现，大大解决了线段交叉口造成的空间阻隔被额外计算的问题。在此基础上，特纳（Turner）通过数理统计分析证明了用加入道路长度权重的角度测算法分析道路中心线的结果与机动车的实际观测流量更高[②]；尼克·道尔顿（Nick Dalton）也曾证明道路中心线图和轴线图在总转弯次数上是大致相同的，因而二者的分析结果也是相似的，这些分析均证明道路中心线图在一定程度上是可以替换轴线图的[③]。多中心性评价工具 MCA 与空间设计网络分析工具 sDNA 均采用了道路中心线表示法，从而与常规交通网络分析更为一致，其中 sDNA 的道路中心线图所采用的连线法是目前交通领域常使用的一种标准图示法。

2. 图论模型建构——原初表示法与对偶表示法

建成环境的空间组构可以通过多种形式表达，但从图论角度看待城市空间形态是对空间组构进行量化分析的基础。通过将城市空间网络转化成数学模型，并借助计算机技术的支持，使得空间网络的形态结构得以被量化分析。因而，如何建构图论模型成为组构度量中的关键性问题。

图论是一种分析各种元素之间结构关系的数学理论和方法。图论模型主要由若干节点（Nodes）以及连接两点的边（Edges）构成。其中，节点用以表示空间形态要素，边用以表示两个要素之间的连接关系。用图论模型建构城市空间网络的方法得到不断发展，针对不同的研究对象和研究内容，可采用不同的图论模型建构方法，这里主要包括原初表示法（Primal Representation）与对偶表示法（Dual Representation）两种[④, ⑤, ⑥]。

常规交通网络分析中的图论模型建构往往采用原初表示法，这也是多中心性评价工具 MCA 中所采用的图论模型建构方法［图 2-4（a）］。路径网络通过一种直观式的转换方法被表述，边用以表示运动路径即街道，节点用以表示路径交汇点即路口。通过这一方法，节点的坐标、边的方向、节点间的距离（欧几里得距离）都可以被有效表达，地理信息系统软件 GIS 即是在此基础上发展而来。

① 角度分析是康罗伊·道尔顿（Conroy Dalton）的原创性研究，首先在 WebMap 以及 WebMapatHome 软件上得以运用，后被引入到其他空间分析工具中，如 Depthmap，sDNA 等。

② TURNER A. From axial to road-centre lines：a new representation for space syntax and a new model of route choice for transport network analysis[J]. Environment and Planning B：planning and Design，2007，34（3）：539-555.

③ DALTON N. Fractional configurational analysis and a solution to the Manhattan problem[C]//Space Syntax 3rd International Symposium，Atlanta，2001.

④ BATTY M. Accessibility：in search of a unified theory[J]. Environment and Planning B，2009，36（2）：191-194.

⑤ 张烨 . 图论可达性 [J]. 建筑学报，2012（9）：71-76.

⑥ 迈克尔·巴蒂（Michael Batty）最早将两种建构方法做了区分，这里引用的是张烨在《图论可达性》一文中的翻译。

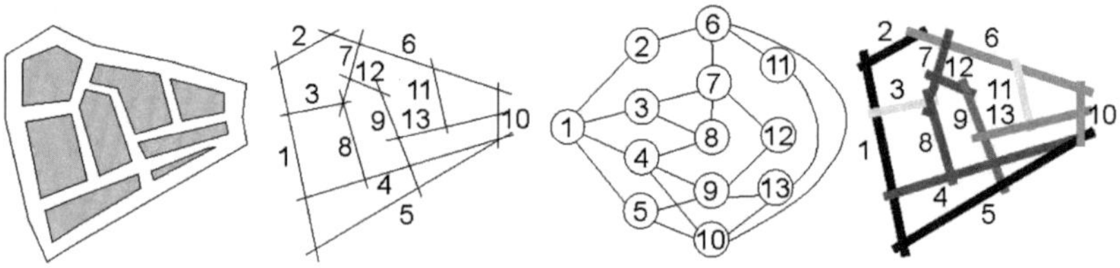

（a）原初表示法

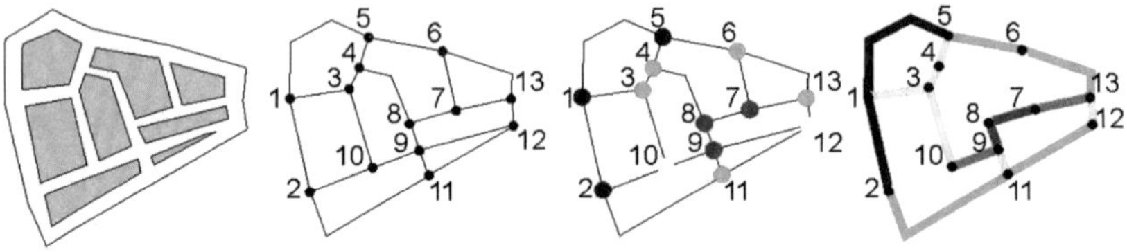

（b）对偶表示法

图 2-4　原初表示法与对偶表示法

图片来源：CRUCITTI P，LATORA V，PORTA S. Centrality measures in spatial networks of urban streets[J]. Physical Review E，2006，73（3）：036125.

从非严格意义来讲，对偶表示法与原初表示法是一对结构相似、意义对称的图论模型建构方法。原初表示法中用边来表示的运动路径即街道被转化为点线图中的节点，而路径交汇点则变成图论模型中的边，这其中隐含了一种结构关系的表达。由于在点线图中，节点往往是分析的核心，因而原本以点为度量单元（Point-Based）的图论模型转换成以线为度量单元（Line-Based），换言之，通过对偶表示法图论分析将关注点从路径交汇点转移至路径即街道本身，街道在其中不仅仅扮演了场所间通路的角色，同时也体现了其作为城市活动发生地的场所性功能。空间句法即是以对偶表示法建构图论模型的方法代表［图 2-4（b）］，可以看出从原初表示法转换成对偶表示法过程中，街段的长度、方向等几何属性均消失了，取而代之的是对街段间空间关系的关注。

sDNA 同样采用了对偶表示法进行模型建构，但这里相较之前的组构度量工具它做出了一个较为重要的改进——采用了连线（Links）作为建构单元表达运动路径。sDNA 中的连线图与空间句法中的线段图不同的是：两个交叉点之间未被打断的折线被认为是一条路径，因为考虑到交叉口之间未被打断的折线路径对于行人来说是唯一的路径选择，因而这与城市中人们的行走习惯更为相符。在 sDNA 的图论模型中（图 2-5），节点表示连线，而边表示交叉点（Junctions），其中每一个交叉点至少有 3 个连线与其连接①。从图中可以看出，连线法使得原初表示法与对偶表示法实现统一，使二者

① CHIARADIA A，HILLIER B，SCHWANDER C，et al. Compositional and urban form effects on centres in Greater London[J]. Proceedings of the Institution of Civil Engineers-Urban Design and Planning，2012，165（1）：21-42.

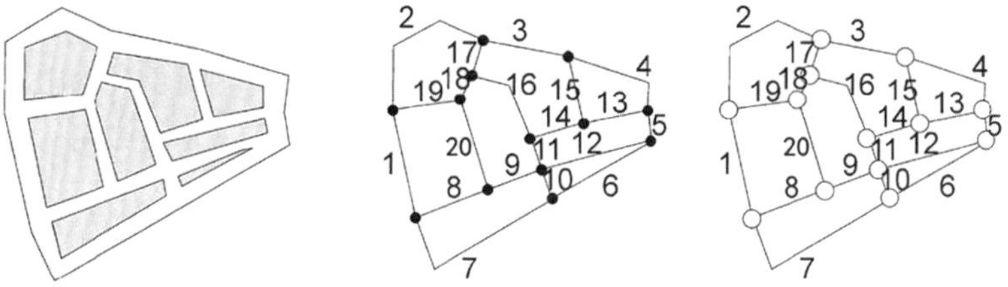

图 2-5　sDNA 中的图论模型建构方法
图片来源：庄宇，张灵珠．站城协同：轨道车站地区的交通可达与空间使用 [M]. 上海：同济大学出版社．2016.

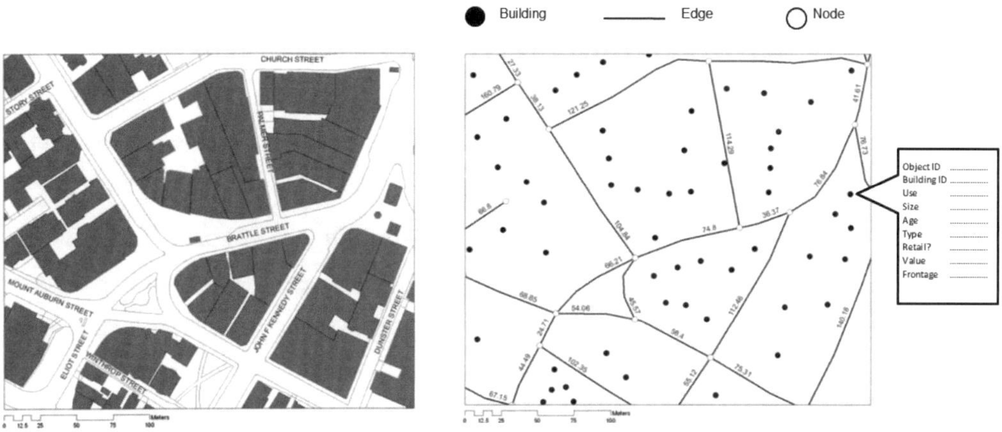

图 2-6　UNA 的图论表示法
图片来源：SEVTSUK A，MEKONNEN M. Urban network analysis[J]. Revue Internationale de Géomatique，2012，22：287-305.

在一定程度上完全可逆。

为了在分析模型中添加功能属性，城市网络分析工具 UNA 在原初表示法的基础上，另外添加了第三类构成要素——建筑（Buildings），这里建筑以正交的方式与其邻近的街道相连接，其中边表示街道，节点表示交叉口，建筑用不同于交叉口的另外一类点的形式表示，舍夫丘克（Andres Sevtsuk）将这种建构方法称为三元表示法（Tripartite Representation）。另外，每一幢建筑作为活动场所其所能提供的场所吸引力也可以体现在可达性的加权测算结果中，这里的场所吸引力可以通过建筑自身的功能类型、空间容量，或者使用人数等数据表达。因而构成 UNA 网络分析模型的要素不仅包括表示街道的线性要素、表示交叉口的节点要素和表示建筑的另一类节点要素，也包括建筑节点自身的权重（图 2-6）。这里的三元图论模型并不仅仅适用于二维街道网络，构成城市街道网络的高架或隧道、空中步道或地下步行街均可以通过三元表示法有效表达（图 2-7）。

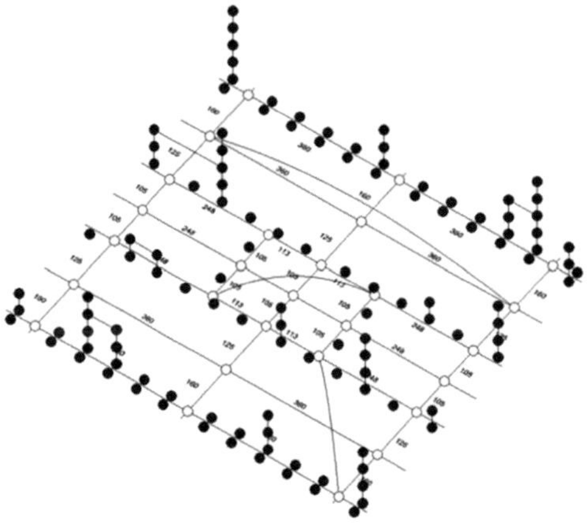

图 2-7　UNA 建构模型的三维图示

图片来源：SEVTSUK A. Path and place：a study of urban geometry and retail activity in Cambridge and Somerville，MA[D]. Cambridge：Massachusetts Institute of Technology，2010.

与 UNA 所不同的是，场所句法工具（PST）是在对偶表示法的基础上发展而来的，它所依据的是基于空间认知而绘制的轴线图，表达的是城市空间网络的拓扑结构。它通过在轴线图中添加点以表示用地单元（Plots）或者某一具体的空间场所（Address Points），从而将表达城市空间拓扑结构的路径网络与功能用地分布整合在一个分析模型中（图 2-3）。某一用地单元或者某一具体场所的场所句法可达性被定义为“系统内每一个其他用地单元的吸引力与其和该用地单元间的最短拓扑距离的比值的总和”①，这里的空间距离指的是拓扑距离而不是欧几里得距离。这一城市网络建构方法使得空间密度和用地功能类型均可以被体现在组构分析中。

3. 度量值

网络中心性被认为是测算最短路径的重要参数②，是评价网络系统结构特征的重要指标③，因而度量网络中心性的指标参数也往往是评价城市空间组构关系最为重要的度量值。林顿·弗里曼将中心性度量值归纳为三种，它们至今仍被广泛应用在网络分析中，分别是邻近度（Closeness）、中介度（Betweenness）和直达度（Straightness）④。

某一节点 i 的邻近度被定义为从 i 节点到网络系统中其他节点最短距离的倒数，反映在城市空间网络中用以表达某一场所与其他场所之间的邻近程度。节点 i 的中介度被定义为网络系统中其他任意节点两两之间连接的最短路径经过节点 i 的次数，用以评价节点在网络系统中的重要性，反映在城市空间网络中用以表达某一场所的交通流量情

① STÅHLE A，MARCUS L，KARLSTRÖM A. Place Syntax：Geographic accessibility with axial lines in GIS[C]// Fifth international space syntax symposium. Amsterdam：Techne Press，2005：131-144.

② BAVELAS A. A mathematical model for group structures[J]. Human organization，1948，7（3）：16-30.

③ PORTA S，STRANO E，IACOVIELLO V，et al. Street centrality and densities of retail and services in Bologna，Italy[J]. Environment and Planning B：Planning and design，2009，36（3）：450-465.

④ FREEMAN L C. Centrality in social networks：conceptual clarification[J]. Social Networks，1979，1（3）：215-239.

况。而节点 i 的直达度则是衡量节点 i 到其他节点间最短路径与直线路径的偏离程度，可用以评价网络系统的效率，偏离程度越小，直达性越好，交通效率越高。可达性评价中往往采用标准化的中心性度量值，通过除以网络节点数消除网络规模变化对度量值的影响。

多中心性评价工具 MCA 采用了三种中心性度量值，由于其图论模型采用的是原初表示法，因而 MCA 首先计算的是每个点的度量值，如若计算街段的度量值则可以通过将所求边的端点值取平均求得。而空间句法和空间设计网络分析工具 sDNA 由于采用的是对偶表示法，因而其所测算的中心性度量值可直接反映在场所空间街段上，不须另外进行转换。空间句法与 sDNA 均主要采用邻近度和中介度作为其中心性度量值，其中在空间句法中，邻近度（Closeness）被称为整合度（Integration），中介度（Betweenness）被称为选择度（Choice）。

城市网络分析工具 UNA 主要采用五类可达性度量值，包括邻近度（Closeness）、中介度（Betweenness）、直达度（Straightness）、到达值（Reach）、引力值（Gravity）。其中，邻近度、中介度、直达度主要是评价网络系统组构关系的度量值，到达值是累计机会度量方法中用以评价场所吸引力的度量值，而引力值则是一种有关可达性测算的整合度量值，反映了汉森模型中对可达性的定义。在 UNA 分析中，邻近度所度量的是在一定研究范围内，某一幢建筑与周边建筑的邻近程度；中介度所度量的是某一幢建筑在路径网络系统中被经过的潜能；直达度所度量的是某一幢建筑到周边建筑的最短路径与直线路径的偏离程度；到达值则表示在给定的距离范围内，从每一幢建筑出发沿网络最短路径可抵达的目的地建筑数量，通过对每一幢建筑赋值加权，可以在到达值的测算结果中把建筑数量置换成建筑空间容量，或是工作人数等。引力值的测算则是在到达值公式基础上，加入了距离衰减原则，即网络中节点之间距离越大，二者的相互影响越小，从而反映了空间阻隔与场所吸引力对某一幢建筑可达性的综合影响。目前基于两个平台的 UNA 分析工具主要支持欧几里得距离作为计算可达性空间阻隔的度量参数①。

4. 有关度量距离的界定

从上述多种中心性度量值的定义中可以看出，它们的公式中均涉及网络系统中关于最短距离的测算，而对距离的不同理解可以导致不同的组构度量结果。早期有关可达

① 目前 UNA 基于拓扑距离的分析存在一些技术问题，至 2015 年 8 月这一问题还尚未得到解决。

性距离成本的测算主要以米制距离作为度量[①, ②, ③]，而随着认知理论与空间行为研究的逐步结合，更多学者认识到人们在行进过程中对距离的理解并不主要是以“最短的物理距离”作为判断，而是源于路径网络的结构形态特征，认知空间之间如何连接成为影响人们对距离判断更为直接的因素。一系列句法分析中证明基于拓扑距离计算的空间整合度值与行人分布密切相关[④]。康罗伊·道尔顿通过数理实验证明人们在行进过程中总是易于选择转弯角度最小的路径[⑤]。这些研究都证明人们在行进过程中方向上转换的次数、行进路线中转弯的角度都与人们如何感知城市有很大关系，因而空间组构的度量中对距离的判断不仅包括欧几里得距离，也可以包括拓扑距离和角度距离。MCA 中的中心性度量主要是基于欧几里得距离的测算求得，而在 Depthmap 和 sDNA 中均包括基于三种距离测算的组构度量。

5. 有关度量半径的影响

交通方式的不同、出行距离的差异都导致人们在不同尺度下来解读城市空间网络系统，度量半径限制了分析范围，反映了不同尺度的城市系统。一般来说，对于长途出行的组构度量往往倾向于选择较大的度量半径，而短途出行则往往易于选择较小的度量半径，对于同一个城市空间网络，不同度量半径的设定对组构度量的测算结果影响很大。

在空间句法分析中，根据不同距离的度量方法对度量半径的设定是不同的，基于拓扑距离的轴线分析中采用“步数”（Steps）作为度量半径单位，基于角度距离测算的线段分析中则采用“角度”或“欧几里得距离”作为度量半径单位。而 sDNA 认为不同类型的度量半径单位容易使组构测算出现混淆，导致不同半径单位的组构度量值无法进行比较，因而在 sDNA 组构分析中，对于三种距离的度量方法均采用了欧几里得距离作为分析半径。而在 MCA 分析中并没有体现度量半径的影响。

为方便相关研究进行查阅与比较，将上述五种空间形态度量工具的工作原理汇总于表 2-2 中。

---

① GARRISON W L, MARBLE D F. The structure of transportation networks[J]. Transportation Center at Northwestern University, 1962.

② KANSKY K J. Structure of transportation networks: relationships between network geometry and regional characteristics[J]. Econometrica, 1963: 152-155.

③ HARGETT P, CHORLEY J C. Network analysis in geography[M]. London: Butler and Tanner, 1969.

④ HILLIER B, IIDA S. Network effects and psychological effects: a theory of urban movement[C]. Delft: 5th Space Syntax International Symposium, 2005.

⑤ DALTON R C. The secret is to follow your nose: route path selection and angularity[J]. Environment and Behavior, 2003, 35 (1): 107-131.

表 2-2　城市空间形态度量工具的工作原理比较

		Space Synatx	MCA	sDNA	PST	UNA
空间图示	轴线图	√			√	
	中心线图	√	√	√		√
图论模型	原初表示		√			√
	对偶表示	√		√	√	
主要度量值	—	整合度 Integration 选择度 Choice	邻近度 Closeness 中介度 Betweenness 直达度 Straightness	邻近度 Closeness 中介度 Betweenness	可达度 Accessibility	邻近度 Closeness 中介度 Betweenness 直达度 Straightness 到达值 Reach 引力值 Gravity
度量距离	欧几里得距离	√	√	√		√
	拓扑距离	√		√	√	①
	角度距离	√		√		
度量半径	米制	√		√		√
	步数	√			√	
	角度	√				

2.3　城市空间形态定量分析在人流活动研究中的应用

2.3.1　城市空间形态与交通出行方式

城市空间形态对交通出行方式②的影响是在交通、城市设计及规划等多个研究领域中被广泛关注的课题，许多研究均证实城市空间形态在一定程度上对居民的交通出行方式产生重要影响。回顾相关研究可发现，研究者从多个维度探讨城市空间形态对交通出行方式产生的影响，将影响交通出行方式的城市空间形态要素归纳如下：

综合各城市空间形态要素，塞伦斯等（Saelens，et al.）将城市空间形态要素对交通出行方式的影响归纳为两个基本方面：一是接近性（Proximity 或 Distance），二

① UNA 分析中的拓扑距离分析虽然在指导手册中提及，但在实际 ArcGIS 平台下的软件操作中尚未投入使用。
② 城市居民一般出行方式可分为小汽车出行和非小汽车出行两种，其中非小汽车出行又包括公共交通出行、步行或自行车出行。

是连接性（Connectivity）。其中接近性可理解为出行起始点到目的点之间的直线距离（Straight-Line Distance），连接性则更多地反映了出行起始点与目的点之间到达的难易程度[①]。

“接近性”可具体体现在城市空间功能构成要素对出行方式的影响中。相关研究证实在一定区域范围内紧凑型、混合型的功能用地易于促进人们采用步行或公共交通的方式出行[②,③,④]，这主要是因为区域内住宅、商业、办公、休闲等多种功能用地的分布更密集、配置更混合，就往往意味着人们日常出行的目的地距离被拉近了。公交设施的“接近性”对出行方式的影响同样可体现这一点，尤因和赛维洛将“与公共交通车站的距离”（Distance to Transit）作为调查指标，研究证明便捷可达的公交服务设施有助于减少机动车出行频率，并鼓励人们采用非机动车出行的交通方式[⑤]。

不同于功能用地的“接近性”对出行方式的影响，“连接性”更多地反映了出行起始点与目的点之间到达的实际难易程度，一般来说连接性程度越高，出行起始点与目的点的路径距离越接近于直线距离。许多研究证实街道连接性（Street Connectivity）与步行交通关系密切[⑥,⑦,⑧]，更高连接性的街道网络往往有助于提供给步行者更多更便捷的路径选择[⑨]。研究者通过各种定量指标来描述路径间的连接性特征，包括用以描述空间尺度特征的街区长度（Length of Block）、

---

① SAELENS B E，SALLIS J F，FRANK L D. Environmental correlates of walking and cycling：findings from the transportation，urban design，and planning literatures[J]. Annals of behavioral medicine，2003，25（2）：80-91.

② EWING R. Beyond density，mode choice，and single-purpose trips[J]. Transportation Quarterly，1995，49（4）：15-24.

③ CERVERO R. Built environments and mode choice：toward a normative framework[J]. Transportation Research Part D：Transport and Environment，2002，7（4）：265-284.

④ SAELENS B E，SALLIS J F，FRANK L D. Environmental correlates of walking and cycling：findings from the transportation，urban design，and planning literatures[J]. Annals of behavioral medicine，2003，25（2）：80-91.

⑤ EWING R，CERVERO R. Travel and the built environment[J]. Journal of the American Planning Association，2010，76（3）：265-294.

⑥ BADLAND H，SCHOFIELD G，GARRETT N. Travel behavior and objectively measured urban design variables：associations for adults traveling to work[J]. Health & place，2008，14（1）：85-95.

⑦ CERVERO R，SARMIENTO O L，JACOBY E，et al. Influences of built environments on walking and cycling：lessons from Bogotá[J]. International Journal of Sustainable Transportation，2009，3（4）：203-226.

⑧ SAELENS B E，SALLIS J F，FRANK L D，et al. Neighborhood environment and psychosocial correlates of adults' physical activity[J]. Medicine and science in sports and exercise，2012，44（4）：637-646.

⑨ HANDY S，PATERSON R G，BUTLER K. Planning for street connectivity：getting from here to there[J]. Apa planning advisory service reports，2003 （515）：1-75.

街区面积（Block Area）、交叉口密度（Intersection Density）等[①,②,③,④]，例如美国波特兰市规定街区上限为530英尺（约162m），并建议330英尺（约101m）为鼓励非机动车出行的街区周长；另一方面，以希列尔等人为代表的研究者将空间组构（Spatial Configuration）作为评估路网连接性的定量指标，与空间尺度指标不同的是，空间组构更侧重于关注路径网络的整体结构性特征，如整合度（Integration）、选择度（Choice）等度量指标，在科塔里等人的研究中证实街道整合度每增加1/10，公交出行比例即增加10%，小汽车出行比例减少5%[⑤]（表2-3）。

表2-3　城市空间形态要素促进公交出行的相关文献梳理

城市空间形态要素	文献
街道整合度（Street Integration）	Koohsari，et al.（2017）
街区长度（Block Length）	Cervero & Kockelma（1997）
街区面积（Block Area）	Hess，et al.（1999） Reilly & Landis（2002） Song（2003）
交叉口密度（Intersection Density）	Cervero & Gorham（1995） Cervero & Kockelma（1997） Reilly & Landis（2002）
功能混合程度（Land Use Mix）	Ewing（1995） Cervero，et al.（2002） Saelens，et al.（2003）
建筑面积（Floor Area）	Keefer（1993）
与公交车站的距离（Distance to Bus Stop）	Ewing & Cervero（2010）

① HESS P，MOUDON A，SNYDER M，et al. Site design and pedestrian travel[J]. Transportation Research Record：Journal of the Transportation Research Board，1999（1674）：9-19.

② CERVERO R，GORHAM R. Commuting in transit versus automobile neighborhoods[J]. Journal of the American Planning Association，1995，61（2）：210-225.

③ SONG Y. Impacts of urban growth management on urban form：a comparative study of Portland，Oregon，Orange County，Florida and Montgomery County，Maryland[D]. Maryland：University of Maryland，2003.

④ REILLY M K，LANDIS J. The influence of built form and land use on travel behavior[D]. Berkeley：UC Transport Center，2002.

⑤ KOOHSARI M J，OWEN N，COLE R，et al. Built environmental factors and adults' travel behaviors：role of street layout and local destinations[J]. Preventive medicine，2017，96：124-128.

2.3.2 城市空间形态与人流分布

空间句法是通过空间布局来预测人流分布的代表性分析方法，其突出的贡献是将定义城市空间组构关系的空间整合度值与人流分布之间建立密切联系[①,②]，希列尔在伦敦案例研究中将街道整合度值和观察记录的行人流量进行相关性分析，结果显示 60% 的人流分布和城市路径整合度值有关[③]。

然而也有部分研究指出这一规律主要体现在二维层面上的分析，在三维层面，基于空间句法理论通过空间整合度直接预测行人分布的能力被大大削弱，其主要原因是，相比于二维层面的街区步行路径，在地下、地面、地上多个层面交叠连接的步行路径的可理解性降低，而其所呈现出的多样且复杂的空间形态结构并不能在句法的组构关系分析中得到充分体现[④,⑤,⑥]。在此基础上，庄宇等在其多层面步行系统研究案例中，添加垂直联系的距离等考量因素，研究结果证明在多层面步行系统中垂直联系的设置与人流分布存在重要关联，与垂直联系距离越小的步行路径往往易于产生更多的人流活动[⑦]。

另外，空间句法中对物质空间的独立分析而忽视其他形态要素对行为活动的影响也广受质疑，许多研究者也从其他维度探讨城市空间形态对人流分布的影响。部分学者认为空间尺度特征与步行性关系密切，如街区长度、交叉口密度等是影响步行性的重要指标[⑧]。在多层面步行系统中，行人流量也被证明与地上建筑面积以及土地使用类型等功能构成特征关系较大，日常使用者的步行模式相对受限于建筑周围的空间[⑨]。

① HILLIER B，HANSON J. The social logic of space[M]. Cambridge：Cambridge University Press，1984.

② PENN A，HILLIER B，BANISTER D，et al. Configurational modelling of urban movement networks[J]. Environment and Planning B：Planning and Design，1998，25（1）：59-84.

③ 段进，希列尔 . 空间研究 3：空间句法与城市规划 [M]. 南京：东南大学出版社，2007.

④ CHANG D，PENN A. Integrated multilevel circulation in dense urban areas：the effect of multiple interacting constraints on the use of complex urban areas[J]. Environment and Planning B：Planning and Design，1998，25（4）：507-538.

⑤ PARVIN A，YE A M，JIA B. Multilevel pedestrian movement：does visibility make any difference?[C]// Proceedings of the 6th International Space Syntax Symposium. ITU Faculty of Architecture，2007.

⑥ 庄宇，宋晓宇，戴晓玲 . 多层面步行系统中垂直联系对人流预测模型的影响 [J]. 同济大学学报：自然科学版，2014，42（7）：1051-1057.

⑦ 庄宇，宋晓宇，戴晓玲 . 多层面步行系统中垂直联系对人流预测模型的影响 [J]. 同济大学学报：自然科学版，2014，42（7）：1051-1057.

⑧ CERVERO R，KOCKELMAN K. Travel demand and 3ds：density，diversity，and design[J]. Transportation Research Record，1997，2（3）：199-219.

⑨ BHALLA M K，PANT P D. Pedestrian traffic on Cincinnati skywalk system[J]. Journal of transportation engineering，1985，111（2）：95-104.

2.4 本章小结

本章主要从内容综述、工具方法、研究应用三个方面对相关文献进行回顾，并作为全书的理论基础。其中，第 2.1 节对以行为活动为表征的城市空间形态相关研究内容进行概述，可以看出，以往以行为活动为表征的城市空间形态研究往往存在一定的倾向性：①模糊化倾向——依赖于主观和经验的判断缺乏理性的依据和思考；②平面化倾向——以城市平面图为基础缺乏三维层面的综合分析；③片面化倾向——关注于单一形态要素如物质空间的形态分析而忽视功能层面的影响。因而在本书研究中，试图在城市空间形态与人流活动之间建立一种理性、有效并更加综合的联系，超越一般主观性层面的讨论，希望在结合立体化城市空间实践基础上，从理性的角度找寻“复杂性”背后的一般规律，借助定量分析的方法构建易于理解、便于操作并更加综合的应用型整合模型，以通过指导城市实践而实现城市活力的提升。

在此基础上，第 2.2 节对城市空间形态在定量分析方面的发展脉络进行梳理，并对当前较有代表性的几种城市空间形态定量分析工具进行总结，其主要包括空间句法、多中心性评价、空间设计网络分析、场所句法工具、城市网络分析等。有关于各分析工具工作原理的总结可帮助我们在实际研究操作中更好地理解研究内容并相应选择适用的分析工具，这将对今后相关空间形态研究及设计实践提供帮助。

第 2.3 节则对城市空间形态定量分析在人流活动研究中的具体应用做了梳理，一系列相关研究证实，城市空间形态在多个维度上对交通出行及人流分布产生重要影响，这对本研究中如何建立适宜的度量指标体系及方法提供了参考。

第 3 章　基础数据准备及度量方法构建

在建立轨道交通站区人流活动与空间形态的关联性模型之前需要首先确定如何对站区人流活动及空间形态进行定量描述。本章即着重于对研究之初的准备工作展开介绍，其主要包括样本案例的选取及概况介绍；人流活动数据的采集内容、数据来源及调查方法；以及空间形态度量指标体系的构建、数据来源及相应度量方法等。

3.1 样本案例的选取及概况介绍

3.1.1 案例选择

上海市中心城区包括黄浦、浦东、徐汇、长宁、静安、普陀、虹口、杨浦8个市辖区，总面积约1 500km^2 ①，其中位于核心城区（外环线以内）的轨道交通站点达到86个。本研究从中选取10个轨道交通站点区域作为整体尺度研究的样本案例，它们分别是：江湾-五角场站、中山公园站、南京东路站、静安寺站、商城路-东昌路站、新天地-黄陂南路站、徐家汇站、四川北路站、打浦桥站、陆家嘴站。样本研究范围内若有邻近轨道交通站点，则将二者合并研究，如江湾-五角场站、商城路-东昌路站以及新天地-黄陂南路站均为双站样本。案例选择主要基于以下几点考虑：

（1）位于核心城区的中心型车站地区

从功能导向的角度，即考虑站点地区用地功能及在城市中的作用，轨道交通站区可被分为中心型、枢纽型、居住型三种类型②。其中，中心型站区往往采取较高强度的土地开发，是商业、办公等公共服务功能的聚集地，是市民进行公共活动的中心场所；枢纽型站区则强调以交通功能为主，站点周边往往布置有占地面积较大的交通设施用地，以配合交通集散功能等；居住型站区侧重于以居住建筑和相关配套设施为主的开发建设，往往围绕站点建设的社区中心主要用于服务周边居住社区。

研究选取具有相似区位条件的研究案例，所选对象均为位于城市核心城区的中心型轨道交通站区，并依托上海中心城区已发展较为成熟的商业商务中心（图3-1）。其中，除打浦桥站站区属于地区级商业中心外，其他9个站区均位于城市级商业中心区③。城市中心区往往意味着更多的消费机会，更好的生活质量，也因而成为居民日常出行流动的主要目的场所，轨道交通站点的产生则使得城市活力再次得到集聚。城市中心区的轨道交通站区往往发展程度更高、路网形态更为立体、功能更为综合、公交配置更为全面，因此空间形态的多样化在这里展现得更为充分。而由核心区位所带来的较高土地价值，必然引起站点周边区域高强度的开发建设，易于吸引密集复杂的交通出行，保证了站区内具有较高的人流量，从而使人流的通过和停留得以明显可测。这为研究本身提供了坚实的数据基础。

（2）具有差异化的空间形态特征

具有高强度开发建设的各样本站区在空间形态特征方面具有一定的差异性。一方面，

① 截至2015年12月上海行政区划数据。

② 郑文含．不同类型轨道交通站点地区开发强度探讨[J]．城市发展研究，2008（S1）：93-95.

③ 依据上海市商业网点布局规划（2013—2020），来源为上海商务委员会网站 http：//www.scofcom.gov.cn/

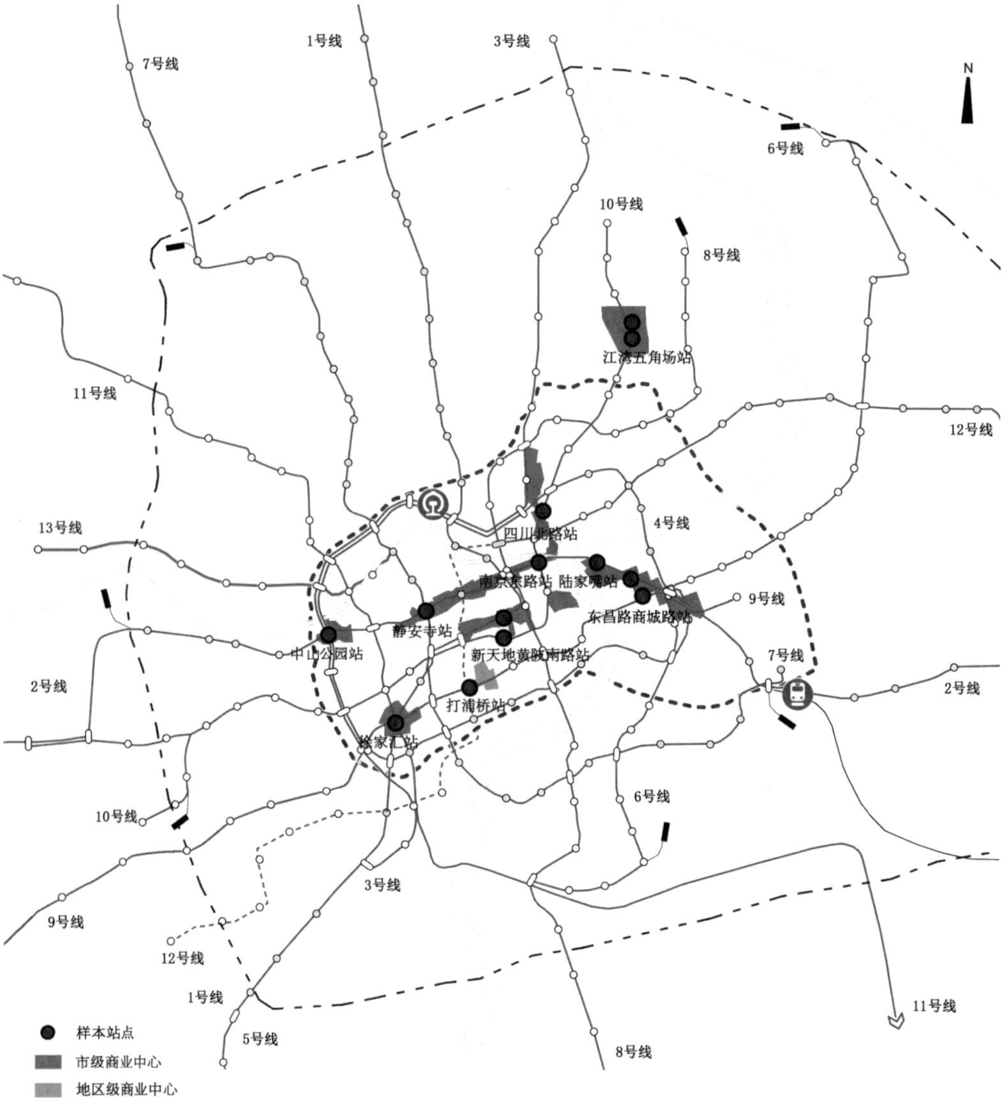

图 3-1　样本站点区位及分布

注：图表为作者改绘，以 2014 年 12 月 31 日前建成的轨道交通网络和站点为依据。

换乘方式的不同以及由于历史原因所形成的多样化城市路径形态在案例中得以体现：10 个样本案例分布在 8 条主要的轨道交通线路上，既包括非换乘站 5 个，也包括双线换乘站 2 个及三线换乘站 2 个；在空间连接方式、路网密度等方面各样本站区也均呈现不同的特点。另一方面，由于各站目标定位的不同，样本案例在建筑空间容量和功能配置上具有多样性，按功能空间构成比例划分，10个样本站区可涵盖“一元主导站区”（1种功能类型大于20%）、“二元主导站区”（2种功能类型大于20%）和“混合使用”（3种及以上功能类型大于20%）①等3种站区类型。多样化的路径空间形态和功能构成特征有利于样本案例之间进行横向比较分析。

另外，10个整体尺度的研究样本中选取江湾-五角场站、静安寺站和徐家汇站作为局部尺度研究的重点样本案例，在基于核心城区的中心型站区基础上，三者相较而言均具有一定规模的多层面步行网络，并在建筑及功能数据上较为丰富，这更有助于观察站区多层面步行系统中人流分布的作用机制；同时，3个案例包括了非换乘站、双线换乘站和三线换乘站3种类型，并按功能空间构成划分，包含二元主导型站区和混合使用型站区两种类型，在路径空间形态与功能构成特征方面具有的多样性也有助于较为全面的探讨中心型站区人流分布的规律特征。

3.1.2 案例概况

上海轨道交通的第一条线路1号线于1986年全面开工，并于1993年5月正式运营，而后在30多年中上海轨道交通得到了极大的发展，截至2015年12月19日，上海已建成并通行的轨道交通线路达14条，车站有365座，运营里程达588km，其目前在16个行政区中的13个提供运营服务。

在前期线路规划中，将上海轨道交通线路分为3大类：R级，即市域级快速地铁，用以连接郊区与市中心；M级，即市级快速地铁，用以连接中心城区；L级，轻轨即高架铁路，其载客量较地铁少，作为地铁的补充。本研究样本案例的所经线路均为M线或L线，即用于连接中心城区的市级快速铁路，尚未涉及连接郊区与市中

心的市域级快速地铁。样本案例均是上海核心城区具有代表性的中心型轨道交通站点，各站基本信息如表3-1所示。

（1）江湾-五角场站

五角场地区位于上海市杨浦区，因邯郸路、四平路、黄兴路、翔殷路、淞沪路五条城市干道相交汇而得名，是主要以商业、商务功能为主的上海四大城市副中心之一。五角场站与江湾体育场站都是轨道交通10号线途经的站点，一同为五角场区域提供轨道交通服务，两站之间通过地下层步行道、地下广场以及各商业综合体的地下层实现连通，站区内独立于地面车行交通的地下步行系统已较为完善，在有效串联起各商业综合体的同时也承担了较为重要的过街交通功能，除个别过街口还未形成有效连接，整体网络回路已基本形成。

① 作者根据功能空间构成比例划分的轨道交通站区类型。数据来源：袁铭．城市中心区轨交站域空间使用的分布与绩效研究：以上海为例[D]．上海：同济大学，2015.

表 3-1 样本案例的基本信息

	行政区	商圈	主要服务人群	轨道交通线路	换乘站	功能构成类型	站区主要活动基面
江湾 - 五角场站	杨浦区	五角场（市级）	区域居民	10	否	混合使用型	地下层 + 地面层
中山公园站	长宁区	中山公园（市级）	区域居民	2/3/4	是（3）	二元主导型（办公 + 居住）	地下层 + 地面层 + 空中层
南京东路站	黄浦区	南京东路（市级）	市民、游客	2/10	是（2）	混合使用型	地下层 + 地面层
静安寺站	静安区	南京西路（市级）	市民（中高档消费）	2/7	是（2）	混合使用型	地下层 + 地面层
商城路 - 东昌路站	浦东新区	小陆家嘴 - 张杨路（市级）	区域居民、商务办公	2/9	否	二元主导型（办公 + 居住）	地下层 + 地面层
新天地 - 黄陂南路站	黄浦区	淮海中路（市级）	市民、游客（中高档消费）	1/10	否	二元主导型（办公 + 居住）	地下层 + 地面层
徐家汇站	徐汇区	徐家汇（市级）	市民、游客	1/9/11	是（3）	二元主导型（办公 + 居住）	地下层 + 地面层
四川北路站	虹口区	四川北路（市级）	区域居民（中低档消费）	10	否	二元主导型（办公 + 居住）	地下层 + 地面层
打浦桥站	徐汇区	打浦桥（地区级）	区域居民、游客	9	否	二元主导型（办公 + 居住）	地下层 + 地面层
陆家嘴站	浦东新区	陆家嘴（市级）	商务办公人群、游客	2	否	一元主导型（办公）	地面层 + 空中层

（2）中山公园站

中山公园站位于上海市长宁区，邻接城市大型公园——占地总面积约 21.42 万 m^2 的中山公园，是轨道交通 2 号线、3 号线和 4 号线的三线换乘站。站点依托中山公园商圈，周边已发展成为集商业、商务、居住、教育、行政、休闲、娱乐等功能为一体的综合性区域。站区内横穿的长宁路为城市干道，最宽路幅达到 40m（中山公园至凯旋路一段），因而可以看到 2 号线站台沿长宁路延伸布局，以更好解决过街交通问题。站点内 2 号线站台位于地下层，3 号线和 4 号线站台位于空中层，因而站点分别通过地下层和空中层步行系统与周边物业建立联系，目前在 11 个站点出入口中有 6 个直接与周边物业结合设置。

（3）南京东路站

南京东路站位于上海市黄浦区，是轨道交通 2 号线和 10 号线的双线换乘站。站点出口所连接的南京路步行街是城市级商业中心，是集购物、旅游、商务、展示和文化五大功能为一体的全天候步行街，其主要目标人群以服务游客、周边居民和白领为主。区域内商业商务用地主要以南京路为主轴沿线分布，2 号线与 10 号线站台分别沿南京路步行街与河南中路布局，由于路幅较小并未产生明显人车交通问题，因而站区内地下步行路径并未进行过多延伸，而是直接与周边物业以及城市基面建立联系。

（4）静安寺站

静安寺站位于上海市静安区，是轨道交通 2 号线和 7 号线的双线换乘站。站区以静安古寺为核心，并围绕南京西路打造成以高档商务、会展、酒店、购物中心和公共活动区为特质的聚集地。站区内的地下层步行系统呈发散状与周边百货、下沉广场等直接相连，10 个出入口中有 5 处在地下与周边物业直接相连，1 处连接静安寺下沉广场，连接站点与各处物业的地下步行路径彼此之间联系较弱，尚未形成连接良好的回路系统。

（5）商城路 - 东昌路站

商城路 - 东昌路站是双站样本，其位于上海市浦东新区，分别为轨道交通 9 号线和 2 号线途经的车站，二者间步行距离较近，共同为周边区域提供交通服务。站区外围邻接陆家嘴商务中心和张杨路商业圈，主要服务于浦东市民、商务人员和市内外观光游客。区域内“体系化”发展程度较弱，两站之间尚未在多层面上建立便捷联系，其中东昌路站和商城路站分别沿世纪大道和商城路布局，站点内部地下步行路径主要解决了部分干道过街交通的问题，但与周边城市基面尚未形成多样化有效连接，仅有一个站点出入口与周边物业直接相连。

（6）新天地 - 黄陂南路站

新天地站与黄陂南路站分别为轨道交通 10 号线和 1 号线的途经站点[①]，由于均位于上海市黄浦区，共同服务于淮海路大商圈并

① 自 2015 年 12 月 19 日，13 号线 2 期已开通运营，新增站点中包括新天地站，可与 10 号线实现站内换乘。

邻近设置，因而作为双站案例被合并研究。区域内主要以淮海中路为发展主轴，为市民及周边商务人士提供一个中高档消费场所，同时新天地作为一个以上海石库门建筑旧区为基础改造的多功能休闲步行街，也吸引了诸多市内外观光游客。两个站点均通过地下步行系统与周边建立联系，共 6 个出站口中有 5 个直接与周边物业结合设置。

（7）徐家汇站

徐家汇地区隶属上海徐汇区，位于上海“三纵三横”主干道的西南端，邻接徐家汇商业中心，是上海四大城市副中心之一。这里汇集了多条轨道交通线路和几十条公交线路，形成了四通八达、快捷方便的立体交通网络。其中徐家汇站是轨道交通 1 号线、9 号线和 11 号线的 3 线换乘站，也是上海目前拥有站点出入口最多的轨道交通站，因而站点服务半径较大。从站台内延伸出来的地下步行路径成发散状分布，在连接多个轨道交通线路的同时，将港汇、美罗城、东方商厦等商业综合体也连成一体。站区内部分车行道下穿，为减少地面过街人流，地下层步行路径一直延伸至干道交叉口，但呈放射状分布的地下步行路径之间并未形成连接良好的回路。

（8）四川北路站

四川北路站位于上海虹口区，是轨道交通 10 号线途经站点。站点周边以 20 世纪建造的石库门住宅和公园绿地为主，站点邻接的四川北路商业街历史悠久，是上海民国时期主要商业大街之一。虽然随着诸多新兴商圈的崛起，四川北路商业街已不复昔日辉煌，但作为当前上海十大商业中心之一，仍极具代表性。区域内海派文化底蕴依然深厚，经过 90 年代的大规模改建，其被打造成为一条独具特色的“面向工薪阶层的商业大街”。站台邻接四川北路与武进路的交叉口布置，一定程度解决了交叉口人车交通的问题，其中有 2 个站点出入口与北侧商场在地下层连通。

（9）打浦桥站

打浦桥站位于上海黄浦区，为上海轨道交通 9 号线途经的地下车站。自 2010 年上海世博会为卢湾南部滨江地区带来开发契机，位于卢湾中部的打浦桥商圈也随之得以快速发展，其中大型商场日月光广场以及创意产业集聚区田子坊都是区域内的重点推进项目，如今这一地区已发展成为城市中高档住宅区及区域性商业中心。区域内人口密度较高，根据 2012 年统计数据，打浦桥地区常住人口密度达到 4.01 万人 /km^2,为样本案例中最高。打浦桥站的 4 个站点出入口全部位于日月光广场内，站厅与地下商业空间融为一体，这也成为日月光广场最大的商业经营优势。

（10）陆家嘴站

陆家嘴站是轨道交通 2 号线途经的地下车站，位于上海浦东新区内陆家嘴金融贸易区的核心位置。轨道交通站点周边聚集了数百家中外资金融机构，同时也拥有多幢城市地标性建筑，这里的高层楼群连同对岸外滩历史建筑群形成了浦江两岸独特的风景线，加之附近的陆家嘴中心绿地与上海海洋水族馆，陆家嘴因而不仅成为城市商务中心，也成为上海重要的游客聚集点。由于地下层已建隧道等原因，轨道交通站区内通过设置空中层步行系统实现人车分离，环形的空中层步行道连接周边商业和办公建筑，解决了干道交叉口行人出行的矛盾。

3.2 站区人流活动的调查内容及方法

3.2.1 数据采集内容

对样本站区人流活动的考察分别从整体尺度和局部尺度两个层面展开，前者是以站区为基本度量单元，侧重对站区整体活力的定量描述；后者则是以街道为基本度量单元，主要关注站区活力分布的特征规律。

具体来说，研究分别采用站点客流量、站区通行人流密度、站区（主要公共空间）驻留人流密度作为站区整体活力的量化表征，采用通行人流分布即街道截面通行人流值作为站区活力分布的量化表征，各表征参数反映了站区活力的不同评价内容。其中，站点客流量反映了在轨道交通站区由主要交通方式轨道交通带来的人流潜能；站区通行人流总值可反映站区活力产生的先决条件，各街道截面通行人流数据可反映站区范围内人流密度的总体分布情况；作为通行人流指标的补充，研究也将站区主要公共空间的驻留人流数据纳入度量分析中，扬·盖尔认为城市活力表现为“量”和“质”两方面，街道上的通行人流活动是城市活力产生的先决条件，但并不能代表城市空间品质的好坏，有活力的城市空间应该能吸引人们留在空间中活动，站区驻留人流量即是反映站区活力的另一个重要参考指标。为排除站区研究面积和主要公共空间面积的影响，这里采用的站区单元度量指标为人流密度值，包括站区通行人流密度和站区驻留人流密度值，同时考虑到人们在周末和工作日出行行为上的决策差异，研究对样本站区工作日和周末的人流活动数据分别进行采集。

3.2.2 数据来源及调查方法

1. 站点客流量——数据库

轨道交通站点客流量数据来源于 2014 年 10 月 17 日（周五）和 2014 年 10 月 18 日（周六）两日的闸机计数，数据具有较高的精确性。将采集到的当日进出站人数进行加总，从而得到全天的进出站人数之和，并将两日数据分别作为工作日和周末全天进出站总客流量的样本数据。其中，换乘站点按各线路闸机计数分开计算；江湾 - 五角场站、商城路 - 东昌路站和新天地 - 黄陂南路站因为研究范围内包含两个轨道交通站，所以其客流量的取值为两站客流量数据的加总。线路客流量取沿线各站点客流量之和，换乘客流量未纳入计算中。

2. 站区通行人流——观察点计数法

对街道截面通行人流数据的采集采用了

“观察点计数法”（Gate Count），这是空间句法公司在理论研究和实践工作中最常被采用的调查方法。与城市交通学科中人车流量调查方法的比较可突出观察点计数法的特点：交通研究倾向于对高峰时刻数据的考察，观察点计数法则为全天数据的收集；交通研究为 2—3h 的连续抽样，观察点计数法主要是观察时间段内的随机抽样①。

各研究案例的实地调查分别选取工作日和周末各一天，均为晴朗或多云的天气。事先对样本站区内各通行路段选取观察点，其中各站区观察点几乎遍布研究范围内的所有步行路段。根据观察点数量确定调查员人数，在一个取样时间段内，一个调查员可以负责 20 处左右的观察点进行观测。各案例均选定 6 个时间段（8：00—10：00，10：00—12：00，12：00—14：00，15：00—17：00，17：00—19：00，19：00—21：00），时间段的选择基本可覆盖全天人流高峰时间。在每个取样时间段对各路段截面观察点进行取样 3min，每个观察点在 6 个时间段共计取样 18min。将各取样时间段内记录的人流量数据取平均值后转换成小时数据，从而获得各步行路段截面每小时通行的人流活动。将站区范围内各路段截面人流数据进行加总，从而得到各样本站区小时人流总通行量数据。

3. 站区驻留人流——活动注记法

对站区主要公共空间驻留人流数据的采集采用“活动注记法”（Behavioral Mapping），该方法最初由爱特森等人②发展而来，后在环境行为学研究中得到广泛的应用。调查过程通过对工作内容做出明确、科学的设计，使得被观察的行为及采集的数据记录较少受到观察者主观性的影响，由活动注记调查可以得到的数据信息包括使用者的空间位置、社会属性、活动时间信息、活动状况等③。

鉴于本书所涉及的研究目标及研究内容，在实地调查中采用活动注记法所记录的内容主要为站区范围内在主要公共空间产生的驻留人流量，所关注的驻留活动类型有：驻足活动，包括观看、交谈等站立行为；坐歇活动，包含室外咖啡及茶座坐歇、常规室外休息椅坐歇及台阶花坛等非常规坐歇等；主要公共空间发生的有关商业、文化、体育等休闲娱乐活动。实地调查中需要提前准备及特别注意的内容包括：

（1）需明确站区有待考察的主要公共空间及各公共空间中的可活动区域，从而确定调研范围并进行绘制，这里所关注的位于轨道交通站区的公共空间，主要强调实际使用中的公共性，在其考察范畴中除了包括政府所属的城市广场、城市公园、街心绿

① 戴晓玲．城市设计领域的实地调查方法：环境行为学视角下的研究 [M]. 北京：中国建筑工业出版社，2013.

② ITTELSON W H，et al. The use of behavioural maps in environmental psychology[C]// Environmental Psychology：Man and his Physical Setting. New York：Rinehart & Winston，1970：658-668.

③ 戴晓玲．城市设计领域的实地调查方法：环境行为学视角下的研究 [M]. 北京：中国建筑工业出版社，2013.

地等公共空间外，也包括一些私有公共空间（Privately Owned Public Space，POPS），例如某些商业廊道、内广场等，它们可能限时开放，但仍为公众或大多数人使用。

（2）进一步细分需要记录的活动类型并确定相应图例，从而使得观察者在执行记录观察等工作时使“所需要付出的努力最小化”[①]。将细分后的驻留活动类型分为：站立（Standing），坐在常规座椅上（Sitting on Formal Chairs），坐在非常规座椅上（Sitting on Informal Chairs），商业活动（Commercial），体育活动（Sport），表演（Performance），观看表演（Watching Performance），等待交通（Waiting For Transportation），儿童玩耍（Children Playing），遛狗（Walk the Dog），拍照（Photo Shooting），散步（Walking）[②]等。

（3）各研究案例的实地调查分别选取工作日和周末各一天，均为晴朗或多云的天气，各调查均选定6个时间段（8：00—10：00，10：00—12：00，12：00—14：00，15：00—17：00，17：00—19：00，19：00—21：00），时间段的选择基本可覆盖全天人流高峰时间。活动的记录选取某个瞬时[③]，将该时刻公共空间中的活动类型用相应的图例表示记录在图纸上，并在图例旁记录各类型活动的人数（图3-2）。当公共空间中人群流动量较大时，可以用照片记录下该时刻的行为活动，再根据照片内容进行数据整理。

3.3 站区空间形态的度量指标体系构建及度量方法

3.3.1 站区空间形态的四个基本调查维度

正如在2.3节文献综述中所提到的，在有关交通出行方式及人流分布的研究中，路网构形往往是一个重要的考量依据。相关研究证实，街道连接性（Street Connectivity）与步行交通关系密切[④，⑤，⑥]；街道整合

① ITTELSON W H，et al. The use of behavioural maps in environmental psychology[C]// Environmental Psychology：Man and his Physical Setting. New York：Rinehart & Winston，1970：658-668.

② 这里“散步”主要指的是在城市公园或绿地中发生的驻留行为，不同于一般人行道上的通行活动，它是一种自发性的休闲活动，体现了城市公共空间的功能属性，因而本书将城市公园或绿地中的散步行为纳入到驻留活动类型中进行考察。

③ 这里“瞬时”记录的驻留活动一般持续至少3min以上，均是有一定持续性的行为而并非瞬时行为。

④ BADLAND H，SCHOFIELD G，GARRETT N. Travel behavior and objectively measured urban design variables：associations for adults traveling to work[J]. Health & place，2008，14（1）：85-95.

⑤ CERVERO R，SARMIENTO O L，JACOBY E，et al. Influences of built environments on walking and cycling：lessons from Bogotá[J]. International Journal of Sustainable Transportation，2009，3（4）：203-226.

⑥ SAELENS B E，SALLIS J F，FRANK L D，et al. Neighborhood environment and psychosocial correlates of adults' physical activity[J]. Medicine and science in sports and exercise，2012，44（4）：637-646.

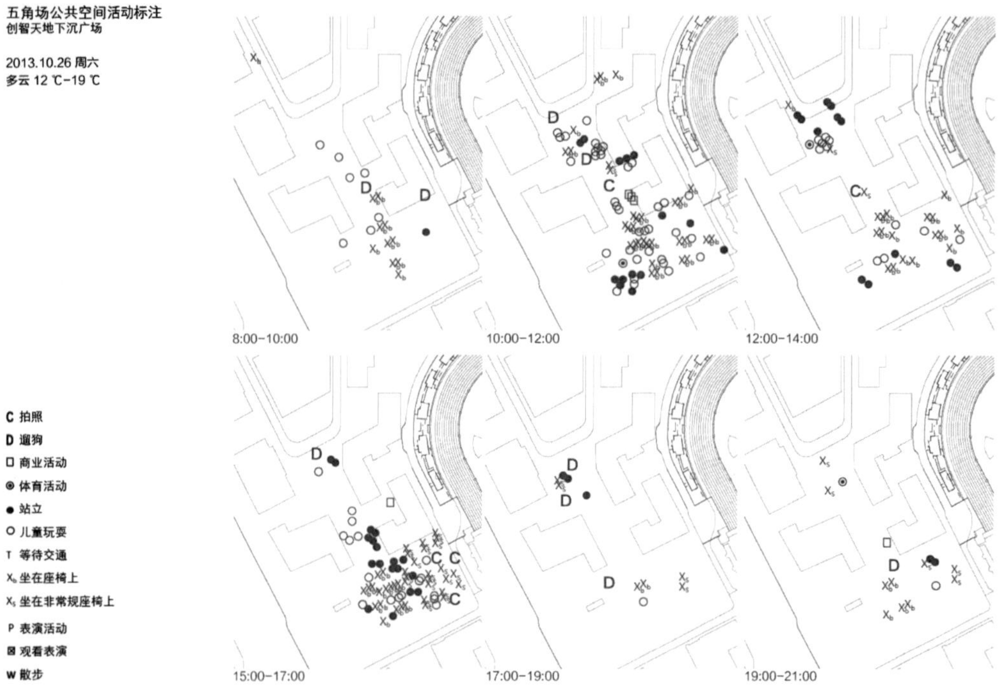

图 3-2　活动注记法调研图示示意，以江湾 - 五角场站区创智天地下沉广场为例
图片来源：课题组

度（Street Integration）对公共交通出行数量体现了较为重要的影响[①]，同时其也体现在对人流分布的重要影响中等[②,③,④]。这是因为道路网络一般被认为存在一定的层级和序列关系[⑤]，其中更高级别的路径往往会吸引更多的人行交通，因而人们在城市行进过程中的路径选择倾向是可以通过对道路网络结构特征的解读即路网构形分析而进行推测的。

另一个基于人流活动的空间形态研究维度是对空间尺度的探讨，在《街道与形态》一书中，斯蒂芬・马歇尔将其称之为空间组成，并与空间构形相区分。空间组成侧重于探讨空间形态要素在空间尺度方面的差异

① KOOHSARI M J，OWEN N，COLE R，et al. Built environmental factors and adults' travel behaviors：role of street layout and local destinations[J]. Preventive medicine，2017，96：124-128.

② HILLIER B，HANSON J. The social logic of space[M]. Cambridge：Cambridge University Press，1984.

③ HILLIER B. Space is the machine：a configurational theory of architecture[M]. Cambridge：Cambridge University Press，1996.

④ PENN A，HILLIER B，BANISTER D，et al. Configurational modelling of urban movement networks[J]. Environment and Planning B：Planning and Design，1998，25（1）：59-84.

⑤ 马歇尔 . 街道与形态 [M]. 苑思楠，译 . 北京：中国建筑工业出版社，2011.

性，例如空间的长度、宽度、面积、密度、肌理等尺度形态特征，与空间构形分析中所关注的道路网络结构特征不同[①]。扬·盖尔提到，基于人的舒适度考虑，空间的大小对于人类活动的空间功能来说至关重要。相关研究表明，街区长度（Length of Block）、街区面积（Block Area）、交叉口密度（Intersection Density）等用以描述空间尺度特征的空间组成指标与步行性关系密切[②,③]。相对于空间构形，空间组成特征往往是被设计师更容易理解和操作的，如由中央推行的“小街区”“密路网”，即体现了城市决策机构针对以往“宽道路”“大地块”在城市空间形态设计上的导则调整。

除了空间维度的影响之外，场所空间的功能吸引力也是营造步行活力的重要因素，具体体现在建设强度和功能混合度等方面。相关研究证实在一定区域范围内，紧凑型、混合型的功能用地易于促进人们采用步行或公共交通的方式出行[④,⑤,⑥]，这主要是因为区域内住宅、商业、办公、休闲等多种功能用地的分布更密集、配置更混合，就往往意味着人们日常出行的目的地距离被拉近了。具体来说，在同一类型的功能场所中，场所吸引力会受到建设强度的影响，例如某大型购物商场往往比在同一地块的小型零售店铺对出行者的吸引力要大；而好的城市区域和街道也往往呈现一种“整合的多样性”（Integrated Diversity）的设计策略，强调了一种功能混合建设的重要性，即在保持用地功能紧凑度的同时丰富建设功能类型的多样性，这有利于平衡人流并促进空间在多个时间段的多样化使用；在这其中公共空间的作用也是特别需要关注的，公共空间是城市公共活动的主要载体，与轨道交通站区人流密集特点相适应的城市公共空间，对人流活动有重要的支持作用。

此外，对于本研究所探讨的轨道交通车站地区来说，在强调以轨道交通站点作为区域核心并组织邻近土地综合利用的同时，也注重探讨公共交通设施的设置与分布如何支持区域内步行友好的特点。相关研究表明，

---

① 马歇尔 . 街道与形态 [M]. 苑思楠，译 . 北京：中国建筑工业出版社，2011.

② CERVERO R，GORHAM R. Commuting in transit versus automobile neighborhoods[J]. Journal of the American Planning Association，1995，61（2）：210-225.

③ REILLY M K，LANDIS J. The influence of built form and land use on travel behavior[D]. Berkeley：UC Transport Center，2002.

④ EWING R. Beyond density，mode choice，and single-purpose trips[J]. Transportation Quarterly，1995，49（4）：15-24.

⑤ CERVERO R. Built environments and mode choice：toward a normative framework[J]. Transportation Research Part D：Transport and Environment，2002，7（4）：265-284.

⑥ SAELENS B E，SALLIS J F，FRANK L D. Environmental correlates of walking and cycling：findings from the transportation，urban design，and planning literatures[J]. Annals of behavioral medicine，2003，25（2）：80-91.

便捷可达的公交服务设施有助于支持人们采用步行或公共交通的方式出行①。作为轨道交通站区的重要功能组成之一，公共交通设施（本书中主要指的是公共交通站点）的设置很大程度上决定了区域内主要人流的来源及走向，这对于站区人流活动的研究至关重要。

综合前文对相关理论的梳理与探讨，本研究将从路网构形、空间组成、功能构成和公交设施四个基本维度对轨道交通站区空间

图 3-3　轨道交通站区空间形态的 4 个基本调查维度

① EWING R, CERVERO R. Travel and the built environment[J]. Journal of the American Planning Association, 2010,76（3）：265-294.

形态展开调查。其中，路网构形与空间组成分别体现了实体环境中不同层面的空间形态特征——路网构形主要反映交通路网的连通程度，强调的是要素之间的组合关系，侧重于拓扑性结构关系的表达；空间组成强调从组成要素的差异性来理解网络结构，体现场所空间的长度、宽度、密度、肌理等尺度形态特征。另外功能构成是从功能使用的角度体现场所空间的吸引力影响；公交设施则特别针对本书的特定研究范围轨道交通站区，可在一定程度上反映站区内的主要人流来源及人流走向（图 3-3）。

从不同尺度的分析层面来看，这些影响站区人流活动的空间形态要素既包括整体尺度的城市 / 站区空间形态要素，也包括局部尺度的街区 / 街道空间形态要素。多尺度层面的空间形态度量可反映不同细节程度的空间连接方式、空间尺度特征及功能构成情况等，其所涉及的建构路网、影响因子及度量指标等均有不同。为便于更全面理解空间形态对站区人流活动的具体影响，研究初始阶段拟建的度量指标体系即分别从整体尺度（即以站区为基本度量单元）和局部尺度（即以街道为基本度量单元）两个层面展开。

3.3.2 站区空间形态的度量分析方法

新数据环境将城市形态数据化提供了可能，一方面，可通过公共资源数据库获取相关调查数据，另一方面则借助不断革新的量化分析工具使城市空间形态得以度量，主要的方法路线图 3-4 所示。

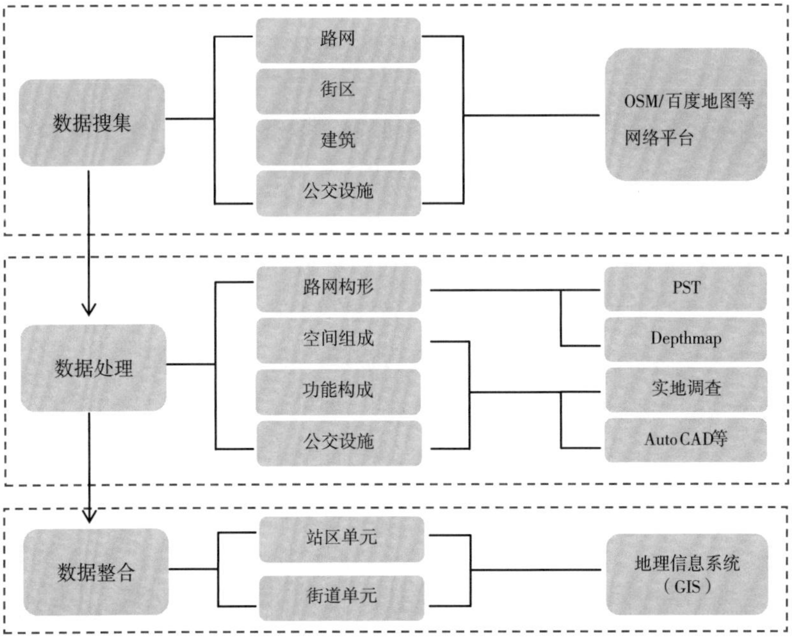

图 3-4　站区空间形态度量分析方法路线图

具体来说，本研究之初需要用到的城市路径图及街区、建筑、公交设施等初始数据主要从 Open Street Map（简称 OSM）和百度地图等网络平台获取，在此基础上借助实地调查再分别对各路径网络及数据做出应时调整，并通过 AutoCAD 等工具进行测量计算。

其中，对于路网构形的分析需要用到相应的空间形态度量工具，这里分别选取由伦敦大学空间句法团队开发的 Depthmap 软件和由斯德哥尔摩皇家理工学院开发的 PST 作为主要的路网构形分析工具，将研究中的三个交通路径网络各自进行独立分析。在轨道交通路网的构形研究中，选用能直接以节点作为度量单元并能进行有效拓扑分析的 PST 作为分析工具，这主要基于两点考虑：①在轨道交通路网构形研究中，站点（即轨道交通路网的节点）被作为分析单元；②在轨道交通路网分析中，角度和方向的意义是非常有限的，乘客对于轨交路网的感知主要来自行驶时间、沿途经过的站数和是否需要换乘等信息，因而拓扑距离分析是更为适宜的构形度量方法。而在车行路网和步行路网的构形分析中，单条路径被作为度量单元，考虑到自然运动对连续性的需求，采用角度距离度量作为主要的路网构形分析方法[①]，因而空间句法软件 Depthmap 是其更为适用的构形分析工具，它将路径作为度量单元并能实现有效的角度距离测算。

最后，通过地理信息系统（GIS）平台将数据整合汇总，并将处理后的数据结果赋值至各研究对象上，这里分别以站区和街道作为研究单元在两个分析尺度下进行。

3.3.3 站区空间形态的度量指标体系构建

1. 路网构形

本书中的路网构形分析，即研究在不同尺度的度量范围下，站区 / 街道与城市交通路网的连接关系。基于运动速率的不同，将城市交通网络分为轨道交通路径网络、车行路径网络和步行路径网络。其中，基于站区单元的路网构形分析，即是研究单个轨道交通站分别在各交通路径网络中的空间连接关系，反映了站区与周边的空间阻隔程度；基于街道单元的路网构形分析，研究的是单条街道在交通路网中的空间连接关系，反映了街道与周边街道的空间阻隔程度。从建构范围来看，轨道交通路网和车行路网分析更多反映的是站区的外部空间连接条件，而站区范围内的步行路网分析更多反映的是站区内部道路空间的连接特征。

具体来说，以站区为度量单元的路网构形分析由三部分组成：①单个轨道交通站点在整个轨道交通路网中基于轨道交通系统的

① 希列尔等人的数理实验证明行人（包括小汽车）在行进过程中易于选择转弯角度最小的路径，而相关研究也证实相较拓扑距离和欧几里得距离，角度距离是与人流分布更为相关的变量。

连接性；②站区内所有车行路径作为一个整体在整个车行路网中基于机动车交通系统的连接性；③站区内步行路网自身的整体连接性。以街道为度量单元的路网构形分析则主要是针对站区步行可达范围内的步行路网进行测算。

（1）路网建构

空间句法的线段图可将路网信息简化，从而直接捕捉到路径网络的构形特性。分别绘制三网线段图，将轨道交通路径、车行路径和步行路径分别从城市整体路网中抽离出来，所建立的路径网络分别包括：①截至2014年10月已建成并投入使用的轨道交通路网，其涵盖以外环线为边界的所有轨道交通站点；②以外环线为边界的车行路网；③10个样本案例中各自的步行路网，为避免在可达性分析中容易产生的边缘效应等问题，对于500m半径的站区研究范围相应绘制的是1000m半径的步行路径线段图。

所有路径图的初始数据主要从OSM获得，并分别对各路径网络作出以下调整：①基于相应研究年月轨道交通网络的线路变化对轨道交通网络初始数据进行调整；②为了适应度量工具对图形表达的要求，研究中对不同线路上的同一换乘站进行区分，并在同一换乘站间用线段两两进行连接，根据换乘行进路径及时间的实际需求，换乘被设定为两步连接；③车行路径线段图中，不同层面的高架层、隧道层连同地面车行路径通过有效的连接/打断（Link/ Unlink），被一起立体化地表达在线段图中；④更大精度的双线步行路径网络图参照百度地图及百度全景视图进行调整，并添加人行横道短线以连接其他步行路径。

（2）度量指标

基于多个交通路网的空间构形度量指标如表3-2所示，这里所列出的度量指标均由相应计算机度量工具Depthmap和PST直接得出，每个度量指标均是由严格的数学公式定义而得。在轨交路网构形分析中，可以通过场所句法（PST）分析中的可达度（Accessibility）指标来定量表达站点与周边的邻近程度，计算半径分别为5站（15min）、10站（30min）和20站（60min）的可达度。在车行路网构形分析中，计算以站区为研究单元，度量半径分别为500m、1000m、2000m、5000m和n的车行路网平均选择度（MChoA_V）和车行路网平均整合度（MIntA_V）。在步行路网构形分析中，计算半径分别为100m、200m、300m、400m、500m和n的路网构形度量值，包括以站区为研究单元的步行路网平均选择度（MChoA_P）和步行路网平均整合度（MIntA_P），以及以街道为研究单元的街道选择度（ChoA_P）和街道整合度（IntA_P）。当计算半径为n时，计算的是每条路径到研究范围内其他所有路径的度量值。

另外，基于站区步行路网的多层面特征，研究添加了垂直联系深度（TDepA_P）。作为另一个站区步行路网的空间构形度量指标，主要用以描述站区步行路径在三维层面的空间连接关系。相关研究证明在多层面步

表 3-2　路网构形度量指标及定义

度量单元	建构路网	分析方法	度量指标	度量半径	定义
站区单元	轨交路网	拓扑距离	站点可达度（AccT_M）	5s，10s，20s	单个轨道交通站点在轨道交通路网中与其他站点之间的邻近程度
			站点连接度（Con_M）	—	单个轨道交通站点所连接的线路数，可反映站点的换乘情况
	车行路网	角度距离	车行路网平均选择度（MChoA_V）	500m，1000m，2000m，5000m，*n*	站区范围内所有车行路径选择度的平均值
			车行路网平均整合度（MIntA_V）	500m，1000m，2000m，5000m，*n*	站区范围内所有车行路径整合度的平均值
	步行路网	角度距离	步行路网平均选择度（MChoA_P）	100m，200m，300m，400m，500m，*n*	站区范围内所有步行路径选择度的平均值
			步行路网平均整合度（MIntA_P）	100m，200m，300m，400m，500m，*n*	站区范围内所有步行路径整合度的平均值
街道单元	步行路网	角度距离	街道选择度(ChoA_P)	100m，200m，300m，400m，500m，*n*	度量范围内所有其他步行路径之间最短路线通过该步行路径的次数，表示单条步行路径在路网系统中的重要性
			街道整合度（IntA_P）	100m，200m，300m，400m，500m，*n*	单条步行路径在度量范围中与其他步行路径间的角度距离，表示该步行路径在路网系统中的便捷性
			垂直联系深度（TDepA_P ）	—	单条步行路径与研究范围内所有垂直联系的平均角度距离

行路网中，垂直联系的设置与人流分布存在重要关联，与垂直联系距离越小的步行路径往往具有更大的通人流活动[①]，本书将路径与垂直联系的距离即垂直联系深度值作为度量指标纳入空间形态的考察中。垂直联系深度的测算同样借助 Depthmap 分析软件，可测得单条步行路径与研究范围内所有垂直联系间的平均角度距离，即垂直联系深度值。

2. 空间组成

空间组成是不同于路网构形的另一种空间形态特征分析。本研究中以站区为基本度量单元的空间组成分析，主要关注的是有关

① 庄宇，张灵珠，戴晓玲 . 多层面商业空间整合度与人流量关联性分析 [J]. 同济大学学报：自然科学版，2012，40（11）：1620-1626.

表 3-3　空间组成度量指标及定义

度量单元	度量指标	单位	定义
站区单元	人行道长度（PL）	m	站区 500m 半径范围内可通行的步行路面总长度
	线密度（LDen）	m/ha	站区 500m 半径范围内单位面积内可通行的步行路面总长度
	交叉口密度（CDen）	个 /ha	站区 500m 半径范围内单位面积内的交叉口个数
街道单元	街区周长（BL）	m	街道路缘线所环绕的单个街区的步行路面总长度
	街道宽度（PW）	m	街道上行人可通行部分的路面宽度

站区的整体尺度特征，具体度量指标包括人行道长度（PL）、线密度（LDen）、交叉口密度（CDen）；对于以街道为基本度量单元的空间组成分析，更多关注的是有关街道或街道所在街区的微观尺度特征，度量指标包括街区周长（BL）和街道宽度（PW）等。各空间组成度量指标及定义如表 3-3 所示。

（1）人行道长度（PL），是考量站区对步行活动支持的重要指标，这里指的是站区 500m 半径范围内可通行的步行路面总长度；

（2）站区线密度指标（LDen），线密度概念是从交通规划理论中的路网密度转化而来，可以用来定量描述道路的疏密程度，指的是“单位面积（ha）内通行可达的路面长度（m），用以衡量单位面积内通行路径可选择的多少”①，用于本研究中测量轨道交通站区线密度的计算公式为：站区线密度 = 站区步行路径长度之和 / 站区面积，这里所测算的是 500m 半径站区范围内步行路网的线密度；

（3）站区交叉口密度指标（CDen），交叉口密度是评价道路网疏密程度的重要概念，这里指的站区 500m 半径范围单位面积（ha）内的交叉口个数；

（4）街区周长指标②（BL），反映了各街区的尺度大小，一般来说越小的街区意味着路网中有越多交叉口，可为步行者提供更多的路线选择；

（5）街道宽度指标（PW），街道宽度同样反映了对人流活动的支持程度，街道宽度的确定不仅要适应于人流活动强度，也可提供更多的人流活动功能，越宽的街道易于吸纳更多的人流活动，也包括更丰

① 祝狄烽 . 地铁站域多层面步行路径的密度和转换分析：以沪港城市中心区的四个案例为样本 [D]. 上海：同济大学，2012.

② 研究之初首先考虑的是街道长度指标可能对于人流分布产生的影响，然而在二者的相关性分析中街道长度并未显示对站区人流分布有直接影响，这可能与线段图的绘制方法有关，每一个街段长度并不能清晰描述所在街区的尺度状况。为了研究街区尺度大小与站区人流分布的关系，另外选取街道所在街区的周长作为空间长度度量指标参与到站区人流分布的影响分析中，其可用以描述人流活动所在街区的尺度大小情况。

富的驻留活动类型，这里街道宽度指标计算的是街道上行人可通行部分的路面宽度，而停车、花坛、行道树等非通行部分均不在计算范围内。

3. 功能构成

借助 Open Street Map、百度地图等网络平台，可获取包括街道、建筑、街区等城市形态要素在内的精细数据，结合实地调查，分别从整体和局部两个分析层面，对站区及街道所在街区的功能构成情况进行考察。研究通过多个度量指标对功能构成特征进行量化表述，其中主要关注的站区单元功能构成度量指标如表 3-4 所示。

（1）站区空间强度（MFar），即站区 500m 半径范围内单位面积的总建筑容量，反映了站区内整体空间开发规模；

（2）站区功能混合度（MMix），研究中将功能空间分为四大类，分别为商业空间、办公空间、住宅空间以及包括酒店、公共管理和公共服务设施等在内的其他业态类型，功能混合度反映了站区范围内各类型功能空间的组合配置情况，数值越接近于 1 表明站区的混合建设程度越高。

在基于街道单元的功能构成分析中，考虑到功能构成数据采集的可行性，采用街区作为功能构成调查的基本单元，并在实际运算中将街区功能构成数据分别赋值到街区所属的各观测街道上，主要关注的是各街道所在街区其所容纳的建筑空间容量和功能空间混合配置情况，具体采用的指标及定义如表 3-4 所示。

（1）街区空间强度（BFar），即单个街区中单位面积的总建筑容量，反映了站区范围内空间开发在各街区中的强度分布情况；

（2）街区功能混合度（BMix），反映了单个街区中各功能类型空间在其中的混合配置程度，数值越接近于 1 表明街区的混合建设程度越高，数值为 0 则说明街区为单一功能类型构成，其中划分的功能类型包括商业空间、办公空间、住宅空间以及包括酒店、公共管理和公共服务设施等在内的其他功能类型空间。

表 3-4　功能构成度量指标及定义

度量单元	度量指标	定义
站区单元	站区空间强度（MFar）	站区范围内单位面积的总建筑空间面积
	站区功能混合度（MMix）	站区范围内各功能类型空间在其中的混合配置程度
街道单元	街区空间强度（BFar）	单个街区中单位面积的总建筑空间面积
	街区功能混合度（BMix）	单个街区中各功能类型空间在其中的混合配置程度

4. 公交设施

研究中拟定 6 个度量指标分别作为站区单元和街道单元公交设施分布的量化表征，如表 3-5 所示。具体来说，以站区为基本度量单元的公交设施度量指标包括：

（1）巴士线路数（Num_Bus），巴士公共交通以地面道路网为支撑，其作为轨道交通的辅助公交出行方式，为出行者提供了一种更具灵活性的交通选择方式，将站区范围内的巴士线路数量作为考察指标可一定程度上反映站区通过公交巴士交通与外部空间的连接程度；

（2）轨交换乘线路数（Con_M），即单个轨道交通站点所连接的线路数，可反映轨交站点与周边轨道交通的连接情况，可用连接度指标表示；

（3）轨交出入口数（Num_ME），可一定程度上反映站台规模以及站点与周围区域的步行可达程度，由于换乘或步行连接等需要，当地下站台面积较大时往往设置更多的站点出入口，而出入口数量较多的站点其区域服务半径也往往较大，如徐家汇站；

（4）与物业结合轨交出入口数（Num_CME），将轨交站出入口与物业结合设置，设置的轨交出入口数量一定程度上可作为评估轨交站与周边物业协同运作的指标是建立立体步行网络、引导轨道交通人流并加强交通便捷性的有效设计手段之一。

以街道为度量单元的公交设施度量指标包括（5）轨交站深度（DepA_M）和（6）巴士站深度（DepA_Bus），二者可反映站区内公共交通设施的实际分布情况，并通过计算与公交设施的步行距离来反映各街道到公交设施的步行可达程度。不同于路网构形分析中所有路径被同一看待，深度值通过将公交设施分布结合到路网构形分析中，而使得每条路径的功能性特征被区分开来。深度

表 3-5　公交设施度量指标及定义

度量单元	度量指标	定义
站区单元	站区巴士线路数（Num_Bus）	站区范围内的巴士线路数量
	轨交换乘线路数（Con_M）	单个轨道交通站点所连接的线路数，可反映站点的换乘情况
	轨交出入口数（Num_ME）	已开放的轨交出入口数量，但在规划方案中尚未建成或尚未开放的轨交出入口并未纳入计算
	与物业结合轨交出入口数（Num_CME）	与周边物业在地下层或空中层直接取得联系的轨交站出入口数量
街道单元	轨交站深度（DepA_M）	单条街道到站区内所有轨道交通站出入口所在街道需要经过的平均角度距离
	巴士站深度（DepA_Bus）	单条街道到站区内所有巴士站点所在街道需要经过的平均角度距离

值测算可通过 Depthmap 分析工具实现，由分析工具得到的是每条街道的角度深度值（Angular Step）。

3.4 本章小结

本章是对研究初期准备工作的详细介绍。首先，阐述了样本案例的选取标准及基本概况。10 个样本案例的选择主要遵循两点原则：一是所有样本案例均是位于上海核心城区的中心型车站地区，这保证了站区内具有较高的人流量，以及较为完善的步行系统，可为研究本身提供坚实的数据基础；二是各样本案例呈现出多样化的路径空间形态和功能构成特征，这有利于样本案例之间进行横向比较分析。

在研究准备阶段，主要的技术重点是如何对站区人流活动及空间形态二者分别进行定量描述，这既包括对调查 / 度量内容的选定，也包括对相应调查 / 度量方法的选取。

就人流活动而言，研究从整体尺度和局部尺度两个层面分别展开，前者以站区为基本度量单元，强调对站区整体活力度的测算，后者以街道为基本度量单元，侧重于关注站区人流活动分布的特征规律。其调查内容具体包括：站点客流量、站区通行人流密度、站区驻留人流密度、街道截面通行人流值等。其中，将街道截面通行人流值作为街道活力分布的量化表征；而选取多个（站点客流量、站区通行人流密度与站区驻留人流密度）度量指标作为站区整体活力的量化表征，各度量指标可反映站区活力的不同评价内容：站点客流量反映了在轨道交通站区由主要交通方式轨道交通带来的人流潜能；站区通行人流密度可反映站区活力产生的先决条件；站区驻留人流密度则可一定程度反映城市活力空间品质的好坏。对人流活动的调查主要借助观察点计数法、活动注记法等实地调研方法并结合公共数据库资源及计算机工具分析，从而使各样本站区人流活动情况得以数据化。

另一方面，明确从四个基本调查维度考察空间形态，包括路网构形、空间组成、功能构成、公交设施。其中，路网构形可从路网结构的角度反映交通路网之间的连通程度，强调各组成要素之间的组合关系，侧重于拓扑性结构关系的表达；空间组成强调从组成要素的差异性来理解网络结构，体现场所空间的长度、宽度、密度、肌理等尺度形态特征；功能构成是从功能使用的角度体现场所空间的吸引力影响；公交设施则可在一定程度上反映站区内的主要人流来源及人流走向。各初始数据主要借助于 Open Street Map 和百度地图等网络平台获取，在此基础上再通过相应的度量工具及实地调查等方法对初始数据进行再测算，最后通过地理信息系统（GIS）平台将数据整合汇总。

通过实地调研并结合网络平台及计算机工具分析，使站区活力和空间形态得以数据化，而在基础数据搜集过程中，由于直接可获取的公共数据库资源较为匮乏，仍需要通过大量实地调查中的取样、测量与查证提供支持。较大范围的调查内容为实地调查工作带来了难度，在调查过程中如何合理安排调查内容并选取相应有效的调查方法，这些为今后相关调查工作提供了宝贵经验。

第 4 章　基础数据度量结果及特征分析

本章着重于对调查过程中采集到的大量基础数据进行汇总整理及初步分析，这既包括了轨道交通站区人流活动的调查数据，也包括了有关站区空间形态的一系列数据指标。在具体探究它们之间的相互关系之前，本章通过图表形式的数据比较、统计学中的描述性分析方法及相关性分析等，对轨道交通站区空间形态及人流活动的基本特征规律进行提炼归纳，对二者之间的相互影响机制形成初步理解，这为进一步构建站区人流活动综合影响模型建立基础，为后续研究提供支持。本章分别从轨道交通站区人流活动的基本特征、基于站区单元的空间形态度量以及基于街道单元的空间形态度量三个方面进行阐述。

4.1 轨道交通站区人流活动的特征分析

4.1.1 线路总客流量与站均客流量的基本特征

截至 2015 年 1 月，上海投入运行的轨道交通线路包括 14 条。各条轨道交通线路的日均总客流量可反映各线路的单日负荷情况，数据统计结果（图 4-1）显示：①周末与工作日的客流量折线走势较为相似，但总体来说，各线路在工作日的客流量均大于休息日，这一数据反映人们在周末有减少轨道交通出行的倾向，相较而言，2 号线周末客流量的衰减幅度较大；②在所有线路中，1 号线和 2 号线是单日运载量最大的，其各自在工作日一天平均需输送超过 170 万人次以上的客流，即使在周末这一数字也达到了约 150 万人次 / 天；③除此之外，3、4、7、8、9、10、11 号线的单日载客量也均达到 50 万人次以上，而 5、6、13 和 16 号线的载客负荷较小，均低于 50 万人次 / 天。

然而由于每条线路的站点数量不同，线路总客流量并不能准确反映实际运行中线路断面客流量的大小。为排除站点数量的影响，采用站均客流量数值，即各条线路上平均每个站点的单日进出站客流，其可反映轨道交通线路的断面平均客流。数据统计结果如图 4-1 与图 4-2 所示，可以看出：①相较线路总客流量，站均客流量的折线走势更为平缓，并在排位上发生了一定变化，其中主要以 6 号线和 13 号线变化最为明显；②但各线路的站均客流量数值差异仍较大，这说明各轨交线路的平均负荷仍差异较大，其中排位最前即“最拥挤”的 1 号线和 2 号线平均每个站在单个休息日需输送客流超过 5 万人次，

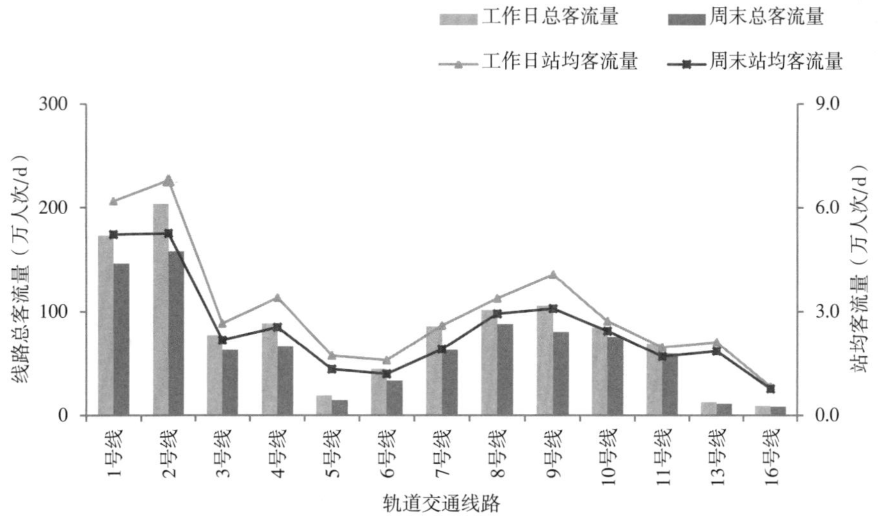

图 4-1　上海轨道交通线路总客流量与站均客流量比较

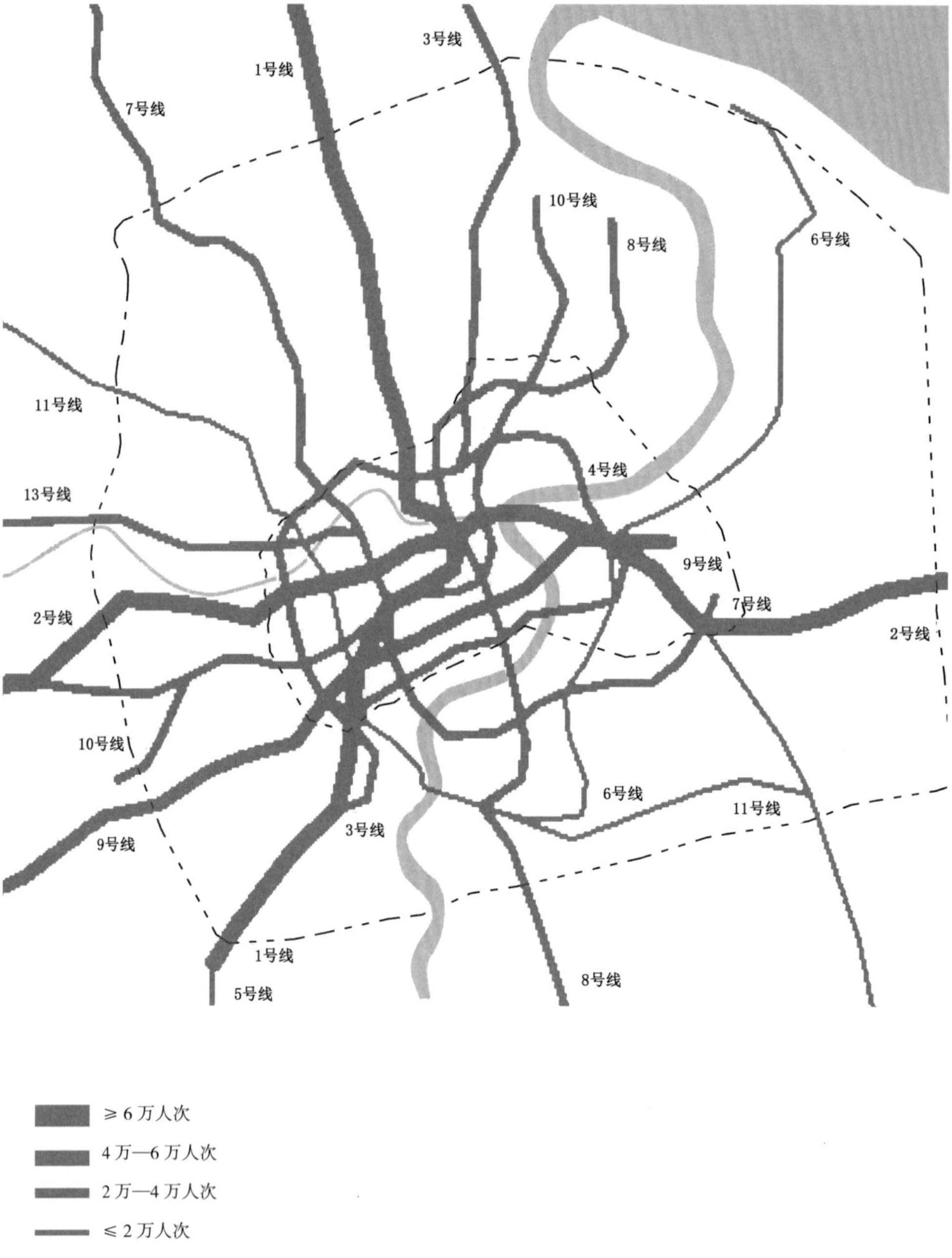

图 4-2　上海轨道交通线路每日站均客流量示意
注：线宽用以表示客流量大小。

在单个工作日需输送超过6万人次，而5、6、11、16号线，其站均客流量在工作日和周末均仅有不到2万人次。

4.1.2 站点客流量的基本特征

在设计决策与实践指导中，站点客流量往往是设计师与决策者更为关注的数据，其反映了区域内由主要交通方式轨道交通带来的人流潜能。根据调查阶段获取的上海单个轨道交通站点日均进出站客流量数据，分别选取工作日和休息日客流量位居前20位的站点①，以发掘客流量较大的轨道交通站点呈现怎样的共同特征。研究发现，其中有18个车站同时位列其中，各站点客流量数据比较如图4-3和图4-4所示，可以看出：①无论在工作日或休息日，位于市中心、三线换乘并且是站均客流量最大的1号线和2号线之间唯一换乘站的人民广场站都是进出站客流量最大的轨道交通站点，其日均客流量超过30万人次；②18个客流量最多的轨道交通站点中包含14个中心型车站和3个枢纽型车站，数据表明客流量最多的站点往往以中心型车站和枢纽型车站为主，即结合城市公共活动中心设置或结合城市大型交通枢纽集散中心设置的轨道交通站点往往易于形成高客流强度的城市节点；③另外，城市空间不断扩张引发的居住郊区化现象使得个别居住型站点也可能呈现大客流现象，如位于1号线终点和5号线起始点的莘庄站，它是闵行市郊通勤族每日前往市区的必经站点，由于市郊居住区职能过于单一等原因，职住分离现象日益凸显②，通勤距离因而日渐扩大。本书所选的10个样本研究案例中，除四川北路站外其余均位列其中，其中以南京东路站点的日均客流量为最大。

袁铭基于上海站点日均客流量数据对轨道交通站区进行分类，将日均客流量≥10万人次的定义为特大型站区，日均客流量在5万—10万人次区间的为大型站区，日均客流量在1万—5万人次区间的为中型站区，日均客流量≤1万人次为小型站区③。参考这一分级标准，研究案例中除四川北路站为中型站区以外，其他均为大型及以上站区，其中特大型站区达到5个，大型站区达到4个。

4.1.3 站区通行人流的基本特征

轨道交通站区总通行人流量测算的是站区500m半径范围内单日主要活动时间段中参与通行活动的总人数，可以一定程度反映车站地区的步行活力度。为排除观察点数量的影响，研究采用站区通行人流密度值，即

① 将部分位置邻近并共同服务于周边商圈的车站合并研究。
② 宋金平，王恩儒，张文新，等．北京住宅郊区化与就业空间错位[J]. 地理学报，2007，62（4）：387-396.
③ 袁铭．城市中心区轨交站域空间使用的分布与绩效研究：以上海为例[D]. 上海：同济大学，2015.

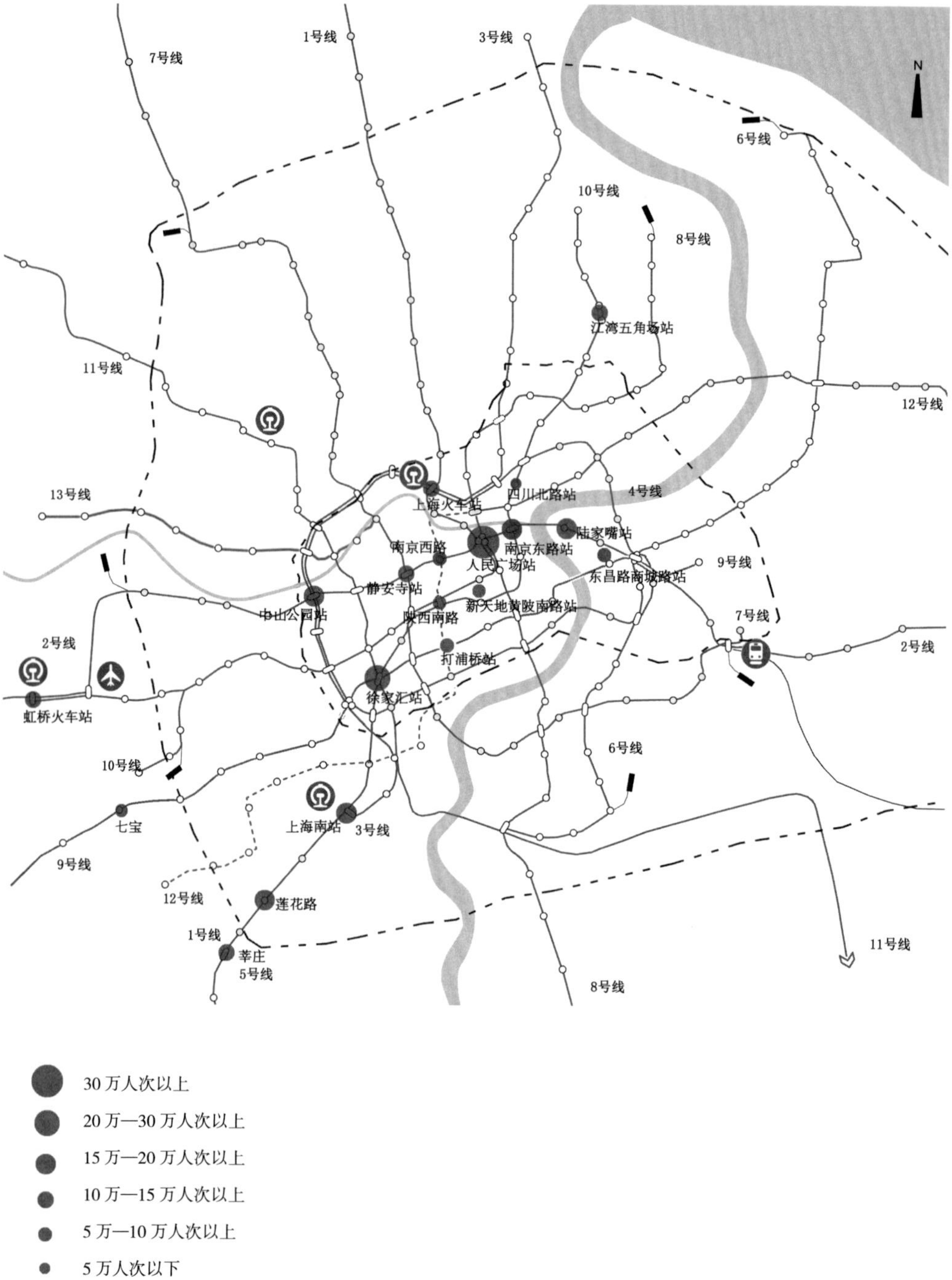

图 4-3　上海轨道交通工作日日均站点客流量比较

注：按客流量大小排序取工作日与周末客流量均位居前 20 位的轨道交通车站。

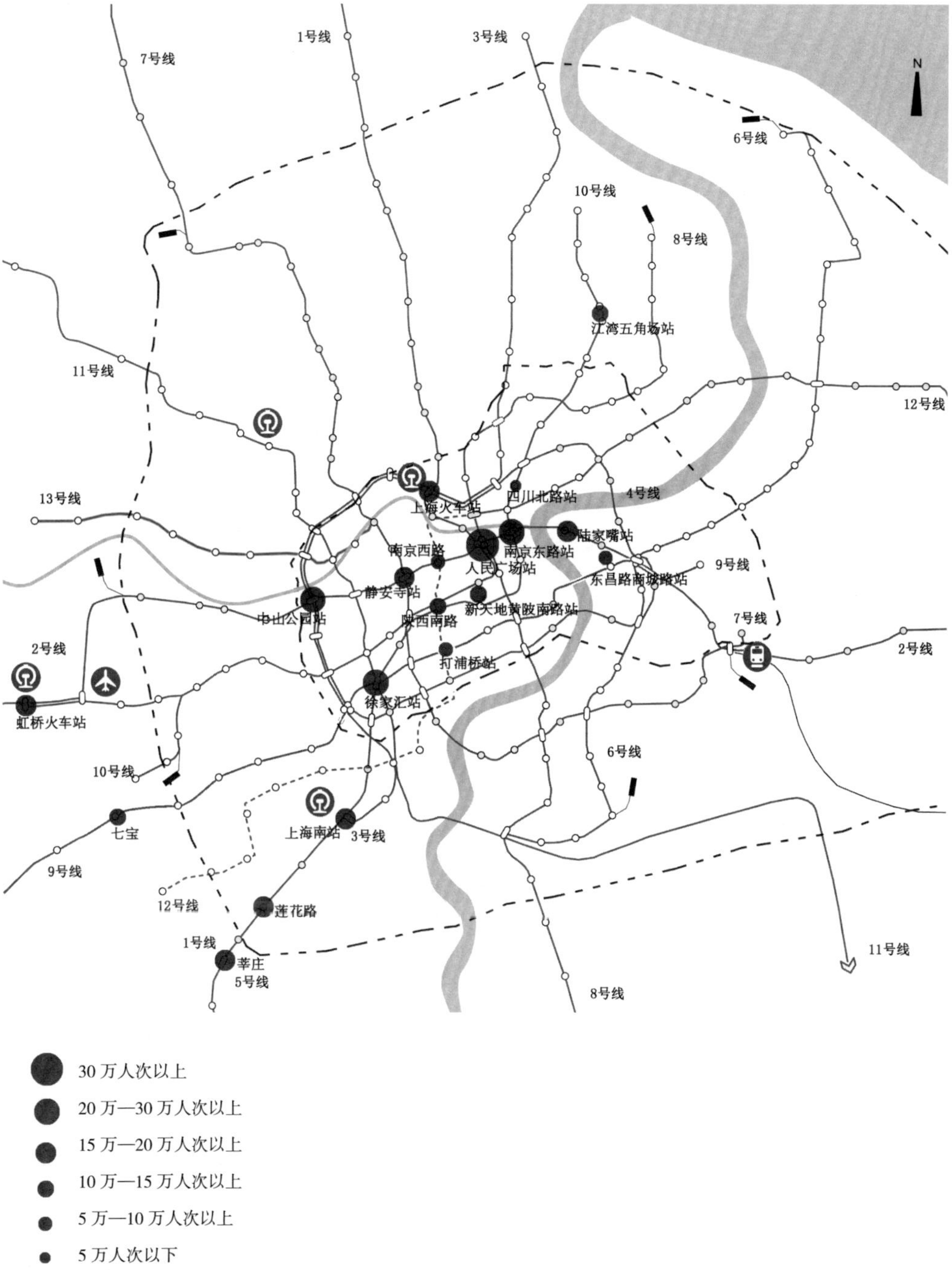

图 4-4　上海轨道交通周末日均站点客流量比较

注：按客流量大小排序取工作日与周末客流量均位居前 20 位的轨道交通车站。

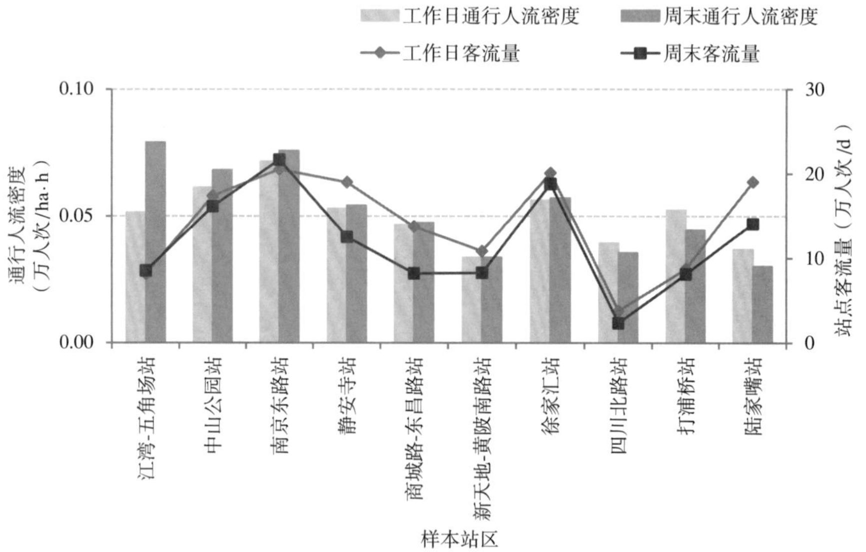

图 4-5　样本站区通行人流密度与站点客流量比较

站区范围内平均每个路段观察点截面于每小时通行的人次。样本案例数据统计结果如图 4-5 所示，可以看到：

（1）在工作日站区通行人流密度最大的是南京东路站和中山公园站，均超过 0.06 万人 /h；而在周末江湾 - 五角场站区的通行人流活动得到大幅度提升，达到 0.079 万人 /h，其超过南京东路站和中山公园站，成为样本案例中周末站区人流密度最大的轨道交通车站。

（2）比较工作日和周末的站区人流密度数据可以发现，在样本站区中，江湾 - 五角场站、中山公园站、南京东路站 3 个站区的周末人流量明显高于工作日人流量，而静安寺站、商城路 - 东昌路站、新天地 - 黄陂南路站和徐家汇站 4 个站区的周末与工作日人流密度也基本持平，这与站均 / 站点客流量数据所反映的出行情况有所不同①，原因可能是由于样本案例均位于城市中心区，公共配套设施相对完善，居民活动方便，所以居民在周末主要通过步行交通或其他交通出行方式而不是轨道交通完成了更多的活动。这也部分说明站区通行人流密度并不主要是由站点客流量决定的，在空间条件相同的情况下，周末与工作日人流活动的改变可能与站区功能构成及公交设施分布特点有关，由于人们在工作日和周末出行目的不同，站区商业、办公和住宅的配置以及公交设施的便捷度均可反映到人流活动的变化中。

（3）将样本站区通行人流密度与站点

① 站均 / 站点客流量数据显示工作日客流量大于休息日客流量，反映人们在周末有减少轨道交通出行的倾向。

客流量相比较发现，二者走势相似但并非十分一致。从可视化图表中可以看出，站点客流量较小的江湾 - 五角场案例和四川北路案例其站区通行人流密度却相对较高，站点客流量较大的陆家嘴站其站区通行人流密度却并不高，这说明站区通行人流密度只是部分受到站点客流量影响，但并非由站点客流量决定，站区及周边的路网结构、空间尺度及功能构成特征等都可能是影响站区人流活动的重要因素。

4.1.4 站区（主要公共空间）驻留人流的基本特征

各个样本站区主要公共空间的存在方式及其规模数据如表 4-1 所示，包括 7 种类型的公共空间：城市公园、街心绿地、城市广场、城市步行街、半室外步行道、服务于商业空间的私有公共空间（POPS）以及服务于办公空间的私有公共空间等（如彩图 6，以陆家嘴站区为例）。可以看到，各样本站区公共空间的存在方式较为多样化，例如中山公园站区的公共空间主要由城市公园和街心绿地等构成，并结合少量服务于周边商业空间的私有公共空间；而在江湾 - 五角场站区，服务于周边商业或办公的私有公共空间则成为站区公共空间的主体，主要包括邻近江湾体育场站点的创智天地下沉广场以及万达地面层广场等；另外在南京东路站区，与其他样本案例不同的是，这里公共空间又是以线性商业步行街的形式呈现，并结合有圣三一教堂街心绿地等其他空间形式。

将站区（主要公共空间）驻留人流密度作为考察站区主要公共空间使用情况的指标

表 4-1　样本案例主要公共空间分布数据比较　　单位：ha

	江湾 - 五角场	中山公园	南京东路	静安寺	商城路 - 东昌路	新天地 - 黄陂南路	徐家汇	四川北路	打浦桥	陆家嘴
主要公共空间	18.2	22.8	4.4	11.6	16.9	27.5	12.9	10.3	5.2	16.1
城市公园	1.2	18.5	—	3.3	—	21.6	7.6	4.5	—	13.3
街心绿地	1.6	0.5	0.3	2.0	3.6	1.6	0.5	2.3	—	—
城市广场	—	0.8	0.6	—	2.7	0.1	—	0.2	—	0.5
城市步行街	—	—	2.3	—	—	—	—	—	—	—
私有的半室外步行道	—	—	—	—	0.5	0.1	0.3	0.3	—	—
服务于商业空间的 POPS	10.5	3.0	0.5	4.9	7.3	3.9	4.0	2.5	5.2	1.8
服务于办公空间的 POPS	5.1	0.2	0.5	1.2	2.8	0.2	0.5	0.5	—	0.5

数据来源：课题组

参数，其侧重于考察在站区主要公共空间内，于单日主要活动时间段参与驻足、停歇、观望、谈话等自发性及社会性人流活动的单位面积人次，这里因为考虑到要排除空间面积的影响，采用的是驻留人流密度值。

数据统计结果通过图表表示（图 4-6 与图 4-7），并将站区驻留人流密度值分别与站点客流量以及站区通行人流密度进行比对。可视化图表数据显示：①站点客流量最高的南京东路站区，同时拥有较高密度的通

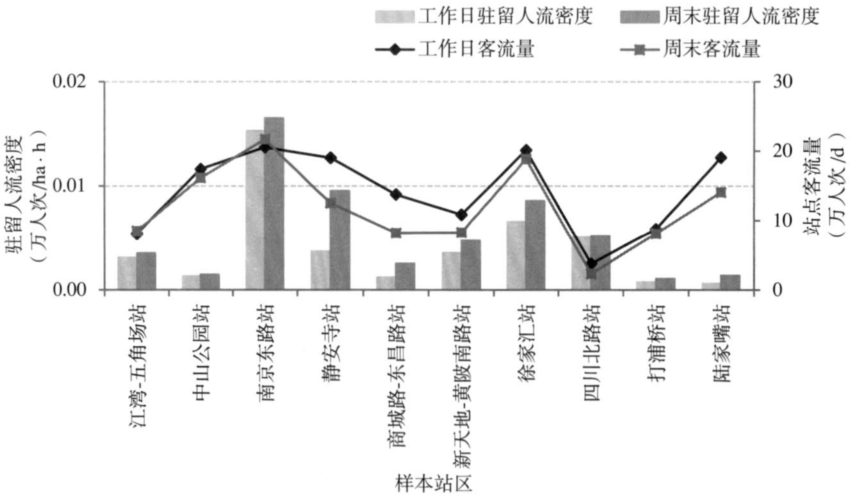

图 4-6　样本站区驻留人流密度与站点客流量比较

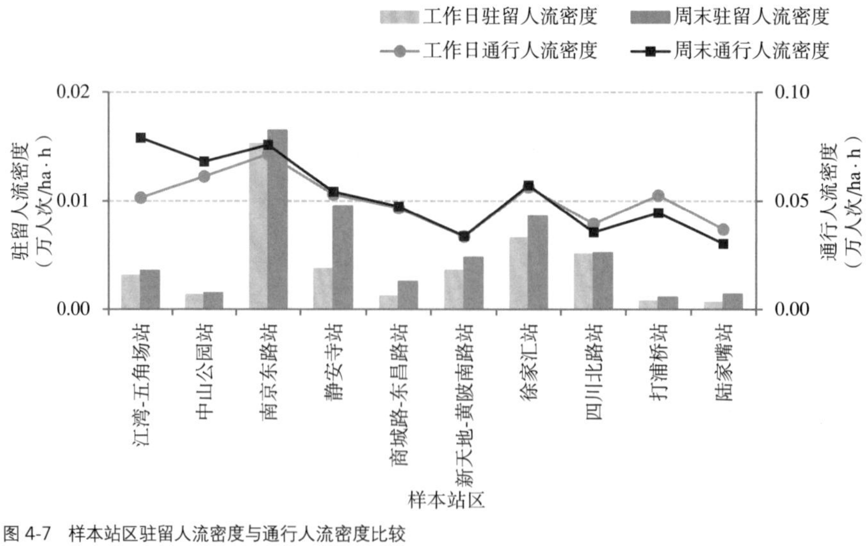

图 4-7　样本站区驻留人流密度与通行人流密度比较

行人流，以及较高密度的驻留人流；②就总体趋势而言，站区驻留人流密度与通行人流密度走势较为不同，与站点客流量的趋势线较为相似；③尽管如此，仍有多个站点如中山公园站和陆家嘴站，其站点客流量较高但公共空间驻留人流密度较低，在四川北路站区，其站点客流量最少但驻留人流密度却相对较高。图表分析表明，站区驻留人流密度一定程度上可能受到了站点客流量的影响，但又不同于站点客流量和站区通行人流密度，站区驻留人流密度指标探讨了站区人流活动特征的其他方面，其可体现建成环境空间形态对人流活动更为多样复杂的影响机制，这将在第 5 章中通过统计数据分析作进一步解释。

4.1.5 街道人流分布的基本特征

通过观察点计数法对 3 个轨道交通重点样本站区在工作日和周末的人流分布状况分别进行实地调查，工作日和周末各自人流分布数据的调查结果通过可视化图示表达（图 4-8）。各街道人流量从小到大依序赋予从浅到深不同的灰度，颜色越深表示其日均通行人流量越大。为便于直观比较，各街道人流量根据数值大小分为 4 个等级，其中 1 级街道（浅灰）的活力等级为最小，其时均通行人流为 0—200 人 /h；2 级（中灰）为 200—400 人 /h，3 级（深灰）为 400—800 人 /h，4 级（黑色）为活力最高街道，其时均通行人流超过 800 人次。

实地调查的人流分布图可直观反映轨道交通站区范围内通行人流在一天（工作日 / 周末）主要活动时段中的平均分布情况。同时，结合进一步的描述性统计分析（表 4-2），可以对各样本案例的人流分布数据进行横向比较，以进一步明晰各样本站区之间在人流分布上的差异。由人流分布调查数据图并结合统计分析结果可以看出：

（1）各样本人流分布与轨道交通站点关系密切，站点周边往往聚集最高密度的人流。其中以江湾 - 五角场案例和徐家汇案例更为突出，站区人流围绕轨道交通站点核心区域分布更为集中，站区内圈层与外圈层人流量差距较大，人流分布围绕轨道交通站点呈现圈层递减的趋势较为明显；而相对来说，静安寺站区 2、3 级活力街道占比较大，活力覆盖面较广，其围绕轨道交通站点逐层递减的规律并不突出。

（2）由描述性统计分析结果，比较人流分布均值[①]可以看到，除了周末江湾 - 五角场站区人流量较高，其他各样本站区的平均活力度差异不大。在多组样本数据均值较为相似的情况下，静安寺案例的标准差较小，周末江湾 - 五角场案例的标准差则较高，这再次证明在站区范围内静安寺站区人流数据

① 均值与标准差可用以比较各组样本数据的离散程度。其中标准差是一组数据平均值分散程度的一种度量，一个较大的标准差，代表大部分数值和其平均值之间差异较大；一个较小的标准差，代表这些数值较接近平均值。

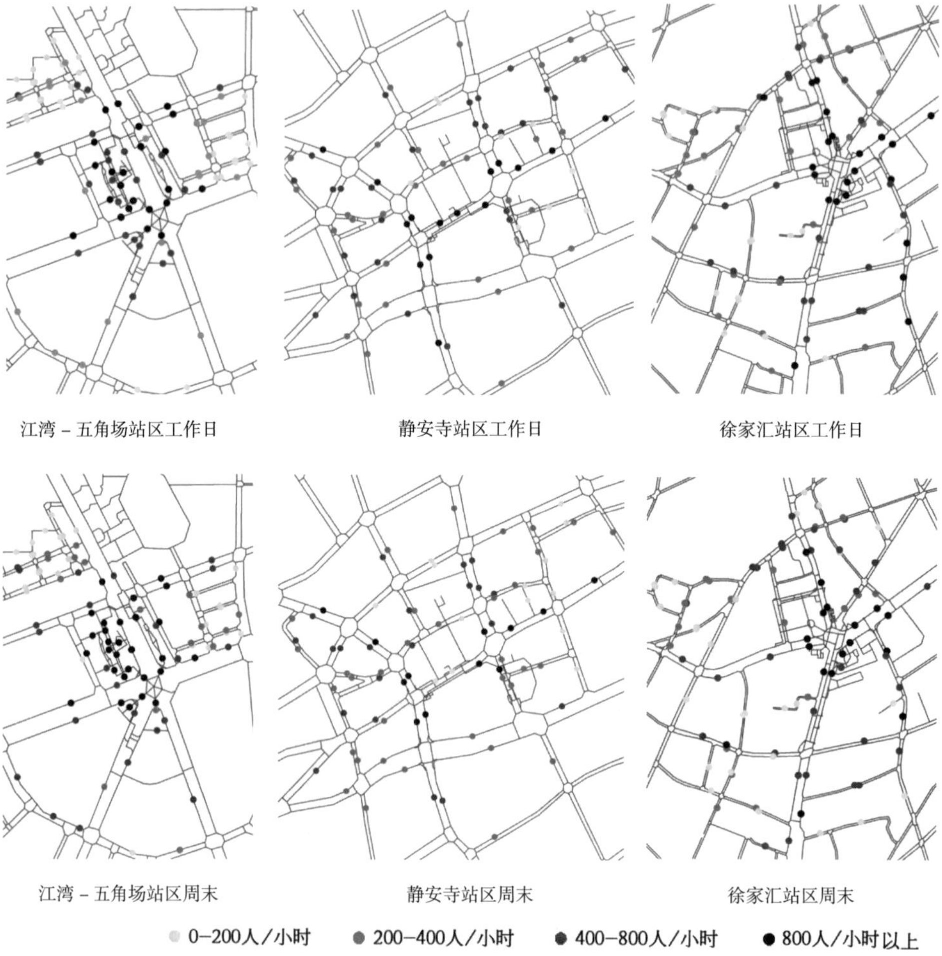

图 4-8 轨道交通样本站区人流分布图示

注：各街道人流量从小到大依序赋予从浅到深不同的灰度，颜色越深表示其日均通行人流量越大。

的离散程度小，人流分布较为平均，而周末江湾 - 五角场街道人流分布差异较大，站区内存在某些活力度特别高或特别低的街道。

（3）比较工作日和周末的人流分布数据可以看到，3 组样本案例各有不同。江湾 - 五角场案例中，周末的高活力街道（4 级）明显增多，并主要分布于站点周边的商业场所；而在静安寺和徐家汇案例中，周末与工作日的人流分布变化相对较小，周末的高活力街道甚至有一定程度的减少。

（4）研究通过方差分析①进一步辨析 3 组样本数据在统计学上是否存在显著不同，

① 方差分析（Analysis of Variance，简称 ANOVA），又称“变异数分析”，是费希尔（R. A. Fisher）发明的，用于 2 个及 2 个以上样本均数差别的显著性检验。

表 4-2　样本站区人流分布数据的描述性分析及比较

变量	江湾 - 五角场	静安寺	徐家汇	方差分析
样本数	97	82	97	—
工作日人流分布[a①]	563（521）	486（363）	546（562）	F=2.113，p=0.123
0—200[b]	28（29%）	10（12%）	23（24%）	
200—400[b]	22（22%）	30（37%）	24（25%）	
400—800[b]	23（24%）	27（33%）	27（27%）	
800+[b]	24（25%）	15（18%）	23（24%）	
周末人流分布[a]	850（1153）	516（341）	569（548）	F=0.071，p=0.932
0—200[b]	28（29%）	13（16%）	27（27%）	
200—400[b]	15（15%）	34（41%）	20（21%）	
400—800[b]	24（25%）	21（26%）	32（33%）	
800+[b]	30（31%）	14（17%）	18（19%）	

$^{+}p < 0.1$，$^{*}p < 0.05$，$^{**}p < 0.01$，$^{***}p < 0.001$

数据分析结果表明，虽然在某些局部特征方面，3 组样本数据呈现出一些不同，但就总体而言，无论是对于工作日或是周末的人流分布，3 组样本数据在统计学上并无显著差异，这说明在本书选取的 3 个同是位于城市中心城区的样本站区案例，其站区范围内人流分布特征仍是较为相似的。

4.2　基于站区单元的空间形态特征分析

4.2.1　站区与周边路网的空间构形特征

基于站区单元的路网构形度量，即是研究单个轨道交通站分别在各交通路径网络（轨交路网、车行路网、步行路网）中的空间连接关系，反映了站点与城市周边各交通路径网络的空间阻隔程度，基于站区单元的路网构形度量结果可从城市尺度反映城市整体的可达性分布情况。

首先借助场所句法分析工具（PST），计算轨道交通站点在轨道交通路网中的可达度值，从强到弱的站点可达度度量值通过颜色红到蓝依序表示，彩图 7 中的（a）和（b）分别表示的是 5 站（约 15min 乘车时间）和 20 站（约 60min 乘车时间[②]）度量半径下轨道交通路网的可达度值。从可视化度量分析结果可以看出，上海各轨道交通站点可达度呈中心性分布的规律较为突出，可

① a 均值（标准差），b 个数（百分比）。
② 人在 60min 内所能到达的距离往往被认为是城市的最佳分析半径，引自：梅兰 . 城市交通 [M]. 高煜，译 . 北京：商务印书馆，1996.

达度值由中心向外围呈放射状逐站递减，在远距离出行半径下，以上海内环线以内的站点轨道交通可达性普遍较好，而在短距离出行半径下，可以更容易分辨出轨交可达性最好的站点又是主要集中在内环线以内的浦西片区，这与实际客流量最高的站点分布较为相符。

在车行路网构形分析中，依据构形度量数值由小到大依序给各车行路径从蓝到红赋予不同的颜色，路径颜色越红表示其中心性越高，空间连通性越强。彩图 8 显示的是由 Depthmap 生成，基于 5000m 度量半径测算的车行路径选择度（ChoA5000_V）与车行路径整合度（IntA5000_V）的分析结果。彩图 8（b）中整合度值的可视化分析结果明显呈现“自由轮轴”[①]的形式，虽然城市中心有水路穿越，但在靠近城市中心的区域仍相交多条整合度最强的线，主要集中在内环以内的浦西片区，这也正是南京东路、人民广场、淮海路等几个主要城市级商业中心区最为集中的区域。另外，与之相连的静安区和徐家汇区域，以及北部的五角场地区也均呈现了较高的整合度值，这与城市级商业商务中心分布以及前文中有关最高站点客流量的站点统计结果是基本一致的。而另一方面，包括金融中心陆家嘴在内的整个浦东区域车行路网连通性却相对较弱，这与黄浦江以西的高可达性路网形成鲜明对比，尤其是浦东地区的滨江地带其车行可达性普遍不强，这虽然部分是受到区域内支持步行可达策略的影响，但同时也反映了拥有良好景观的滨江地区其城市可达性有待加强。相较整合度分析，车行路网的选择度分析结果则更多体现了城市路网的等级特征，彩图 8（a）中显示的红色高选择度值路径往往是城市中车流量集中的主要车行干道。

再来比较各样本站区步行路网的构形平均值，其可以用以反映站区内步行路网的总体连通程度。经多组数据综合比对发现，站区步行路网的 200m 半径整合度值与站区驻留人流密度值折线走势较为相似（图 4-9），平均整合度值较高的南京东路站正是驻留人流密度最高的站区，平均整合度值较低的中山公园站区、打浦桥站区和陆家嘴站区其主要公共空间的驻留人流密度也相对较低。由可视化图表分析可大致推断，站区内主要公共空间的驻留人流密度与站区步行路网的总体连通程度较为相关，进一步的统计分析将在第 5 章中作详细阐述。

4.2.2 站区空间组成的基本特征

以站区为度量单元的空间组成分析，关注的是站区整体层面的空间尺度特征，这里主要关注站区人行道长度、线密度及交叉口密度三个度量指标。

经多组数据综合比对发现，由交叉口密度与线密度的图表比较（图 4-10）可知，样本

① 段进，希列尔．空间研究 3：空间句法与城市规划 [M]. 南京：东南大学出版社，2007.

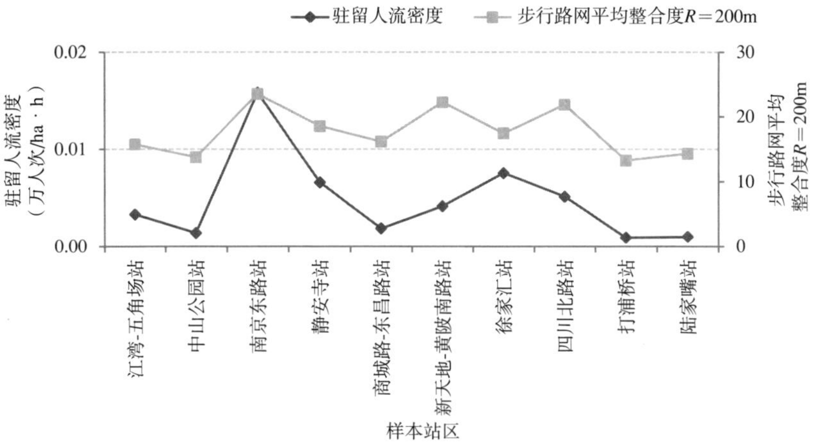

图 4-9　样本站区步行路网 200m 半径整合度与驻留人流密度比较

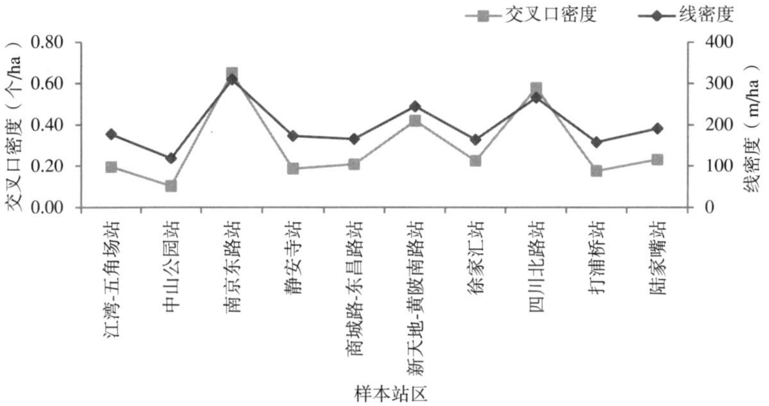

图 4-10　样本站区交叉口密度与线密度比较

站区交叉口密度与线密度走势较为相似；样本站区线密度与多个度量半径下的步行路网平均组构值的走势较为相似，以 500m 度量半径的站区步行路网平均整合度值为例，正如图 4-11 中所示，线密度值较高的南京东路站、新天地 - 黄陂南路站和四川北路站也正是步行路网 500m 半径平均整合度值最高的案例，这一规律在进一步的相关性分析中（表 4-3）再次得到印证，站区人行道长度、交叉口密度、线密度指标与多个度量半径下的步行路网平均选择度值和平均整合度值均呈显著相关（$p<0.05$），这说明站区人行道长度及路网密度等空间组成指标与站区内部步行路网的整体构形特征密切相关。另一方面，再将站区线密度与站区人流活动数据进行比对发现，站区线密度值与主要公共空间驻留人流密度也存在一定的关联性（图 4-12），线密度值较高的南京东路站区和四川北路站区也正是驻留人流密度较高的案例，线密度值较低的中山公园站区、打浦桥站区其公共空间

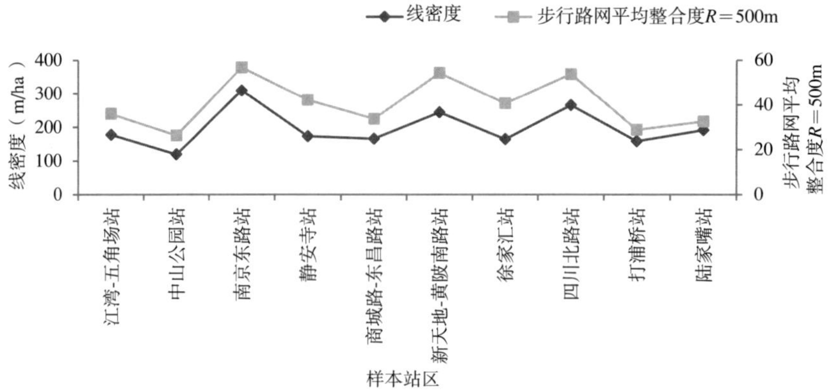

图 4-11　样本站区线密度与步行路网 500m 半径平均整合度比较

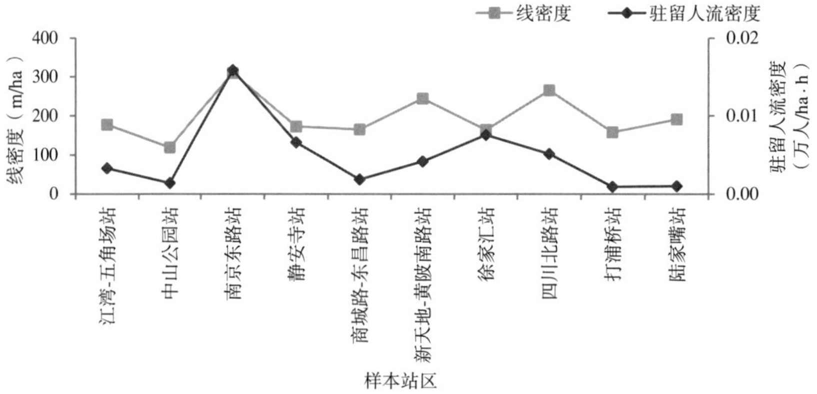

图 4-12　样本站区线密度与驻留人流密度比较

驻留人流密度也相对较低，有关站区空间组成指标与站区驻留人流密度的关联性将在第 5 章的统计分析中作进一步讨论。

表 4-3　站区空间组成指标与步行路网平均构形值的相关性分析

步网构形平均值	人行道长度	线密度	交叉口密度
步网 200m 半径平均选择度	0.757**（0.011）	0.702*（0.024）	0.815**（0.004）
步网 300m 半径平均选择度	0.736*（0.015）	0.738*（0.015）	0.851**（0.002）
步网 400m 半径平均选择度	0.718*（0.019）	0.760*（0.011）	0.869**（0.001）
步网 500m 半径平均选择度	0.718*（0.019）	0.760*（0.011）	0.869**（0.001）
步网 200m 半径平均整合度	0.854**（0.002）	0.763*（0.010）	0.810**（0.005）
步网 300m 半径平均整合度	0.842**（0.002）	0.816**（0.004）	0.830**（0.003）
步网 400m 半径平均整合度	0.842**（0.002）	0.816**（0.004）	0.830**（0.003）
步网 500m 半径平均整合度	0.842**（0.002）	0.816**（0.004）	0.830**（0.003）

$^{+}p < 0.1$，$^{*}p < 0.05$，$^{**}p < 0.01$，$^{***}p < 0.001$

4.2.3 站区功能构成的基本特征

基于站区单元的功能构成度量主要偏重于考察站区功能空间的开发强度及混合配置情况。城市中心区的轨道交通站区作为城市经济活动最密集、土地价值最高的区域，其开发利用程度往往大大高于站点周边区域，但由于各自开发定位、所处区位及服务对象的不同，10 个样本站区各自开发利用程度仍有较大差异，具体体现在站区空间强度（MFar）的数值上（图 4-13）。其中，开发强度最大的陆家嘴站区其空间强度达到 3.25，这同时反映在陆家嘴较高的站点客流量上，根据多组数据分析比较结果可以发现，站区空间强度与站点客流量的折线趋势较为相似。但在站区通行人流密度及驻留人流密度方面，站区空间强度的直接影响并不明显，空间强度相对较高的陆家嘴站区并未发现有较高的通行人流密度与驻留人流密度，空间强度相对较低的江湾 - 五角场站区和四川北路站区则是通行人流密度或驻留人流密度较高的案例，由可视化数据分析结果可以推测站区空间强度与站区通行人流和驻留人流的直接关联性并不大。

在站区功能配比方面，研究数据显示（图 4-14），样本站区中居住和办公是最主导性的业态功能，其各自空间容量配比平均值分别为 36% 和 29%，商业位于其后，配比平均值为 18%，在此基础上叠加酒店、公共管理和公共服务设施等多种其他功能类型空间，形成具有较高功能混合度（MMix）的复合化功能空间区域。除城市商务中心陆家嘴站区因办公空间配比过高（70%），功能混合度因而较低（0.66）外，其他 9 个位于城市中心区的轨道交通站区均具有超过 0.85 的高功能混合度，各类型功能空间配

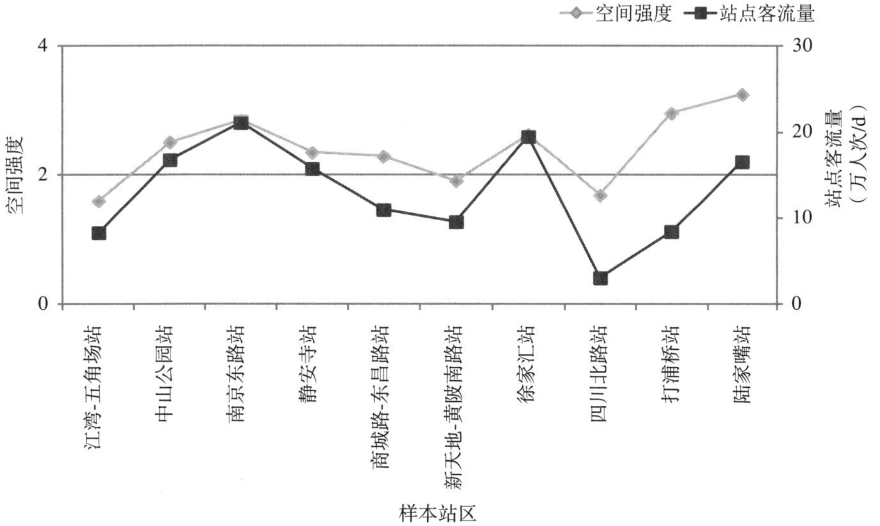

图 4-13　样本站区空间强度与工作日站点客流量

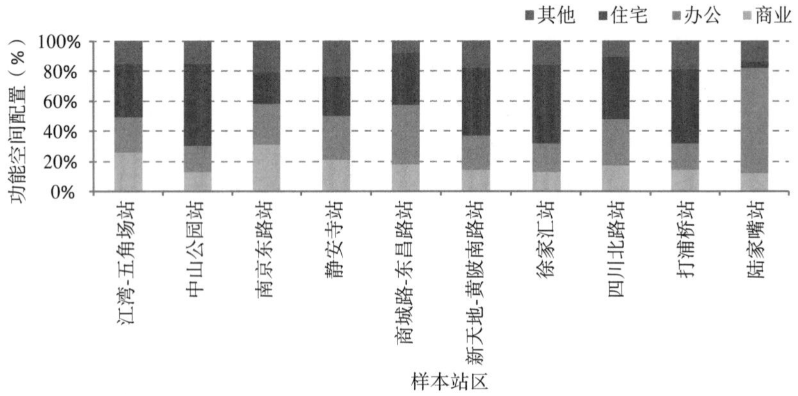

图 4-14　样本站区功能配比比较

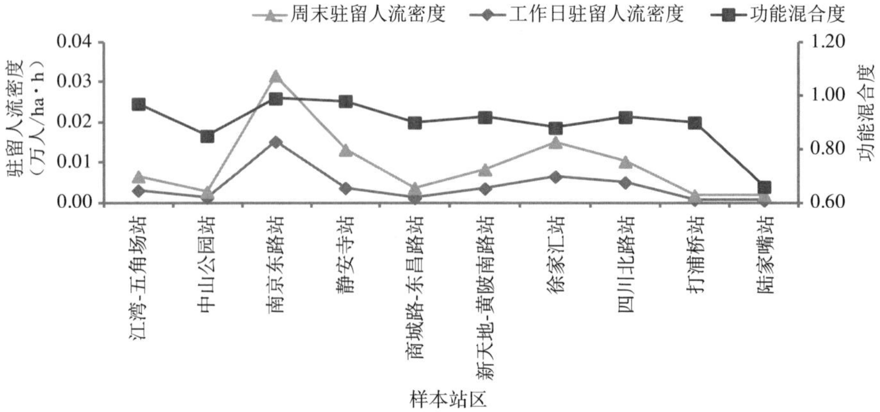

图 4-15　样本站区功能混合度与驻留人流密度比较

置相对均衡。其中以住宅空间占比最大的有 6 个案例，以办公空间占比最大的有 3 个案例，以商业空间占比最大的有 1 个案例，而以商业和办公总占比最高的站区达到 6 个。数据显示，功能混合度最高的 3 个站区依次为南京东路站区、静安寺站区和江湾 - 五角场站区。与站区驻留人流密度的比较发现（图 4-15），各样本站区在功能混合度上的差异性一定程度也体现在站区驻留人流密度的变化中，有关二者之间进一步的相关分析将在第 5 章中作详细说明。

4.2.4　站区公交设施的基本特征

基于站区单元的公共交通设施研究主要采用巴士车站数（Num_Bus）、轨交换乘线路数（Con_M）、轨交站点出入口数（Num_ME）以及与物业结合站点出入口数（Num_CME）作为控制指标，其可一定程度反映站区公交设施的可达程度。调查结果显示，在上海城市中心区，轨交出入口数量与站点换乘线路数较为相关（图 4-16），出入口数量最少的案例以非换乘站居多，出入口数量

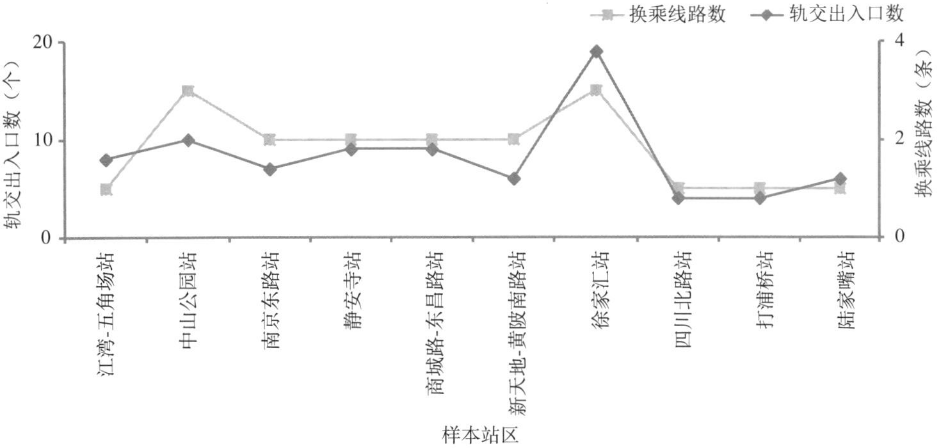

图 4-16　样本站区公交设施数据比较

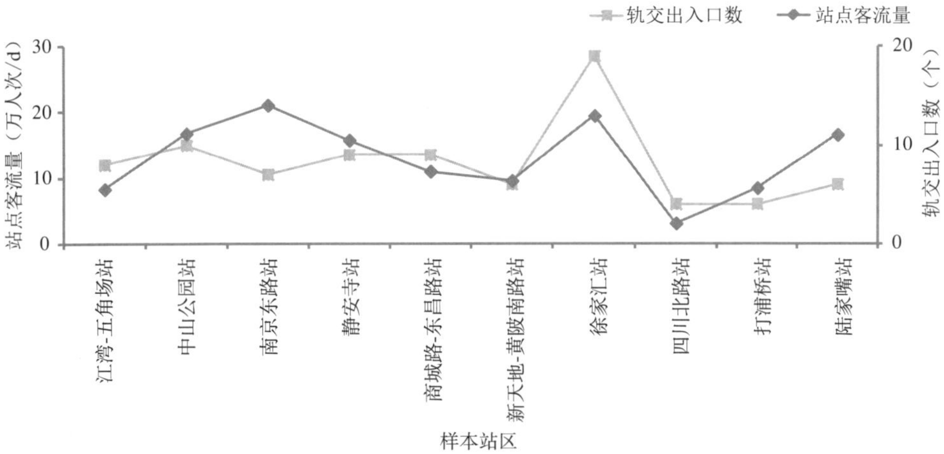

图 4-17　样本站区轨交出入口数与站点客流量比较

最多的站点则是有 3 线换乘的徐家汇站和中山公园站，其中徐家汇站区由于换乘线路长、站台面积大，其出入口数更是达到了 19 个。10个样本站区均有出入口直接与物业相连，其中 7 站有一半以上的出入口与周边物业结合设置；打浦桥站的 4 个出入口全部与物业设置直接联系的通道；相较而言与周边物业联系较弱的是商城路 - 东昌路站，其 9 个出入口中只有 1 个与周边物业结合设置。

经多组数据综合比对发现，除南京东路站较为不同外，其他样本站区的轨交出入口数与站点客流量走势较为相似（图 4-17），轨交出入口数较多的徐家汇站也正是客流量较高的案例，轨交出入口数较少的四川北路站其进出站客流量也相对较低，通过直观的图表分析可以看到轨交出入口数以及站点换乘线路数所反映的公共交通可达性与站点客流量存在一定的关联

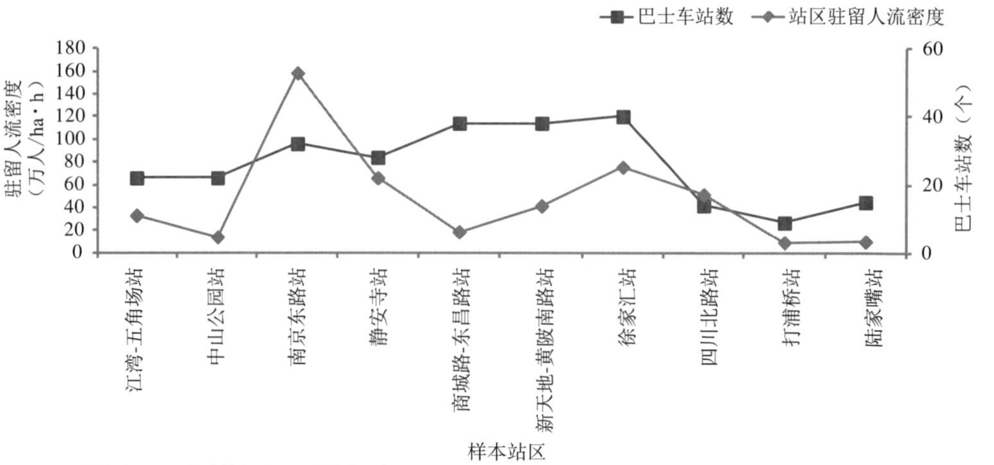

图 4-18　样本站区巴士车站数与驻留人流密度比较

性，有关二者的相关关系将在第 5 章的统计分析中作进一步阐述。

另外，图表分析显示（图 4-18）样本站区的巴士车站数与站区主要公共空间驻留人流密度呈一定相似趋势，驻留人流密度值较高的南京东路站区、徐家汇站区其巴士车站数也较多，驻留人流密度值较低的中山公园站区、打浦桥站区其巴士车站数也较少，有关二者之间具体的相关关系将在第 5 章的统计分析中作进一步阐述。

4.3　基于街道单元的空间形态特征分析

基于街道单元的空间形态度量既包含对街道或其所在街区自身形态特征的解读，也包含对街道与周边环境空间连接特征的分析，同样从路网构形、空间组成、功能构成和交通设施四个维度展开，通过分析软件或实地调查获得的空间形态度量值通过可视化图示表达。

4.3.1　站区步行路网的空间构形特征

以街道为度量单元的路网构形分析主要针对站区步行可达范围内的步行路网进行测算，所关注的度量指标包括用以描述步行路网连接关系的整合度和选择度值，以及描述步行路径在三维空间中连接关系的垂直联系深度值。彩图 9、彩图 10 和彩图 11 显示的是由 Depthmap 生成，基于 500m 度量半径的街道整合度（IntA500_P）、500m 度量半径的街道选择度（ChoA500_P）以及垂直联系深度（TDepA_P）的可视化分析结果。在步行路网构形分析中，依据样本案例中构形度量数值依序给各街道从蓝到红赋予不同的颜色，路径颜色越红表示其中心性越高，空间连通性越强，与垂直联系距离越近。

各指标按数值大小分为 4 个等级[①]。分析结果显示，多个站区案例呈现一定的相似特征规律，如：路网构形等级高、与周边连接性较好的街道往往分布于轨道交通站点周围，呈现一定的中心性特征，以 500m 半径的空间构形度量值最为明显，这与人流分布趋势较为相似。

用统计学的描述性分析方法比较三组样本的路网构形度量值，统计数据（表 4-4）显示，当研究半径较小时（R=100m），以江湾 - 五角场的街道选择度均值最大，以徐家汇站区的街道整合度均值最高，这说明站区范围内对于小半径范围的步行出行，江湾 - 五角场站区步行路网更易被穿行，徐家汇站区步行路网的连接程度更高，街道之间的（角度）距离相对较短。当研究半径较大时（R=500m），静安寺站区的街道选择度和整合度均值均为最高，并且离散度最小，这表明站区范围内对于较大半径的步行出行，以静安寺站区的步行路网连接性为最好，有更多易被穿行的街道且街道之间的（角度）距离为相对最短，这在一定程度上解释了静安寺人流分布更为平均的缘由。

借助方差分析进一步辨析 3 组路网构形样本数据在统计学上是否存在显著不同，分析结果表明，样本数据在其中 4 个变量上呈现显著差异，分别是度量半径为 100m 的街道选择度值和度量半径分别为 100m、300m、500m 的街道整合度值。而用以描述步行路网在三维层面连接关系的垂直联系深度值在 3 组数据中较为相似，没有表现出明显差异。

表 4-4 样本案例步行路网构形的数据比较

变量	江湾 - 五角场	静安寺	徐家汇	方差分析
样本数	97	82	97	—
100m 半径街道选择度	6.66（10.97）	3.39（8.66）	2.12（5.69）	F=6.95，p<0.01**
300m 半径街道选择度	227（250）	229（250）	212（210）	F=0.15，p=0.865
500m 半径街道选择度	901（1123）	1026（919）	1020（967）	F=0.46，p=0.633
100m 半径街道整合度	9.43（5.28）	9.03（5.95）	19.58（44.48）	F=4.70，p<0.05*
300m 半径街道整合度	26（7）	30（7）	27（8）	F=6.24，p<0.01**
500m 半径街道整合度	42（12）	54（11）	47（13）	F=20.82，p<0.001***
垂直联系深度	2.90（2.06）	2.96（1.70）	2.94（1.48）	F=0.25，p=0.975

$^{+}p < 0.1$，$^{*}p < 0.05$，$^{**}p < 0.01$，$^{***}p < 0.001$

① 由于各组样本数据的差异性，这里的分级设定不在同一数值标准下进行，其划分依据是参考各组数据的均值与标准差，采用等距分组方法分别对空间形态及人流活动数据进行等级划分。

4.3.2 街道空间组成的基本特征

以街道为度量单元的空间组成分析，更多关注的是有关街道及其所在街区的微观尺度特征，主要度量指标包括街区周长（BL）和街道宽度（PW）。依据街区周长和街道宽度的度量数值由小到大依序分别给各街区和各观测街道从浅到深赋予不同的灰度，颜色越深表示其街区越大或街道越宽。将街道宽度和街区周长度量值按数值大小分为4个等级。由样本案例的街道空间组成可视化分析结果（图4-19和图4-20）可以看到，在各样本站区，街区分布的尺度特征各异，但可大致推断在城市中心区轨道交通站区街道分布的尺度特征规律：窄街道往往分布于站区外围，宽街道多邻近轨道交通站点区域布置。相关性分析（附录C）进一步证实这一推断，将各街道宽度指标与其到轨道交通站

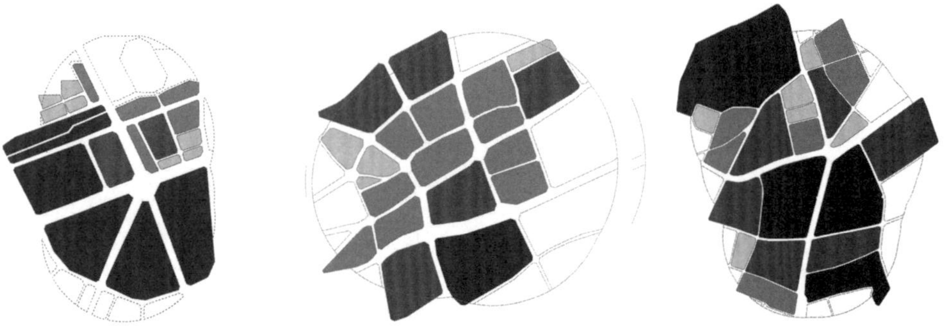

图4-19　样本案例街区周长（BL）可视化度量结果

注：由ArcMap生成，依据街区周长数值由小到大依序分别给各街区和各观测街道从浅到深赋予不同的灰度，颜色越深表示其街区越大。

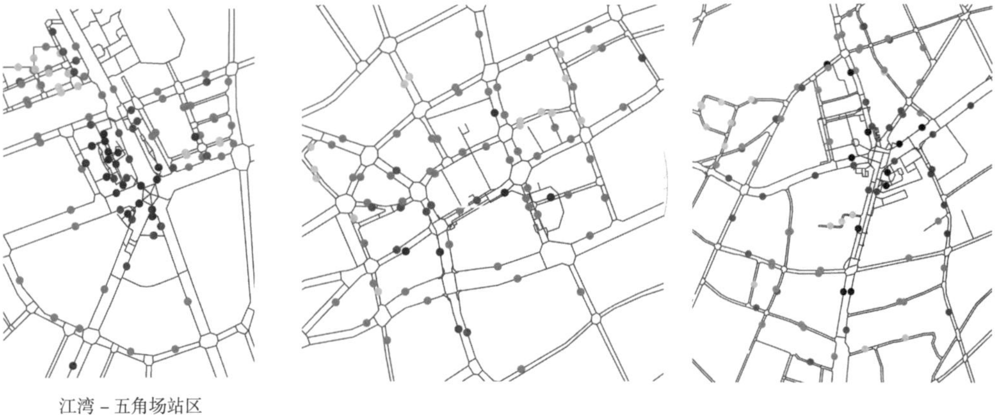

图4-20　样本案例街道宽度（PW）可视化度量结果

注：由ArcMap生成，依据街道宽度数值由小到大依序分别给各街区和各观测街道从浅到深赋予不同的灰度，颜色越深表示其街道越宽。

出入口的深度距离指标（DepA_M）作相关性分析后发现，在3个样本站区中街道宽度值与轨交站深度值二者均呈显著负相关，并在1%的检验水平上显著相关，即距轨交站越近的街道其宽度往往越大。同时，将各街道所在街区周长值与轨交站深度值作相关性分析，分析结果显示二者同样也呈显著负相关，即距轨交站越近的街区其尺度往往越大，尤其在江湾-五角场案例中这一特征更为明显，其街区周长与轨交站深度距离的相关系数达到了0.708（$p<0.001$），这主要与轨道交通站区在多层面空间连接及功能配置的特别需要有关，轨道交通站点周边往往邻接配有大型综合体的大尺度街区。

而后进一步将街道空间组成指标与其他路网构形指标作相关性分析，分析结果（附录C）显示街道的微观尺度特征与其在站区路网中的连接关系之间存在一定的显著规律。具体来说，在3个样本案例中，街道宽度与其整合度值（R=300m，500m）均显著相关，这说明在轨道交通站区整合度值越高的街道往往也正是那些为容纳更多人流活动而被设计为更宽的街道。虽然在五角场案例中，街区周长与整合度之间并没有呈现明显规律，但在其他两个样本案例中二者均被证实存在显著负相关关系，这在一定程度上可推测所在街区尺度越小的街道往往连接性更好。对各样本案例的空间组成数据进行统计分析，各组数据在街道宽度和街区周长方面均呈现显著不同的特征（表4-5），方差分析中二者p值均小于0.001。具体来说，就站区街道平均宽度而言，五角场案例为最大，其中宽于6m的街道占比超过1/5，远远高于其他两个案例；静安寺和徐家汇案例的街道平均宽度相当，又以徐家汇案例为最小，其2m宽以下的街道占到了1/3；总体来看，3个案例中占比最高的均为宽度为2—4m的2级街道（图4-21）。在街区周长方面，数据显示徐家汇的均值为最大（表4-5），其站区范围内超过1000m的大尺度街区超过50%；而江湾-五角场和静安寺的街区周长均值较为相当，但统计结果显示前者的离散程度较高，说明江湾-五角场站区内街区尺度较为多样，相较静安寺站区，其大尺度街区占比较大（图4-22）。

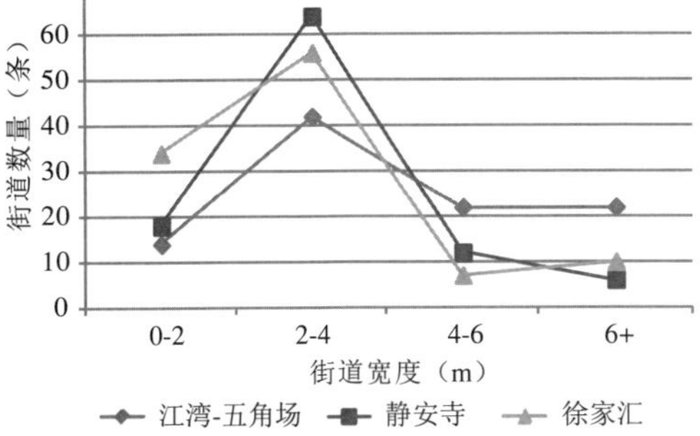

图4-21　样本站区街道宽度特征比较

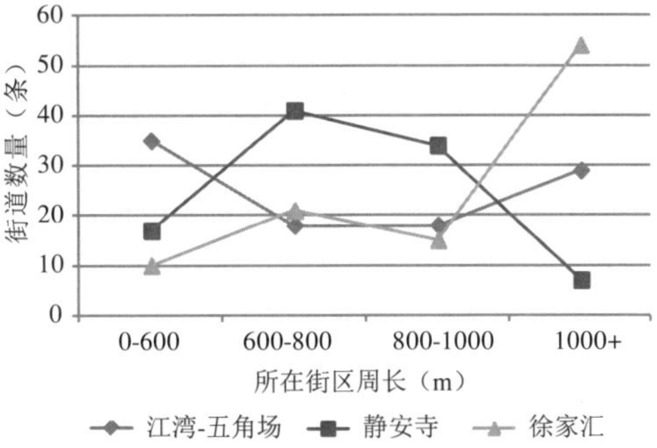

图4-22　样本站区街区周长特征比较

表 4-5　样本案例街道 / 街区空间组成的数据比较

变量	江湾 - 五角场	静安寺	徐家汇	方差分析
样本数	97	82	97	—
街道宽度[a]	5.3（3.9）	3.7（1.7）	3.0（1.6）	F=19.927，p<0.001***
0—2[b]	14（14%）	15（18%）	33（34%）	
2—4	41（42%）	52（64%）	54（56%）	
4—6	21（22%）	10（12%）	7（7%）	
6+	21（22%）	5（6%）	10（10%）	
街区周长[a]	884（458）	772（194）	1137（480）	F=19.260，p<0.001***
0—600[b]	34（35%）	14（17%）	10（10%）	
600—800	18（18%）	34（41%）	20（21%）	
800—1000	17（18%）	28（34%）	15（15%）	
1000+	28（29%）	6（7%）	52（54%）	

$^{+}p < 0.1$，$^{*}p < 0.05$，$^{**}p < 0.01$，$^{***}p < 0.001$

4.3.3　街道功能构成的基本特征

以街道为度量单元的功能构成分析主要关注于街道所在街区在功能构成方面的特征规律，其主要度量指标包括街道所在街区的空间强度（BFar）、街区功能混合度（BMix）等。采集到的空间容量数据通过点密度图（彩图 12）表示，其中每个点代表一个特定容量值（1000m^2），点密度图可用以直观比较街区空间容量的大小，以及不同类型业态空间的密度分布情况。为避免街区面积的影响，将街区空间容量转换成街区空间强度数据，并按数值大小分为 4 个等级，由小到大依序分别给各街区从浅到深赋予不同的灰度，颜色越深表示其街区空间强度越大（图 4-23）。

图 4-23 显示的功能构成分析结果可以分辨出部分有关站区范围内功能分布的基本特征：在轨道交通站点周边的核心区域往往聚集更高强度的功能空间，站点所邻近的街区往往分配给开发强度更高、租金回报率更大的商业和办公空间；其中商业和住宅空间所呈现出的与轨道交通站相适应的分布趋势尤为明显，越邻近轨道交通站的核心区域越容易吸引更多商业空间的聚集，其聚集程度即商业空间强度向站点周边逐步递减，而住宅空间则更多分布于远离地铁站的外围圈。

由相关性分析（附录 C）进一步证实有关轨道交通站区功能构成及分布规律的部分推断，分析结果显示，商办出入口和街区功能混合度与轨交站深度值呈显著负相关，距轨交站越近的街道往往分布有更多的商业和办公空间，并邻近轨交站设置出入口，其所在街区也往往有更高混合度的功能开发。而通过将街区空间强度与其他空间形态度量指标作相关性分析发现，街区空间强度与站区

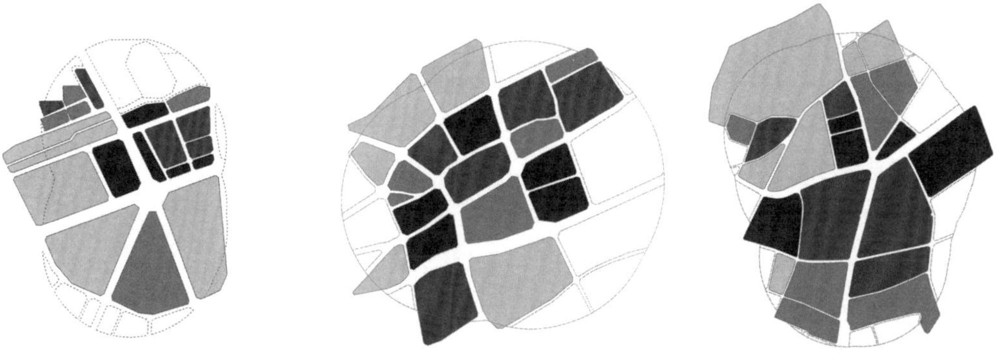

江湾－五角场站区　　静安寺站区　　徐家汇站区

图 4-23　样本案例街区空间强度（BFar）可视化度量结果

注：由 ArcMap 生成，依据街区空间强度数值由小到大依序分别给各街区从浅到深赋予不同的灰度，颜色越深表示其街区空间强度越大。

表 4-6　样本案例街区功能构成的数据比较

变量	江湾 - 五角场	静安寺	徐家汇	方差分析
样本数	97	82	97	—
街区空间强度[a]	2.6（1.00）	4.0（1.46）	2.8（1.60）	F=28.72，p<0.001***
0—2[b]	35（36%）	12（15%）	29（30%）	
2—3	29（30%）	5（6%）	29（30%）	
3—4	27（28%）	25（30%）	23（24%）	
4+	6（6%）	35（43%）	16（16%）	
街区功能混合度[a]	0.67（0.31）	0.74（0.19）	0.68（0.29）	F=1.56，p=0.213
0—0.4[b]	14（14%）	7（9%）	22（22%）	
0.4—0.7	14（14%）	23（28%）	20（21%）	
0.7—0.9	42（44%）	39（48%）	23（24%）	
0.9+	27（28%）	13（16%）	32（33%）	

$^{+}p < 0.1$，$^{*}p < 0.05$，$^{**}p < 0.01$，$^{***}p < 0.001$

步行路网构形关系密切，基于街道单元的多个空间构形度量值与其所在街区空间强度呈显著正相关，各街道在步行路网中所表现出的空间构形差异会对其所在街区的空间建设强度产生影响，与周边空间连通程度越好的街区往往也分配有更多的场所功能，从而吸引更多活动的产生。

功能构成数据的统计分析结果（表 4-6）显示，3 组样本数据在街区空间强度上表现出显著不同，其方差分析结果 F=28.72，

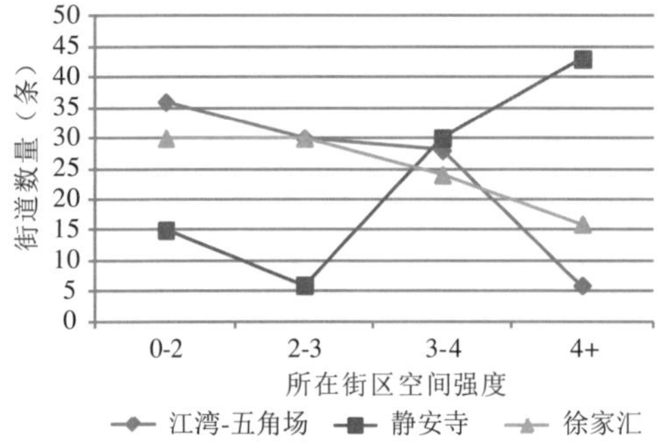

图 4-24　样本案例街区空间强度特征比较

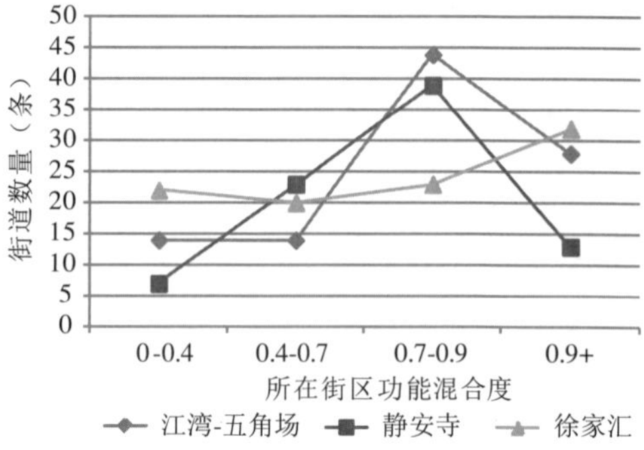

图 4-25　样本案例街区功能混合度特征比较

p<0.001，而在街区功能混合度数据上并无呈现明显差异。具体来说，在街区空间强度方面，静安寺站区均值为最高，其超过 1/3 的街道位于 4 级空间强度街区（图 4-24）；而江湾 - 五角场站区和徐家汇站区的街区平均强度较为相当，后者比前者拥有更多数量的高强度等级街区。而在街区功能混合度方面（图 4-25），3 组数据均值并没有表现出太大差异，相较而言，静安寺站区的平均街区功能混合度为最高，虽然其站区范围内并无较多的高混合度街区，但其功能较为单一的低混合度街区占比也为最少（小于 1/10），这可能正是促使静安寺站区活力覆盖面广的原因之一。

4.3.4　街道公交设施分布的基本特征

有关街道单元的公交设施分布分析主要关注的是轨交站区范围内轨道交通站点出入口与巴士站点的具体分布情况，并通过轨交站深度（DepA_M）与巴士站深度（DepA_Bus）两个度量指标描述站区范围内各观测街道与公交设施的可达关系。可视化分析图中依据深度值从大到小依序给各街道从蓝到红赋予不同的颜色，颜色越红的街道表明距轨交站出入口或巴士站点越近，即公交设施的可达性越强，可视化数据分析结果如彩图 13 和彩图 14 所示。

由进一步的相关性分析（附录 C）可知，轨交站深度值与多个维度下的街道 / 街区空间形态度量值显著相关，包括路网构形、空间组成以及功能构成等多个度量值，这反映了轨道交通站区空间形态的典型构成特征，即由轨道交通站点人流效应引发，多个街道 / 街区空间形态指标均呈现与轨道交通站点相适应的分布趋势。

对各样本案例的公交设施分布数据进行统计分析，统计数据表明（表 4-7），有关公交设施分布的度量值在 3 组样本数据中并没有表现出显著差异，也就是说在城市中心区的轨道交通站区，公交设施的分布特征较为相似。相较而言，江湾 - 五角场案例拥有最高的平均轨交站深度值和平均巴士站深度值，这说明其站区范围内公交设施的总体可

表 4-7　样本案例街道公交设施分布的数据比较

变量	江湾 - 五角场	静安寺	徐家汇	方差分析
样本数	97	82	97	—
轨交站深度 [a]	3.41（2.00）	3.01（1.71）	3.23（2.16）	F=0.892，p=0.411
巴士站深度 [a]	1.95（1.47）	1.81（1.26）	1.82（1.27）	F=0.326，p=0.722

$^{+}p < 0.1$，$^{*}p < 0.05$，$^{**}p < 0.01$，$^{***}p < 0.001$

达性较高，这与站区多层面步行系统的建设较为完善有关，两个轨道交通站点通过地下层步行道、地下广场以及各商业综合体的地下层实现有效连通，除了连接站点周边各大型物业的同时也承担了过街交通功能，站点周边多层面步行回路已基本形成；而静安寺案例的平均轨交站深度值则较低，站区范围内轨道交通站点的总体可达性较弱，这与站点周边的多层面步行系统内部连通性较差有关，连接静安寺站点与各处物业的地下步行路径彼此之间联系较弱，尚未形成连接良好的回路系统。

4.4　本章小结

基于选取的上海市 10 个样本站区及 3 个重点样本站区的实地调查数据，本章分别对轨道交通站区人流活动、基于站区单元的空间形态特征和基于街道 / 街区单元的空间形态特征进行描述，在此基础上借助图表、描述性统计及相关性分析，深入探讨各人流活动数据之间、空间形态数据之间的协同关系，这为后文进一步构建站区空间形态与人流活动的互动关系模型建立基础。

由对站点客流量、站区通行人流量、主要公共空间驻留人流量及街道人流分布的特征分析构成了站区人流活动基本特征的总体框架：①在轨道交通站区，站点客流量是站区人流的主要来源，特别是在城市中心区，核心站点每日可运送数以万计的客流，站点客流量的多少往往与站点功能定位有关，结合城市公共活动中心设置的中心型车站、结合城市大型交通枢纽集散中心设置的枢纽型车站，以及个别居住型站点易于产生高强度客流；②轨交客流在站区自然流动，因而站区通行人流密度与站点客流量呈相似走势，但并非一致，这说明站区通行人流只是部分受到轨交客流的影响，并非由轨交客流决定；③站区驻留人流同样显现了与通行人流和轨交客流的不同，数据表明站区驻留人流密度一定程度上受到了站点客流量的影响，但又不同于其他两者，站区驻留人流指标探讨了人流活动特征的其他方面，其可体现建成环境对人流活动更为多样复杂的影响机制；④另外，3 组重点研究样本数据显示，虽然 3 个样本案例在人流分布均匀度上有所差异，但就总体而言 3 组样本数据呈现了较为相似的人流分布特征，各样本案例的人流分布与轨道交通站点均关系密切，站点周边往往聚集最高密度的人流，并围绕轨道交通站点向外围呈现圈层递减的趋势。

在整体尺度的空间形态定量分析中，可以直观了解到基于站区单元的多个空间形态要素与人流活动呈现一定程度的关联：①在路网构形分析中，轨交路网和车行路网的构形分析结果均反映其中心性分布的规律较为突出——由中心向外围呈放射状逐步递减，连接程度最强的站点/车行路径主要都集中在内环线以内的浦西片区，这也正是南京东路、人民广场、淮海路等几个主要城市级商业中心区最为集中的区域，也是实际客流量最高的站点所在区域；②基于站区单元的空间组成与路网构形存在一定关联，其中站区人行道长度、交叉口密度、线密度指标与多个度量半径下的步行路网平均构形值的走势相似，而站区步行路网的线密度值与主要公共空间驻留人流密度也存在一定程度的关联；③站区空间强度与站点客流量表现为较为相似的走势特征，而站区功能混合度与站区驻留人流密度表现出一定程度的关联；④另外，轨交出入口数及换乘线路数所反映的站区公共交通可达性也表现出与站点客流量较为相关的趋势，而站区公交线路数与站区驻留人流密度也表现出一定程度的相关性。

同时，站区空间形态自身表现为一个相互关联的整体，研究结果表明路网构形关系到空间尺度的建造，同时也对功能构成模式产生影响。例如在轨道交通站区，各街道在步行路网中所表现出的空间构形差异会对空间建造尺度及空间建设强度产生影响：整合度值越高的街道往往也正是那些为容纳更多人流活动而被设计为更宽的街道；与周边空间连通程度越好的街区往往也分配有更多的场所功能，从而吸引更多活动的产生。总体来说，轨道交通站区呈现了一种由人流效应引发的典型空间形态特征——即多个街道/街区空间形态指标呈现与轨道交通站点相适应的分布趋势，这与街道人流分布趋势较为相似：在路网构形方面，构形等级高、与周边连接性较好的街道往往分布于轨道交通站点周围，呈现出一定的中心性特征；在空间组成方面，宽街道多邻近轨道交通站点设置，而窄街道则多分布于站区外围；功能构成方面，商业和住宅空间所呈现出的与轨道交通站相适应的分布趋势尤为明显，越邻近轨道交通站的核心区域越容易吸引更多商业空间的聚集，其聚集程度即商业空间强度向站点周边逐步递减，而住宅空间则更多分布于远离地铁站的外围圈。总之，通过对站区各形态要素相互作用内在机制进行分析，可看到路网构形—空间组成—功能构成—公交设施之间彼此联系，共同构成了一个相互联系的有机整体。

第 5 章　轨道交通站区人流活动的综合影响分析——以站区为基本分析单元

轨道交通站点自身所具备的客流效应、商业价值及经济带动作用决定了站点周边地区成为当前城市活力营造的策略性城市节点，而轨道交通站区活力的核心即是站区人流活动，以轨道交通站区为基本分析单元，加强对站区人流活动与空间形态关联作用的研究有利于指导当前轨道交通规划建设及空间优化。本章以上海市核心城区的 10 个轨道交通站点区域作为样本案例，基于大量相关调查内容及数据初步分析结果，从整体层面考察站区及周边空间形态对人流活动的具体影响。研究借助一系列统计学分析方法尝试构建站区人流活动的综合影响模型，从而使站区空间形态与人流活动之间的作用机制得以揭示。

5.1 研究方法概述

研究基于 10 个样本站区相关数据，具体包括作为站区整体活力表征的站点客流量、站区驻留人流密度、站区通行人流密度等人流活动数据，以及以站区为基本分析单元的路网构形、空间组成、功能构成、公交设施等空间形态调查数据。在建立统计模型之前需首先将所用数据进行正态分布转换，并分别采用相关性分析、因子分析与多元回归等统计学分析方法尝试构建站区人流活动的综合影响模型。

（1）相关性分析

对正态分布转换后的人流活动与空间形态数据进行相关性分析，通过皮尔森（Pearson）相关系数①揭示二者之间的相关密切程度。分析结果反映了在不考虑其他影响因素的情况下，各个独立空间形态指标变量分别对站点客流量、站区驻留人流密度及站区通行人流密度的影响程度。

（2）因子分析

为了全面并系统地分析问题，需要将多个空间形态指标变量的影响一并考虑在内，多个影响因子都不同程度地反映了所研究问题的部分信息，由于这些影响因子之间存在一定的自相关性，直接纳入分析不仅复杂，变量间难以取舍，而且统计结果在某些信息上会产生重叠从而无法得出正确结论。因而研究采用因子分析方法，通过线性变换将原来的多个指标变量组合成相互独立的少数几个能充分反映总体信息的指标，从而在不丢掉主要信息的前提下避开了变量间共线性的问题，便于进一步分析②。

（3）多元线性回归分析

在相关性分析与因子分析结果的基础上，将多个对站区人流活动发挥显著影响作用的空间形态综合影响指标变量一并纳入综合模型中，建立回归方程。多元回归分析可以通过建立数学模型确定多个变量间的数量变化关系，并对因变量进行预测或估计。这里根据因变量的数据类型，采用的是多元线性回归分析方法（Multiple Linear Regression），从而分别建立站点客流量、站区驻留人流密度及站区通行人流密度的综合影响模型。借助多元线性回归分析结果，可比较各维度空间形态综合影响指标及各单项影响指标在综合模型中的相对重要性。

5.2 站点客流量的综合影响分析

5.2.1 站点客流量的单项影响指标

研究对站点客流量及站区空间形态调查数据进行皮尔森相关性分析，分析结果显示（表 5-1），多个单项空间形态指标变量对

① 当两个连续变量间呈线性相关时，使用皮尔森相关系数，其值介于 -1 与 1 之间，其绝对值用以表示相关程度的大小。

② 张文彤．世界优秀统计工具 SPSS 11 统计分析教程 高级篇 [M]. 北京：北京希望电子出版社，2002.

站点客流量呈现不同程度的显著影响，具体分析结果如下：

（1）轨道交通站点客流量受到来自站区与外部轨交路网连接关系的影响，而其直接受到站区外部车行路网与站区内部步行路网构形的影响较小。轨交路网中，多个度量半径（分别以5站、10站、20站为度量半径）的可达度指标变量与站点客流量呈显著正相关，其中又以度量半径为20站（约60min乘车时间）的轨交路网可达度（AccT20s_M）与站点客流量相关度最高，与工作日站点客流量的相关系数达到0.839（$p<0.01$），与周末站点客流量的相关系数达到0.664（$p<0.05$），可见人们进行远距离出行选择轨道交通作为主要出行方式的情况较为普遍，这在工作日进行通勤等必须性活动时尤为明显。数据表明，当站点在轨交路网中处于更为中心的位置，往往易于产生较高的站点客流量，而依据统计分析结果，1h出行距离为最优评估半径。

（2）反映站区空间开发规模的站区空间强度指标变量被证明是对站点客流量有显著影响的功能构成因素，其与工作日站点客流量的相关系数为0.649（$p<0.05$），与周末站点客流量的相关系数为0.543（$p<0.1$）。分析结果表明，站区空间强度指标可一定程度反映站区使用者基数，站区空间强度越高往往意味着站区吸引力越强，因而容易吸引更多使用人群，并促进轨道交通的出行。而这里描述站区用地混合配置的功能混合度指标并未体现对站点客流量有直接影响。

（3）可定量反映站区公交巴士可达度的巴士车站数量指标被证明是轨交站点客流量的重要影响因素，其与工作日站点客流量的相关系数达0.521（$p<0.1$），数据表明轨道交通出行与其他公共交通的联系程度显著相关，这尤其体现在对工作日轨交出行的影响中。轨交换乘线路数指标（Con_M）也体现出对站点客流量有显著影响，其与工作日和周末站点客流量的相关系数分别达到0.561（$p<0.05$）和0.497（$p<0.1$），数据表明所连接换乘线路越多的轨交车站其进出站客流量也往往越大。

此外，轨交站点出入口数量以及与物业结合设置的轨交站点出入口数量指标也被证明与站点客流量均呈显著相关，数据表明，当轨交站点设置更多出入口时，特别是有更多出入口与周边物业结合设置，可有助于轨交站点与周围功能空间产生更多更便捷的连接，从而有利于提高站点的步行可达性，并促进更多轨道交通出行。

（4）而包括步行路网线密度、人行道长度、交叉口密度等在内的空间形态指标变量均未显示对站点客流量有显著相关影响。结合站点客流量与路网构形的相关分析结果可知，站点客流量与站区内部路网构形及空间尺度关系不明显，而更多的仍是受到来自站区与外部路网连接关系的影响。

表 5-1　基于站区单元的单项空间形态指标变量与站点客流量的相关性分析结果

	站点客流量		
	工作日	周末	日均
轨网 5 站可达度	**0.509+（0.067）**	**0.527+（0.059）**	**0.606*（0.032）**
轨网 10 站可达度	**0.602*（0.033）**	**0.525+（0.060）**	**0.594*（0.035）**
轨网 20 站可达度	**0.839**（0.001）**	**0.664*（0.018）**	**0.770**（0.005）**
站区空间强度	**0.649*（0.021）**	**0.543+（0.052）**	**0.607*（0.031）**
巴士车站数	**0.521+（0.061）**	0.311（0.191）	**0.523+（0.060）**
轨交换乘线路数	**0.561*（0.046）**	**0.497+（0.072）**	**0.684*（0.015）**
轨交出入口数	**0.523+（0.060）**	**0.525+（0.060）**	**0.598*（0.034）**
与建筑结合出入口数	**0.495+（0.073）**	**0.665*（0.018）**	**0.548+（0.051）**

$^{+}p < 0.1$，$^{*}p < 0.05$，$^{**}p < 0.01$，$^{***}p < 0.001$
注：分析结果中出现的显著相关性数值在表中均用粗体示意。

5.2.2　站点客流量的综合影响因子提取

基于上述相关性分析结果，有 8 个单项空间形态指标对站点客流量呈显著相关影响，为了明晰各影响指标之间的潜在数据结构，研究对上述 8 个单项影响指标采用因子分析法，提取公因子即站点客流量的综合影响因子，提取情况如下，计算结果详见附录 D。

（1）公因子方差比

在进行因子分析前，需要首先进行 KMO 检验和巴特利球检验①，这里 KMO 数值为 0.514，*Sig.* 值为 0.008，因而认为 8 个单项影响指标间相关程度无太大差异，适合做因子分析。附录 D 中所示的公因子方差比分析结果表示按照所选标准提取相应数量主成分后，各变量中信息分别被提取出的比例。除与建筑结合出入口数指标有约 32% 未被提取外，其余 7 个变量的信息均被提取得较为充分。

（2）公因子提取

主成分提取原则为选取特征根大于 1 的前 m 个主成分，这里的特征根在某种程度上可以被看成是表示主成分影响力度大小的指标。由方差分解的主成分列表可知，有 2 个主成分的特征根大于 1，其累积方差贡献率达 76.496%，可以涵盖大部分单项指标的信息，因此可将站点客流量的 8 个单项影响指标用 2 个主成分因子代替。进而可生成基于主成分因子的载荷矩阵，每一个载荷量

① 一般认为，当 KMO 检验系数 >0.5，*p* 值 <0.05 时，才可以进行因子分析。

表示主成分与对应指标变量的相关系数。

为了使因子结构更加清晰，便于解释，利用最大方差法对主成分载荷矩阵进行旋转，在不影响主成分提取的情况下使得各指标变量在主成分上的载荷发生变化，使主因子旋转后载荷更接近 1 或 0，旋转后的因子载荷矩阵结果见附录 D。其中，公因子 F_{1-1} 中影响较大的指标是站区巴士车站数、轨交换乘线路数、轨交站出入口数、与建筑结合轨交站出入口数，可见公因子 F_{1-1} 是与站区公交设施可达性密切相关的因子，将其称之为“公交设施”；公因子 F_{1-2} 中影响较大的指标是轨网 5 站可达度、轨网 10 站可达度、轨网 20 站可达度和站区空间强度，可见公因子 F_{1-2} 是与轨交路网构形特征及站区功能构成特征密切相关的因子，故将其称之为“轨网构形与功能构成”。由此，在损失较少信息的前提下，原有 8 个单项指标变量被转化为 2 个互不相关的综合影响因子，从而使数据结构更为明晰，有助于进一步的解释分析。

（3）公因子得分

依据因子得分系数矩阵的计算结果，可将公因子表示为各个单项指标变量的线性组合（式 5-1、式 5-2），从而可以得到 2 个新变量 F_{1-1} 和 F_{1-2}，将其称之为站点客流量的综合影响因子，进而可以直接使用该综合变量代替原来的多个单项指标变量进行分析。

$$F_{1-1} = 0.137Acc5\_M + 0.011Acc10\_M - 0.061Acc20\_M - 0.153MFar + 0.275Num\_Bus + 0.274Con\_M + 0.294Num\_ME + 0.176Num\_CME \quad （式 5-1）$$

$$F_{1-2} = 0.158Acc5\_M + 0.312Acc10\_M + 0.374Acc20\_M + 0.363MFar - 0.133Num\_Bus - 0.026Con\_M - 0.136Num\_ME + 0.076Num\_CME \quad （式 5-2）$$

5.2.3 站点客流量的综合影响模型构建

研究在相关性分析与因子分析结果的基础上，用新生成的综合影响变量 F_{1-1}、F_{1-2} 进行多元回归分析，进而建立站点客流量的综合影响模型，考察在多维度空间形态要素的共同作用下，各空间形态指标变量对站点客流量的单独贡献，从而在不丢掉主要信息的前提下避开了变量间的共线性问题。

（1）拟合优度

借助 SPSS 统计分析工具，将综合影响变量 F_{1-1} 公交设施变量、F_{1-2} 轨网构形与功能构成变量一起纳入站点客流量的多元回归方程，采用进入法作线性回归分析，分析结果显示，在公交设施、轨网构形与功能构成综合变量的共同作用下，模型达到了较好的拟合效果（表 5-2），其拟合优度 R 方达到 0.728，说明有超过 70% 的日均站点客流量可通过公交设施、轨网构形与功能构成综合变量共同预测得出。

表 5-2　站点客流量模型汇总

模型	*R*	*R* 方	调整 *R* 方	标准估计的误差
1	0.853	0.728	0.650	0.59160388

预测变量：（常量），F_{1-1}，F_{1-2}

（2）模型检验

对上述加入了多维空间形态影响变量的站点客流量综合影响模型进行方差分析，以检验回归模型的整体线性关系是否显著。经 SPSS 运行的 *F* 检验结果如表 5-3 所示，检验结果显示回归模型的 *F* 值为 9.357，*Sig.* 值为 0.011，由此可知研究所建立的站点客流量综合影响模型其方差分析满足要求，模型具有统计学意义。

（3）综合影响模型

根据模型系数 *t* 检验分析结果（表 5-4），F_{1-1} 公交设施变量和 F_{1-2} 轨网构形与功能构成变量均表现显著，由此可得到有关中心型轨交车站站点客流量的综合影响模型，其计算方程如下：

$$Y_{站点客流量} = 0.552F_{1-1} + 0.650F_{1-2} \quad （式 5-3）$$

表 5-3　站点客流量模型的方差分析

模型		平方和	*df*	均方	*F*	*Sig.*
1	回归	6.550	2	3.275	9.357	0.011
	残差	2.450	7	0.350		
	总计	9.000	9			

因变量：日均站点客流量（标准值）
预测变量：（常量），F_{1-1}，F_{1-2}

表 5-4　站点客流量模型回归系数 *t* 检验

模型		非标准化系数		标准系数	*t*	Sig.
		B	标准误差	试用版		
1	（常量）	−2.861E −018	0.187	—	0.000	1.000
	F_{1-1}	0.552	0.197	0.552	2.800	0.027
	F_{1-2}	0.650	0.197	0.650	3.298	0.013

因变量：日均站点客流量（标准值）

（4）指标变量的影响权重分析

观察回归模型中各自变量的标准系数，取其绝对值，可直接反映各自变量对因变量的影响程度，从而用以比较综合影响变量 F_{1-1} 与 F_{1-2} 在回归模型中的相对重要性，并结合前文综合影响因子 F_{1-1} 与 F_{1-2} 的表达式（式 5-1、式 5-2），可进一步得到有关单项影响指标的权重分析结果（表 5-5）。

表 5-5　站点客流量综合影响模型的指标权重分析

综合影响指标	权重	单项影响指标	权重
$F_{1\text{-}1}$ 公交设施	0.552	巴士车站数	0.065
		轨交换乘线路数	0.134
		轨交出入口数	0.074
		与建筑结合出入口数	0.147
$F_{1\text{-}2}$ 轨网构形与功能构成	0.650	轨网 5 站可达度	0.178
		轨网 10 站可达度	0.209
		轨网 20 站可达度	0.209
		站区空间强度	0.151

分析数据显示，轨网构形与功能构成的综合影响变量对站点客流量体现了更为重要的影响作用，包括多个度量半径下的轨网可达度及站区空间强度指标，其中又以 10 站与 20 站为度量半径的轨交路网可达度为对站点客流量影响最大的空间形态单项指标变量；其他对站点客流量的重要影响来自站区公交设施的可达性综合评估指标，包括巴士车站数、轨交换乘线路数、轨交出入口数及与建筑结合出入口数等单项指标，其中与建筑结合出入口数量指标及轨交换乘线路数指标对站点客流量体现了更为重要的影响作用。

5.3　站区通行人流密度的综合影响分析

5.3.1　站区通行人流密度的单项影响指标

根据站区通行人流密度与站区空间形态调查数据的相关性分析结果（表 5-6），多个单项空间形态指标对站区通行人流密度呈现不同程度的显著影响，具体分析结果如下：

（1）多个路网构形单项指标被证明与站区通行人流密度密切相关，其中短距离度量半径下（以 500m 和 1000m 为度量半径）的车行路网平均整合度指标显示与站区通行人流密度显著相关，其主要体现在对周末站区通行人流密度的显著影响中，这推测与周末人们进行短距离出行的比例增高有关。在城市中心区的轨道交通站区，当站区与外部车行路网在短距离出行半径下的连接程度越好，则越有利于提高站区可达性，从而促进更多通行人流的产生。

此外，站区内部步行路网构形特征也被证明与站区通行人流密度密切相关，短距离度量半径下（以 200m 为度量半径）的步行路网平均整合度指标显示与站区通行人流密度显著相关，在城市中心区的轨道交通站区，当站区内部步行路网的整体连通程度越好，则有利于促进更多的步行活动。

表 5-6 基于站区单元的单项空间形态指标变量与站区通行人流密度的相关性分析结果

	站区通行人流密度		
	工作日	周末	日均
车网 500m 平均整合度	0.021（0.477）	**0.524⁺（0.060）**	**0.459⁺（0.091）**
车网 1000m 平均整合度	0.122（0.368）	**0.453⁺（0.095）**	**0.473⁺（0.084）**
步网 200m 平均整合度	0.441（0.101）	**0.664*（0.018）**	**0.586*（0.038）**
功能混合度	0.268（0.227）	**0.470⁺（0.085）**	**0.520⁺（0.062）**
轨交出入口数	**0.505⁺（0.068）**	**0.522⁺（0.061）**	**0.445⁺（0.099）**
与建筑结合出入口数	**0.505⁺（0.068）**	0.367（0.148）	**0.461⁺（0.090）**

$^{+}p<0.1$，$^{*}p<0.05$，$^{**}p<0.01$，$^{***}p<0.001$
注：分析结果中出现的显著相关性数值在表中均用粗体示意。

（2）站区用地混合配置情况显示与站区通行人流密度关系密切，基于站区单元的功能混合度指标与周末通行人流密度呈显著正相关，相关系数为 0.470（p<0.1）。数据表明，功能配置更为混合的站区用地往往容易吸引更多的步行活动，促进站区活力。

（3）轨交站点出入口数量以及与建筑结合设置的轨交站点出入口数量指标也均被证明与站区通行人流密度呈显著相关，数据表明，当轨交站点设置更多出入口时，特别是有更多出入口与周边物业结合设置，可有助于吸引更多人流，促进更多步行活动的产生。

（4）这里巴士车站数指标与站区通行人流密度的相关程度不明显，图表分析显示日均通行人流密度较高的江湾 - 五角场站区、中山公园站区其巴士车站数较少，而巴士车站数较多的新天地 - 黄陂南路站区、商城路 - 东昌路站区其日均通行人流密度较少，可见站区总体通行人流密度主要受到其他交通出行方式的影响较大，同时也说明在经济有效性方面可对站区巴士车站的配置进行优化。

5.3.2 站区通行人流密度的综合影响因子提取

基于上述相关性分析结果，有 6 个单项空间形态指标显示对站区通行人流密度呈显著相关影响，为了明晰各影响指标之间的潜在数据结构，研究对上述 6 个单项影响指标采用因子分析法，提取公因子即站区通行人流密度的综合影响因子，提取情况如下，计算结果详见附录 E。

（1）公因子方差比

在首先进行的 KMO 检验和巴特利球检验中，KMO 数值为 0.534，*Sig.* 值为 0.027，因而认为 6 个单项影响指标间相关程度无太大差异，适合做因子分析。公因子方差比分析结果显示，步网 200m 平均整合度指标和与建筑结合出入口数指标分别有约 50% 和 35% 信息未被提取，而其余 4 个单项指标信息均被提取得较为充分。

（2）公因子提取

由方差分解的主成分列表可知，有 2 个

主成分的特征根大于1，其累积方差贡献率达72.204%，可涵盖较大部分指标的信息，因此可将站区通行人流密度的6个单项影响指标用2个主成分因子代替，进而可生成基于主成分因子的载荷矩阵，每一个载荷量表示主成分与对应变量的相关系数。为了使因子结构更加清晰，便于解释，利用最大方差法对主成分载荷矩阵进行旋转，在不影响主成分提取的情况下使得各指标变量在主成分上的载荷发生变化，使主因子旋转后载荷更接近1或0，旋转后的因子载荷矩阵见附录E，这里旋转前后因子结构变化不大。

其中，公因子 $F_{2\text{-}1}$ 中影响较大的指标分别是车行路网500m和1000m半径的平均整合度指标以及站区功能混合度指标，可见 $F_{2\text{-}1}$ 是与车行路网构形及站区功能构成密切相关的综合影响因子，因而将其称之为“车网构形与功能构成”。$F_{2\text{-}2}$ 中影响较大的指标分别是步行路网200m半径平均整合度、轨交出入口数指标及与建筑结合设置的轨交出入口数指标，可见 $F_{2\text{-}2}$ 是与步网构形特征与公交设施可达性密切相关的综合影响因子，将其称之为“步网构形与公交设施”。在损失较少信息的前提下，原有6个单项指标被转化为2个互不相关的综合影响因子，一定程度避免了变量间的共线性问题，有助于接下来的综合影响模型构建。

（3）公因子得分

依据因子得分系数矩阵的计算结果可将公因子表示为各个单项指标变量的线性组合（式5-4、式5-5），从而可以得到2个新变量 $F_{2\text{-}1}$、$F_{2\text{-}2}$，将其称之为站区通行人流密度的综合影响因子，进而可以直接使用该变量代替原来的多个单项指标变量进行分析。

$$F_{2\text{-}1} = 0.356MIntA500\_V + 0.353MIntA1000\_V + 0.034MIntA200\_P + 0.340MMix - 0.053Num\_ME + 0.035Num\_CME$$

（式5-4）

$$F_{2\text{-}2} = 0.062MIntA500\_V - 0.046MIntA1000\_V + 0.324MIntA200\_P + 0.038MMix - 0.535Num\_ME + 0.461Num\_CME$$

（式5-5）

5.3.3 站区通行人流密度的综合影响模型构建

在上述相关性分析与因子分析结果的基础上，用新生成的站区通行人流密度综合影响变量进行多元回归分析，进而建立站区通行人流密度的综合影响模型，考察在多维空间形态要素的共同作用下，各空间形态指标变量对站区通行人流密度的单独贡献。

（1）拟合优度

借助SPSS统计分析工具，将综合影响变量 $F_{2\text{-}1}$ 车网构形与功能构成变量、$F_{2\text{-}2}$ 步网构形与公交设施变量一起纳入站区通行人流密度的多元回归方程，采用进入法作线性回归分析，分析结果显示（表5-7），在2个综合影响变量的共同作用下，模型达到了较好的拟合效果，其拟合优度 R 方达到 0.714，说明有超过 70% 的日均通行人流密度可通过 F_{2-1} 车网构形与功能构成与 F_{2-2} 步网构形与公交设施 2 个综合影响变量共同预测得出。

表 5-7　站区通行人流密度模型汇总

模型	*R*	*R* 方	调整 *R* 方	标准估计的误差
1	0.845	0.714	0.633	0.60611339

预测变量：（常量），F_{2-1}，F_{2-2}

（2）模型检验

对上述加入了多维空间形态影响变量的站区通行人流密度综合影响模型进行方差分析，以检验回归模型的整体线性关系是否显著。经 SPSS 运行的 F 检验结果如表 5-8 所示，检验结果显示回归模型的 *F* 值为 8.749，*Sig.* 值为 0.012，由此可知，研究所建立的站区通行人流密度综合影响模型其方差分析满足要求，模型具有统计学意义。

表 5-8　站区通行人流密度模型的方差分析

模型		平方和	*df*	均方	*F*	*Sig.*
1	回归	6.428	2	3.214	8.749	0.012
	残差	2.572	7	0.367		
	总计	9.000	9			

因变量：日均站区通行人流密度（标准值）
预测变量：（常量），F_{2-1}，F_{2-2}

表 5-9　站区通行人流密度模型的回归系数 t 检验

模型		非标准化系数		标准系数	*t*	*Sig.*
		B	标准误差	试用版		
1	（常量）	4.132E－018	0.192	—	0.000	1.000
	F_{2-1}	0.667	0.202	0.667	3.300	0.013
	F_{2-2}	0.519	0.202	0.519	2.571	0.037

因变量：日均站区通行人流密度（标准值）

（3）综合影响模型

根据模型回归系数 *t* 检验分析结果（表 5-9），可得到有关中心型站区通行人流密度的综合影响模型，其计算方程如下：

$$Y_{站区通行人流密度} = 0.667F_{2-1} + 0.519F_{2-2} \quad （式 5-6）$$

（4）指标变量的影响权重分析

观察模型中各自变量的标准系数，取其绝对值，可反映各自变量对因变量的影响程度，用以比较各综合影响变量在回归模型中的相对重要性。将站区通行人流密度的综合影响模型结合前文各综合影响因子的表达式

表 5-10　站区通行人流密度综合影响模型的指标权重分析

综合影响指标	权重	单项影响指标	权重
F_{2-1} 车网构形与功能构成	0.667	车网 500m 平均整合度	0.270
		车网 1000m 平均整合度	0.212
		功能混合度	0.191
F_{2-2} 步网构形与公交设施	0.519	步网 200m 平均整合度	0.240
		轨交出入口数	0.242
		与建筑结合出入口数	0.263

可进一步得到有关单项形态指标的权重分析结果，如表 5-10 所示。

分析结果显示，车网构形与功能构成综合影响变量对站区通行人流密度体现了更为重要的影响作用，包括 500m 和 1000m 度量半径下的车网平均整合度及站区功能混合度，其中又以车网 500m 平均整合度为对站区通行人流密度影响最大的空间形态单项指标变量；其他对站点客流量的重要影响来自站区步网构形与公交设施可达性的综合评估指标，包括步网 200m 平均整合度、轨交出入口数及与建筑结合设置的轨交出入口数单项指标。

5.4　站区驻留人流密度的综合影响分析

5.4.1　站区驻留人流密度的单项影响指标

研究对站区驻留人流密度与站区空间形态调查数据进行皮尔森相关性分析，分析结果显示（表 5-11），多个单项空间形态指标对站区驻留人流密度呈现不同程度的显著影响，具体分析结果如下。

（1）站区驻留人流密度受到多个交通路网构形的综合影响，既受到来自站区与外部空间连接关系的影响，包括轨交路网和车行路网构形的共同影响，也包括站区内部步行路网构形的显著影响。

在轨交路网中，中短距离度量半径下（分别以 5 站、10 站为度量半径）的轨交路网可达度（AccT5s_M 与 AccT10s_M）与站区驻留人流密度显著相关，当站点与外部轨交路网在中短距离出行半径下的连接程度越好，则有易于促进站区内更多驻留活动的产生。

在车行路网中，多个度量半径下（分别以 500m、1000m、2000m 和 5000m 为度量半径）的车行路网构形指标也被证明对站区驻留人流密度产生显著正相关影响，在城市中心区的轨道交通站区，车行路网与外部车行路网的连接性越强，则意味着站区通过小汽车交通的可达性越好，从而促进更多

表 5-11　基于站区单元的单项空间形态指标变量与站区驻留人流密度的相关性分析结果

	站区驻留人流密度		
	工作日	周末	日均
轨网 5 站可达度	**0.467^{+} (0.087)**	0.431 (0.107)	**0.445^{+} (0.098)**
轨网 10 站可达度	0.369 (0.147)	**0.496^{+} (0.072)**	0.425 (0.110)
车网 500m 平均整合度	**0.642* (0.023)**	**0.453^{+} (0.094)**	**0.487^{+} (0.077)**
车网 1000m 平均整合度	**0.659* (0.019)**	0.399 (0.127)	**0.449^{+} (0.097)**
车网 2000m 平均整合度	**0.679* (0.015)**	**0.458^{+} (0.092)**	**0.469^{+} (0.086)**
车网 5000m 平均整合度	**0.682* (0.015)**	**0.503^{+} (0.069)**	**0.515^{+} (0.064)**
步网 100m 平均整合度	**0.510^{+} (0.066)**	**0.677* (0.016)**	**0.606* (0.032)**
步网 200m 平均整合度	**0.792** (0.003)**	**0.876*** (0.000)**	**0.864** (0.001)**
步网 300m 平均整合度	**0.772** (0.004)**	**0.834** (0.001)**	**0.823** (0.002)**
步网 400m 平均整合度	**0.772** (0.004)**	**0.834** (0.001)**	**0.823** (0.002)**
步网 500m 平均整合度	**0.772** (0.004)**	**0.834** (0.001)**	**0.823** (0.002)**
步网 100m 平均选择度	**0.666* (0.018)**	**0.692* (0.013)**	**0.703* (0.012)**
步网 200m 平均选择度	**0.677* (0.016)**	**0.716* (0.010)**	**0.727** (0.009)**
步网 300m 平均选择度	**0.737** (0.008)**	**0.775** (0.004)**	**0.787** (0.003)**
步网 400m 平均选择度	**0.709* (0.011)**	**0.754** (0.006)**	**0.766** (0.005)**
步网 500m 平均选择度	**0.709* (0.011)**	**0.754** (0.006)**	**0.766** (0.005)**
线密度	0.397 (0.128)	**0.497^{+} (0.072)**	**0.471^{+} (0.085)**
人行道长度	**0.680* (0.015)**	**0.697* (0.012)**	**0.744** (0.007)**
交叉口密度	**0.519^{+} (0.062)**	**0.558* (0.047)**	**0.594^{+} (0.035)**
功能混合度	**0.662* (0.019)**	**0.716* (0.010)**	**0.642* (0.023)**
巴士车站数	**0.475^{+} (0.083)**	**0.548^{+} (0.050)**	**0.609* (0.031)**
与建筑结合出入口数	**0.587* (0.037)**	**0.480^{+} (0.080)**	**0.524^{+} (0.060)**

$^{+}p < 0.1$，$^{*}p < 0.05$，$^{**}p < 0.01$，$^{***}p < 0.001$
注：分析结果中出现的显著相关性数值在表中均用粗体示意。

驻留活动的产生。

另外，用以描述步行路网整体连通程度的整合度与选择度指标被证明在多个度量半径下均对站区驻留人流密度呈显著正相关影响，其中以 200m 计算半径的步行路网平均整合度值（MIntA200_P）和 300m 计算半径的步行路网平均选择度值（MChoA300_P）对工作日 / 周末站区驻留人流密度影响最大，前者在相关性分析中与工作日和周末驻留人流密度的相关系数分别达到了 0.792

（$p<0.01$）和 0.876（$p<0.001$），后者的相关系数分别为 0.737（$p<0.01$）和 0.775（$p<0.01$）。数据表明，站区驻留人流密度与站区内部步行路网整体构形特征密切相关，尤其在短距离计算半径（200—300m）下，当站区步行路网的整体连通程度越好，则越容易促进更多类似驻足、坐歇、交谈、休闲、娱乐等公共空间驻留活动的产生，从而提高公共空间的使用效率，促进步行活动的交往聚集。

（2）表征站区路网尺度特征的步行路网线密度、人行道长度、交叉口密度指标均对驻留人流密度呈显著正相关影响，一定的路网密度可为人们提供更多的出行方式和路径选择机会，从而促进驻留活动的产生，提升站区活力。

（3）站区驻留人流密度被证明与站区用地混合配置情况关系密切，基于站区单元的功能混合度指标与工作日和周末的驻留人流密度呈显著正相关，相关系数分别为 0.662（$p<0.05$） 和 0.716（$p<0.05$）。数据表明，功能配置更为混合的站区用地往往容易支持更多的驻足、坐歇、交谈、休闲、娱乐等公共空间活动，反之，空间功能相对单一的站区用地则不利于公共空间的使用，难以聚集人气。正如本研究样本案例之一的陆家嘴站区，其站区范围内商务空间的高度集聚导致居住功能的缺失，因而对公共空间使用状况有明显影响，虽然其轨道交通站点客流量较高，站区人流来源的基数较大，但站区内公共空间的使用时段性非常明显，驻留活动主要集中于午间时段，而在其他时段公共空间活跃度较差。

（4）可定量反映站区与外部空间公交巴士联系程度的巴士车站数量指标被证明是站区驻留人流密度的重要影响因子，其中又以对周末驻留活动的影响更大，这推测与周末人群通过巴士等交通方式进行短距离出行的人数比例增高有关。另外，与建筑结合设置的轨交站点出入口数指标也被证明对站区驻留人流密度存在显著正相关影响。根据实地调研数据发现，站区内多样化的驻留活动多集中于站点周边，这也在本书的相关分析中得以体现，而轨道交通站点与周边物业的直接联系往往有利于促进站点周边公共空间的使用效率，从而提升站区活力。

5.4.2 站区驻留人流密度的综合影响因子提取

基于上述相关性分析结果，有 22 个单项空间形态指标对站区驻留人流密度呈显著相关影响，为了明晰各影响指标之间的潜在数据结构，研究对上述 22 个单项影响指标采用因子分析法，提取公因子即站区驻留人流密度的综合影响因子，提取情况如下，计算结果详见附录 F。

（1）公因子方差比

公因子方差比分析结果显示，按照所选标准提取相应数量主成分后，22 个单项指标中信息分别被提取的比例均大于 85%，可见各指标变量信息均被提取得较为充分。

（2）公因子提取

由方差分解的主成分列表可知，有 5 个主成分的特征根大于 1，其累积方差贡献率达 95.344%，可以涵盖大部分指标的信息，因此可将站区驻留人流密度的 22 个单项影响指标用 5 个主成分因子代替，进而可生成基于主成分因子的载荷矩阵，每一个载荷量表示主成分与对应变量的相关系数。为了使因子结构更加清晰，便于解释，利用最大方差法对主成分载荷矩阵进行旋转，旋转后的因子载荷矩阵见附录 F。

其中，公因子 F_{3-1} 中影响较大的指标是多个度量半径下站区步行路网整合度与选择度指标，以及站区步行路网的线密度、交叉口密度和人行道长度指标，可见公因子 F_{3-1} 是与站区内部步行路网构形与尺度密切相关的因子，故将其称之为“步网构形与空间组成”；公因子 F_{3-2} 中影响较大的指标分别是以 500m、1000m、2000m 和 5000m 为度量半径的车行路网整合度指标，可见公因子 F_{3-2} 是与车行路网构形密切相关的因子，将其称之为“车网构形”；公因子 F_{3-3} 中影响较大的指标是分别以 5 站、10 站为度量半径的轨交路网可达度，可见公因子 F_{3-3} 主要与轨交路网构形有关，将其称之为“轨网构形”；公因子 F_{3-4} 中影响较大的指标是功能混合度，可见公因子 F_{3-4} 主要与站区功能配置有关，将其称之为“功能构成”；公因子 F_{3-5} 中影响较大的指标是巴士车站数和与建筑结合设置的轨交出入口数指标，可见公因子 F_{3-5} 主要与站区公交设施的可达性有关，将其称之为“公交设施”。

在损失较少信息的前提下，原有 22 个单项指标变量被转化为 5 个互不相关的综合影响因子，从而使数据结构更为明晰，有助于接下来进一步的解释分析。经因子分析对单项影响指标提取为步网构形与空间组成、车网构形、轨网构形、功能构成、公交设施 5 个类别。

（3）公因子得分

依据因子得分系数矩阵的计算结果，可将公因子表示为各个单项指标变量的线性组合（式 5-7—式 5-11），基于以下计算公式，可以得到 5 个新变量 F_{3-1}、F_{3-2}、F_{3-3}、F_{3-4}、F_{3-5}，将其称之为站区驻留人流密度的综合影响因子。

$$F_{3-1} = 0.014Acc5\_M - 0.057Acc10\_M - 0.101MIntA500\_V + 0.017MIntA1000\_V - 0.011MIntA2000\_V - 0.045MIntA5000\_V + 0.063MIntA100\_P + 0.049MIntA200\_P + 0.027MIntA300\_P + 0.027MIntA400\_P + 0.027MIntA500\_P + 0.148MChoA100\_P + 0.143MChoA200\_P + 0.138MChoA300\_P + 0.143MChoA400\_P + 0.14M3ChoA500\_P + 0.097PDen + 0.142CDen + 0.036PL - 0.110MMix - 0.016Num\_Bus - 0.123Num\_CME \quad (式 5-7)$$

$$F_{3-2} = 0.048Acc5\_M - 0.064Acc10\_M + 0.238MIntA500\_V + 0.311MIntA1000\_V + 0.279MIntA2000\_V + 0.231MIntA5000\_V - 0.178MIntA100\_P - 0.041MIntA200\_P$$

$- 0.018MIntA300\_P - 0.018MIntA400\_P - 0.018MIntA500\_P + 0.001MChoA100\_P - 0.016MChoA200\_P - 0.010MChoA300\_P - 0.008MChoA400\_P - 0.008MChoA500\_P - 0.028PDen + 0.027CDen + 0.007PL - 0.038MMix - 0.096Num\_Bus + 0.120Num\_CME$

（式 5-8）

$F_{3\text{-}3} = 0.339Acc5\_M + 0.406Acc10\_M - 0.047MIntA500\_V - 0.034MIntA1000\_V + 0.106MIntA2000\_V - 0.027MIntA5000\_V + 0.223MIntA100\_P + 0.027MIntA200\_P - 0.020MIntA300\_P - 0.020MIntA400\_P - 0.020MIntA500\_P + 0.050MChoA100\_P - 0.003MChoA200\_P + 0.010MChoA300\_P + 0.019MChoA400\_P + 0.019MChoA500\_P - 0.107PDen - 0.147CDen - 0.162PL + 0.068MMix - 0.063Num\_Bus + 0.172Num\_CME$

（式 5-9）

$F_{3\text{-}4} = -0.223Acc5\_M + 0.262Acc10\_M + 0.053MIntA500\_V - 0.259MIntA1000\_V - 0.123MIntA2000\_V + 0.038MIntA5000\_V + 0.213MIntA100\_P + 0.126MIntA200\_P + 0.187MIntA300\_P + 0.187MIntA400\_P + 0.187MIntA500\_P - 0.198MChoA100\_P - 0.143MChoA200\_P - 0.119MChoA300\_P - 0.131MChoA400\_P - 0.131MChoA500\_P + 0.130PDen - 0.152CDen - 0.044PL + 0.576MMix - 0.050Num\_Bus - 0.030Num\_CME$

（式 5-10）

$F_{3\text{-}5} = -0.001Acc5\_M - 0.158Acc10\_M + 0.125MIntA500\_V - 0.073MIntA1000\_V - 0.184MIntA2000\_V - 0.043MIntA5000\_V - 0.113MIntA100\_P + 0.062MIntA200\_P + 0.050MIntA300\_P + 0.050MIntA400\_P + 0.050MIntA500\_P - 0.039MChoA100\_P - 0.008MChoA200\_P - 0.036MChoA300\_P - 0.056MChoA400\_P - 0.056MChoA500\_P - 0.157PDen - 0.004CDen + 0.349PL - 0.073MMix + 0.552Num\_Bus + 0.299Num\_CME$

（式 5-11）

5.4.3 站区驻留人流密度的综合影响模型构建

研究在上述相关性分析与因子分析结果的基础上，用新生成的站区驻留人流密度综合影响变量进行多元回归分析，进而建立站区驻留人流密度的综合影响模型，考察在多维空间形态要素的共同作用下，各空间形态指标变量对站区驻留人流密度的单独贡献。

（1）拟合优度

借助 SPSS 统计分析工具，将综合影响变量 $F_{3\text{-}1}$ 步网构形与空间组成变量、$F_{3\text{-}2}$ 车网构形变量、$F_{3\text{-}3}$ 轨网构形变量、$F_{3\text{-}4}$ 功能构成变量、$F_{3\text{-}5}$ 公交设施变量一起纳入站区驻留人流密度的多元回归方程，采用进入法作线性回归分析，分析结果显示（表 5-12），在 5 个综合影响变量的共同作用下，模型达到了较好的拟合效果，其拟合优度R方达到0.911，说明有超过90%的日均驻留人流密度可通过步网构形与空间组成、车网构形、轨网构形、功能构成和公交设施5个综合影响变量共同预测得出。

表5-12 站区驻留人流密度模型汇总

模型	*R*	*R* 方	调整 *R* 方	标准估计的误差
1	0.955	0.911	0.800	0.44667078

预测变量：（常量），F_{3-1}，F_{3-2}，F_{3-3}，F_{3-4}，F_{3-5}

（2）模型检验

对上述加入了多维空间形态影响变量的站区驻留人流密度综合影响模型进行方差分析，以检验回归模型的整体线性关系是否显著。经SPSS运行的F检验结果如表5-13所示，检验结果显示回归模型的*F*值为8.222，*Sig.*值为0.031，由此可知研究所建立的站区驻留人流密度综合影响模型其方差分析满足要求，模型具有统计学意义。

（3）综合影响模型

根据模型回归系数*t*检验分析结果（表5-14），可得到有关中心型站区驻留人流密度的综合影响模型，其计算方程如下：

$$Y_{站区驻留人流密度} = 0.678F_{3-1} + 0.518F_{3-2} + 0.164F_{3-3} + 0.222F_{3-4} + 0.326F_{3-5}$$

（式5-12）

（4）指标变量的影响权重分析

观察模型中各自变量的标准系数，取其绝对值，可反映各自变量对因变量的影响程度，用以比较各综合影响变量在回归模型中的相对重要性。分析结果显示，各维度综合影响指标变量对站区驻留人流密度的影响重要性排序为步网构形与空间组成＞车网构形＞公交设施可达性＞功能构成＞轨网构形，其中步行路网构形与空间组成、车行路网

表5-13 站区驻留人流密度模型的方差分析

模型		平方和	*df*	均方	*F*	*Sig.*
1	回归	8.202	5	1.640	8.222	0.031
	残差	0.798	4	0.200		
	总计	9.000	9			

因变量：日均站区驻留人流密度（标准值）
预测变量：（常量），F_{3-1}，F_{3-2}，F_{3-3}，F_{3-4}，F_{3-5}

表5-14 站区驻留人流密度模型的回归系数*t*检验

模型		非标准化系数		标准系数	*t*	*Sig.*
		B	标准误差	试用版		
1	（常量）	1.659E −016	0.141	—	0.000	1.000
	F_{3-1}	0.678	0.149	0.678	4.555	0.010
	F_{3-2}	0.518	0.149	0.518	3.482	0.025
	F_{3-3}	0.164	0.149	0.164	1.102	0.332
	F_{3-4}	0.222	0.149	0.222	1.491	0.210
	F_{3-5}	0.326	0.149	0.326	2.191	0.094

构形和公交设施变量在 10% 的检验水平下表现显著，而站区内部步行路网的整体构形特征体现了最为重要的决定性影响。将站区驻留人流密度的综合影响模型结合前文各综合影响因子的表达式可进一步得到有关单项形态指标的权重分析结果，如表 5-15 所示。

表 5-15　站区驻留人流密度综合影响模型的指标权重分析

综合影响指标	权重	单项影响指标	权重
$F_{3\text{-}1}$ 步网构形与空间组成	0.678	步网 100m 平均整合度	−0.002
		步网 200m 平均整合度	0.065
		步网 300m 平均整合度	0.064
		步网 400m 平均整合度	0.064
		步网 500m 平均整合度	0.064
		步网 100m 平均选择度	0.052
		步网 200m 平均选择度	0.054
		步网 300m 平均选择度	0.052
		步网 400m 平均选择度	0.049
		步网 500m 平均选择度	0.049
		线密度	0.011
		交叉口密度	0.051
		人行道长度	0.105
$F_{3\text{-}2}$ 车网构形	0.518	车网 500m 平均整合度	0.100
		车网 1000m 平均整合度	0.086
		车网 2000m 平均整合度	0.067
		车网 5000m 平均整合度	0.079
$F_{3\text{-}3}$ 轨网构形	0.164	轨网 5 站可达度	0.040
		轨网 10 站可达度	0.001
$F_{3\text{-}4}$ 功能构成	0.222	功能混合度	0.021
$F_{3\text{-}5}$ 公交设施	0.326	巴士车站数	0.098
		与建筑结合出入口数	0.098

5.5 本章小结

以轨道交通车站地区为城市空间发展单元，将空间形态要素与站区人流活动联系起来，并探讨它们之间的关联性研究有助于指导当前城市建设及交通规划。基于上海市核心城区的 10 个轨道交通样本站点区域的调查数据，研究分别采用相关性分析、因子分析与多元回归分析方法，首先通过相关性分析方法对影响站区人流活动的单项空间形态指标变量进行初步筛选，再借助因子分析方法将有显著影响的多个单项指标变量组合成相互独立的少数几个能充分反映总体信息的综合影响指标，从而在不丢掉主要信息的前提下避开了变量间的共线性问题，最后通过所得综合指标变量分别建立站点客流量、站区通行人流密度和站区驻留人流密度的多元回归模型，并结合因子分析中的公因子转化公式，进而探讨各综合指标变量及各单项指标变量对站区人流活动的单独贡献。

研究证实，多个维度的空间形态指标变量均对站区人流活动呈现不同程度的影响：

（1）就总体而言，路网构形仍在站区整体人流活动中体现了最为重要的影响作用，样本站区的站点客流量、通行人流密度和驻留人流密度均较大程度地受到来自城市交通路网空间构形的决定性影响——其中站点与外部轨交路网在多个度量半径下的连通程度对站点客流量产生决定性影响；站区内部步行路网在多个度量半径下的整体构形特征是站区驻留人流密度的关键性影响变量；站区与外部车行路网在短距离度量半径下的连通程度对站区通行人流密度也发挥重要影响作用。

（2）而描述站区步行空间尺度特征的空间组成指标则仅在站区驻留人流密度模型中显示有较为重要的影响作用，它被证明与站区内部步行路网的整体构形特征较为相关。

（3）站区人流活动也受到功能构成指标的显著影响，反映站区空间开发规模的站区空间强度指标变量被证明对站点客流量有重要影响作用，而反映用地功能配置情况的功能混合度指标则被证明与站区通行活动与驻留活动密切相关。

（4）其他对站区人流活动较重要的影响来自站区公交设施的可达性评估指标。其中，公交设施的可达性如巴士车站数指标被证明对站点客流量与站区驻留人流密度有重要影响；反映轨交站点步行可达性的轨交出入口数，特别是与周边物业结合设置的轨交出入口数指标被证明与站点客流量、站区通行人流密度关系密切。

在多维度空间形态要素的共同作用下，站区人流活动综合影响模型取得了较好的拟合效果：其中站点客流量综合影响模型的拟合优度 R 方达到 0.728，站区通行人流密度综合影响模型的拟合优度 R 方达到 0.714，站区驻留人流密度综合影响模型的拟合优度 R 方达到 0.911，说明有超过 70% 的日均站点客流量、超过 70% 的日均通行人流密度以及超过 90% 的日均驻留人流密度均可通过多维空间形态指标变量共同预测得出。

第 6 章　轨道交通站区街道人流分布的综合影响分析
——以街道为基本分析单元

街道是城市生活的基本组织单元，其相互连接，形成一个个街区，并交织为一个整体，形成城市步行网络。与一般车行道路不同的是，街道不仅具有交通功能，也往往承载了多样化的城市公共活动。其中街道上所发生的那些丰富多彩的自发性与社会性活动往往被认为是街道活力的品质反映，而街道上以步行为基础的通行活动则被认为是街道活力产生的先决条件[①]。在上一章以站区为分析单元的人流活动研究中，有效的有关站区整体通行人流密度的空间形态解释因子较少，在此基础上，本章进一步选择轨道交通站区范围内各街道截面的通行人流活动作为主要研究对象，再分别从路网构形、空间组成、功能构成以及公交设施等多个维度考察基于街道单元的空间形态对人流分布的定量影响。本章研究选取 3 个位于上海市中心区并具有典型多层面特征的轨道交通站区作为本章研究的重点样本案例，分别是江湾 - 五角场站区、静安寺站区和徐家汇站区，基于相关调查数据尝试建立街道人流分布的综合影响模型，找寻影响街道人流分布的关键性空间形态设计要素，在此基础上构建直观简化并更具实际应用意义的街道人流分布评估模型。

---

① 陈喆，马水静 . 关于城市街道活力的思考 [J]. 建筑学报，2009（S2）：121-126.

6.1 模型构建方法概述

研究准备阶段需要采集的数据内容主要包括样本街道人流分布数据以及基于街道单元的空间形态数据。考虑到在模型分析中不同度量单位的度量指标可实现横向比较与叠加运算，为在实际测算中提供便捷，同时也为在实际应用中创造直观性表达的可能，因而将数据准备阶段所采用的人流分布调查数据和空间形态调查数据均设置为有序分类变量①，且所有变量均按数值大小设为四分类等级值②。

在探讨基于街道单元的空间形态对人流分布的综合影响之前，首先对人流分布的相关影响变量进行初步分析。本章研究所采用的是肯德尔（Kendall）相关分析方法，这里的肯德尔检验是一种适用于有序分类变量的相关性分析方法，主要用于确定两个分类变量之间的相关程度，在本研究中用以定量辨析所建立的基于街道单元的空间形态独立指标数据与人流分布调查数据之间是否存在显著相关，从而对影响变量进行初步筛选。研究中除了考察空间形态对街道人流分布的影响，也考虑到人流分布可能受到来自站区自身整体形态的影响，因而研究将 3 个样本案例各自基于站区单元的空间形态度量值也一并带入到相关性分析中。相关性分析通过肯德尔等级相关系数（Kendall's tau-b）来判断二者相关程度的大小③。

在对空间形态指标变量进行初步筛选后，再将多个具有显著影响作用的空间形态指标变量一并纳入模型中，并分别对各样本案例进行回归分析，建立回归方程。不同于一般连续型数值对应的回归分析方法，这里根据因变量的数据类型，相应选择的是多分类有序逻辑回归分析方法（Ordinal Logistic Regression）。相较于多元线性回归分析，逻辑回归因其可以测算具体的发生概率数值（Odds Ratio，简称 OR）而被认为更接近实际。通过有序逻辑回归分析，考察由多个空间形态指标变量得出的街道人流分布预测值与实际观测值达成的一致度与相似度，同时找寻影响街道人流分布的关键性因素，明确空间形态对街道人流分布的具体作用规律。

随后研究基于实际应用的考虑，在优化后的有序逻辑回归模型的基础上进一步建立

① 分类变量中分为无序分类变量和有序分类变量，前者指所分类别或属性之间无程度和顺序的差别，而后者的分类中则包含各类别之间的程度差别和等级关系。

② 由于所选案例均位于城市中心区，某些绝对型数值，如空间组成类和功能构成类数据，也包括人流分布数据均较为相似，也可直接用于相互比较，因而各案例分类等级值的设定区间采用统一标准；而对于其他相对型数值，由于分别基于各自路网求得，不可直接用于相互比较，如路网构形类和公交设施类数据，因而各案例分类等级值的设定区间采用不同标准。

③ 肯德尔等级相关系数是可反映分类变量相关性的指标，取值范围在 −1 到 1 之间，其绝对值可反映二者相关程度大小。当肯德尔等级相关系数为 1 时，表示两个随机变量拥有一致的等级相关性；当相关系数为 −1 时，表示两个随机变量拥有完全相反的等级相关性；当相关系数为 0 时，表示两个随机变量是相互独立的。

更具实用性的快速计算公式及可视化评估模型，从而实现对街道空间形态的定量快速计算，并为城市设计领域的设计师和决策者提供一种有关街道人流分布的快速评估手段。

6.2 轨道交通站区街道人流分布的相关影响因素

将基于街道单元的空间形态调查数据与人流分布调查数据进行肯德尔相关性分析，从而对影响街道人流分布的空间形态指标变量进行初步筛选，分析结果呈现一定的规律性特征（表 6-1），用以描述街道空间形态特征的路网构形、空间组成、功能构成及公交设施等指标变量中，多个空间形态指标变量与工作日或周末的街道人流分布呈显著相关。此外，肯德尔相关性分析中也加入了站区整体空间形态的差异化考虑，将 3 个样本案例各自的站区单元空间形态调查数据一并带入与街道人流分布的相关性分析中，分析结果中并未显示基于站区单元的整体空间形态与人流分布之间存在明显相关，这说明在目前选取的城市中心区样本案例中，站区间的空间形态差异并未直接反映在街道人流分布上。

表 6-1　基于街道单元的路网构形指标变量与人流分布的相关性分析结果

路网构形度量指标		江湾 - 五角场站		静安寺站		徐家汇站		总	
		工作日	周末	工作日	周末	工作日	周末	工作日	周末
街道单元	ChoA100_P	−0.027 0.762	−0.017 0.854	0.003 0.972	0.042 0.672	−0.076 0.413	−0.097 0.274	−0.041 0.452	−0.020 0.724
	ChoA300_P	**0.157^{+}** **0.058**	**0.170*** **0.035**	**0.301**** **0.001**	**0.294**** **0.001**	**0.146^{+}** **0.095**	**0.163^{+}** **0.056**	**0.190***** **0.000**	**0.193***** **0.000**
	ChoA500_P	**0.291***** **0.000**	**0.337***** **0.000**	**0.511***** **0.000**	**0.478***** **0.000**	**0.400***** **0.000**	**0.419***** **0.000**	**0.375***** **0.000**	**0.383***** **0.000**
	IntA100_P	−0.021 0.812	−0.012 0.884	**0.163^{+}** **0.079**	0.116 0.260	−0.113 0.166	−0.170 0.130	−0.002 0.969	−0.040 0.422
	IntA300_P	**0.309***** **0.000**	**0.301***** **0.000**	**0.345***** **0.000**	**0.382***** **0.000**	0.041 0.652	0.045 0.608	**0.220***** **0.000**	**0.207***** **0.000**
	IntA500_P	**0.480***** **0.000**	**0.480***** **0.000**	**0.378***** **0.000**	**0.417***** **0.000**	**0.185*** **0.026**	**0.168*** **0.048**	**0.344***** **0.000**	**0.344***** **0.000**
	TDepA_P	**−0.544***** **0.000**	**−0.592***** **0.000**	**−0.368**** **0.000**	**−0.463***** **0.000**	**−0.578***** **0.000**	**−0.575***** **0.000**	**−0.448***** **0.000**	**−0.496***** **0.000**
站区单元	AccT5s_M	—	—	—	—	—	—	0.025 0.656	0.013 0.834
	AccT10s_M	—	—	—	—	—	—	0.039 0.446	−0.054 0.319
	AccT20s_M	—	—	—	—	—	—	0.039 0.446	−0.052 0.319

$^{+}p < 0.1$，$^{*}p < 0.05$，$^{**}p < 0.01$，$^{***}p < 0.001$

注：呈现的数据结果包括肯德尔等级相关系数（Kendall’s tau-b）以及显著性 *Sig.* 值，分析结果中出现的显著相关性数值在表中均用粗体表示。

6.2.1 影响街道人流分布的路网构形因素

（1）街道中心性

肯德尔相关性分析结果显示（表 6-1），用以描述街道中心性的路网构形度量值对街道人流分布呈显著正相关影响，路网构形值越高即连通性越强的街道，其所产生的通行人流活动往往越大。站区步行路网中以 500m 计算半径的路网构形值对人流分布的影响最大，而小距离计算半径（如 R=100m）的路网构形度量值对人流分布影响并不显著。在江湾 - 五角场站区，与工作日 / 周末人流分布数据取得更高相关度的是 500m 分析半径下的街道整合度值（IntA500_R），p<0.001；在静安寺站区和徐家汇站区，则是 500m 分析半径下的街道选择度值（ChoA500_P）与工作日 / 周末人流分布数据取得了更高的相关度，p<0.001。

（2）垂直联系分布

另一个用以描述多层面步行路网构形特征的度量指标——垂直联系深度（TDepA_P）也被证明与人流分布密切相关，在 3 个研究案例中均显示距垂直联系越近的街道，其通行人流活动往往越大。这一规律在江湾 - 五角场和徐家汇案例中尤为突显，肯德尔等级相关系数（Kendall's tau-b）均超过 0.5，p<0.001；在静安寺案例中垂直联系深度与人流分布的相关度有所减弱，但仍在 1‰的检验水平下呈显著负相关（p<0.001）。这一计算结果与本书作者之前通过简单赋值法[①]获得的研究结论相符——在多层面步行路径系统中，“垂直联系分布不仅对与之相连路径的人流量产生直接影响，也对其周边路径产生间接影响”[②]。

（3）站区整体层面的空间构形特征

此外，研究也尝试考察站点自身在轨交路网中的构形差异是否对站区整体人流分布水平造成影响，因而在基于轨交路网的站点构形数据与街道人流分布数据之间建立相关性分析，对于多个样本站点的构形度量值，均未与人流分布之间呈现明显相关性。分析结果表明，位于城市中心区的轨道交通站区其人流分布更多的仍是受到来自站区内部道路网络结构关系的影响，而与站点自身在轨交路网中的连接程度并无明显关联。

6.2.2 影响街道人流分布的空间组成因素

（1）街道宽度

在基于街道单元的空间组成影响研究中，首先关注于街道自身宽度对人流分布的

① 在《多层面步行系统中垂直联系对人流预测模型的影响》一文中，用多个变量表示各路径与垂直联系的距离关系，本书提出的垂直联系深度度量值是其更为优化的替代变量，可同时反映每条路径与多个垂直联系的共同关系，也易通过分析软件直接获得。

② 庄宇，宋晓宇，戴晓玲 . 多层面步行系统中垂直联系对人流预测模型的影响 [J]. 同济大学学报：自然科学版，2014，42（7）：1051-1057.

影响。肯德尔相关性分析结果显示（表 6-2），3 个样本站区的人流分布均受到了街道宽度的显著影响，即被设计建造为更大宽度的街道其所容纳的通行人流也往往越大。其中又以平均街道最宽、宽度变化较多的江湾 - 五角场站区影响最大，其与工作日和周末人流分布的肯德尔等级相关系数（Kendall's tau-b）分别达到 0.571、0.554，显著性系数 p 值均小于 0.001；即使在静安寺和徐家汇案例中二者的相关程度稍弱，但也均在 1‰ 的检验水平下被证明呈显著正相关。

（2）街区周长

另一方面，研究也对街道人流分布与街道所在街区周长指标的相互关系进行考察。相关性分析数据表明（表 6-2），街道人流分布一定程度上受到街区周长的显著正相关影响，即街道所在街区的尺度越大，其街道所产生的通行人流活动越多，这一分析结果与常规所理解的小尺度街区更有利于促进步行活力的理念有所不同，而这与轨道交通站区环境所特有的空间形态特征有关。研究发现，样本案例中由于多层面空间连接及功能配置的需要，轨道交通站点周边往往邻接配有大型综合体的大尺度街区，这些区域往往活力较高、人流密集，因而呈现出大尺度街区活力强的特征，这一规律在圈层分布特点鲜明、街区尺度变化幅度较大的江湾 - 五角场站区尤为明显，站点周边邻接大尺度街区，站点外围邻接小尺度街区，其街区周长与工作日和周末人流分布的肯德尔等级相关系数（Kendall's tau-b）分别达到 0.346、0.415，显著性系数 p 值均小于 0.001。而在街区尺度方面表现得较为均质、差异不大的静安寺案例，其街区周长指标变量与街道人流分布之间的相关性较弱。

（3）站区整体层面的空间组成特征

在空间组成的影响研究中，另外加入以站点为度量单元的站区面积及站区线密度

表 6-2　基于街道单元的空间组成指标变量与人流分布的相关性分析结果

空间组成度量指标		江湾 - 五角场站		静安寺站		徐家汇站		总	
		工作日	周末	工作日	周末	工作日	周末	工作日	周末
街道单元	街道宽度	**0.571^{***}** **0.000**	**0.554^{***}** **0.000**	**0.388^{***}** **0.000**	**0.423^{***}** **0.000**	**0.483^{***}** **0.000**	**0.459^{***}** **0.000**	**0.322^{***}** **0.000**	**0.367^{***}** **0.000**
	街区周长	**0.346^{***}** **0.000**	**0.415^{***}** **0.000**	**0.185^{**}** **0.008**	0.104 0.216	**0.264^{**}** **0.002**	**0.246^{**}** **0.004**	**0.247^{***}** **0.000**	**0.260^{***}** **0.000**
站区单元	站区面积	—	—	—	—	—	—	−0.013 0.782	−0.009 0.852
	线密度	—	—	—	—	—	—	−0.025 0.656	0.054 0.341

$^{+}p < 0.1$，$^{*}p < 0.05$，$^{**}p < 0.01$，$^{***}p < 0.001$

注：呈现的数据结果包括肯德尔等级相关系数（Kendall's tau-b）与显著性 *Sig.* 值，分析结果中出现的显著相关性数值在表中均用粗体表示。

指标，考察人流分布是否受到站区整体层面空间组成特征的影响。相关性分析显示（表 6-2），位于城市中心区的轨道交通站区的整体层面空间组成特征，包括各样本站区的研究范围大小和站区线密度差异并未对人流分布构成显著影响，相较而言，街道人流分布仍是更多受到来自街道及其所在街区的微观尺度形态特征的影响。

6.2.3 影响街道人流分布的功能构成因素

（1）街区空间强度

在街区功能构成与人流分布的相关性分析中，3 个案例所呈现的分析结果有所不同。反映功能强度的街区空间强度指标变量被证明对人流分布呈一定程度的显著影响（表 6-3），主要体现在江湾 - 五角场站区和徐家汇站区，其街区空间强度指标与人流分布数据呈显著正相关，即街道所在街区的空间强度越大其产生的通行人流活动越多。二者中又以徐家汇站区的相关影响更大，肯德尔等级相关系数（Kendall' s tau-b）超过 0.3，显著性系数 $p<0.001$。而在静安寺站区，街道人流分布与街区空间强度指标之间的显著相关性较弱，这推测与静安寺案例的平均街区强度较高有关，其站区范围内高强度等级的街区较多，各街区空间强度之间的差异性较小，因而对人流分布的影响不明显。

（2）街区功能混合度

在江湾 - 五角场和徐家汇案例的相关性分析中（表 6-3），用以反映街区功能构成多样性程度的街区功能混合度指标变量也被证明与街道人流分布显著相关，以江湾 - 五角场站区的相关度更高，其与工作日和周末人流分布的肯德尔等级相关系数（Kendall' s tau-b）分别为 0.410、0.534，显著性系数 p 值均小于 0.001。分析结果证实，功能

表 6-3 基于街道单元的功能构成指标变量与人流分布的相关性分析结果

功能构成度量指标		江湾 - 五角场站		静安寺站		徐家汇站		总	
		工作日	周末	工作日	周末	工作日	周末	工作日	周末
街道单元	街区空间强度	**0.186**** **0.030**	**0.186*** **0.039**	**0.182*** **0.035**	0.106 0.221	**0.361***** **0.000**	**0.388***** **0.000**	**0.233***** **0.000**	**0.192***** **0.000**
	街区功能混合度	**0.410***** **0.000**	**0.534***** **0.000**	−0.116 0.194	−0.097 0.307	**0.248**** **0.003**	**0.226**** **0.004**	**0.190***** **0.000**	**0.246***** **0.000**
站区单元	站区空间强度	—	—	—	—	—	—	0.025 0.656	−0.054 0.341
	站区功能混合度	—	—	—	—	—	—	0.013 0.782	0.009 0.852

$^{+}p < 0.1$，$^{*}p < 0.05$，$^{**}p < 0.01$，$^{***}p < 0.001$

注：呈现的数据结果包括肯德尔等级相关系数（Kendall' s tau-b）与显著性 *Sig.* 值，分析结果中出现的显著相关性数值在表中均用粗体表示。

更为多样混合的地块有更大概率成为行人活动的目的场所，在研究样本中，这些功能混合度高的地块也大多分布于轨道交通站点周边。而在静安寺站区，人流分布与街区功能混合度并无呈现明显相关。

（3）站区整体层面的功能构成特征

在探讨功能构成与人流分布的相关影响研究中，也加入以站点为度量单元的站区总空间强度与站区总功能混合度变量，以考察人流分布是否受到站区整体层面功能构成特征的影响。肯德尔相关性分析中（表 6-3）并无显示人流分布受到站区总空间强度与总功能混合度的直接影响，这表明在城市中心区轨道交通站区，站区间的功能构成差异并不是影响街道人流分布的主要原因，其更多仍是受到所在街道或街区的功能容量及配置的具体影响。

6.2.4 影响街道人流分布的公交设施因素

（1）轨交站（出入口）分布

轨道交通站出入口是站区大规模人流的主要发生源点，站点出入口设置对站区人流走向和分布有重要影响，通过相关性分析（表 6-4）再次印证这一推测，3 个样本站区中人流分布与轨交站出入口的相关规律均表现明显，二者呈显著负相关，即距站点出入口越近的街道，其通行人流活动往往越大。相较而言，这一规律在江湾 - 五角场和徐家汇站区尤为明显，肯德尔等级相关系数（Kendall’s tau-b）均超过 0.4，显著性系数 p 值均小于 0.001；而在静安寺案例中，工作日人流围绕轨道交通站点呈圈层分布的特征相对较弱，这推测与静安寺的区位有一定关系，其位于城市中心城区的核心区域，站区外围邻接南京西路商务圈，区域内人流活动范围较大，站区活力覆盖面广，人流来源相对分散，对地铁站的依赖程度也相对较小。

（2）巴士站分布

对于倡导公交出行的轨道交通站区，巴士站点的分布往往对人流走向也起到了重要的引导作用。在相关性分析中（表 6-4），3 个样本案例均显示表征站区巴士站点分布的巴士站深度指标对人流分布呈显著的负相关影响，即距巴士站点越近的街道，其所产生的通行人流活动也往往越大。而相对于轨交站出入口分布对多层面人流分布的显著影响，巴士站点分布的影响更多体现在对地面层人流分布的影响上①。

（3）站区整体层面的公交设施特征

另外，研究也加入了以站点为度量单元的公交设施类指标变量，包括轨交站出入口数量与巴士站数量等。在 3 个样本案例的总体相关性分析中（表 6-4），站区公交设施指标并未对人流分布起到有效的解释作用，各站区间在轨交站出入口及巴士站点数量上

① 由地面层人流分布数据与巴士站深度值单独进行的相关性分析得出。

表 6-4 基于街道单元的公交设施指标变量与人流分布的相关性分析结果

公交设施度量指标		江湾 - 五角场站		静安寺站		徐家汇站		总	
		工作日	周末	工作日	周末	工作日	周末	工作日	周末
街道单元	轨交站深度	**−0.536***** **0.000**	**−0.486***** **0.000**	**−0.261**** **0.008**	**−0.430***** **0.000**	**−0.439***** **0.000**	**−0.475***** **0.000**	**−0.345***** **0.000**	**−0.398***** **0.000**
	巴士站深度	**−0.248**** **0.002**	**−0.250**** **0.003**	**−0.205*** **0.022**	**−0.183*** **0.046**	**−0.359**** **0.000**	**−0.397**** **0.000**	**−0.231***** **0.000**	**−0.227***** **0.000**
站区单元	轨交站出入口（数量）	—	—	—	—	—	—	0.025 0.656	−0.054 0.341
	巴士站出入口（数量）	—	—	—	—	—	—	0.025 0.656	−0.054 0.341

$^{+}p < 0.1$，$^{*}p < 0.05$，$^{**}p < 0.01$，$^{***}p < 0.001$

注：呈现的数据结果包括肯德尔等级相关系数（Kendall’s tau-b）与显著性 *Sig.* 值，分析结果中出现的显著相关性数值在表中均用粗体表示。

的差异并未对人流分布产生直接而明显的影响。这表明在城市中心区的轨道交通站区，站区间的公交设施总体数量差异并不是影响街道人流分布的主要原因，其更多仍是受到站区内公交设施分布的具体影响。

6.3 轨道交通站区街道人流分布的综合影响模型

6.3.1 模型构建

由相关性分析可知，多个用以描述街道与其周边空间形态特征的指标变量与站区实测人流分布密切相关，在此基础上，对相关空间形态指标变量进行筛选，仅选取与人流分布呈显著相关的空间形态指标变量进入模型。研究采用多分类有序逻辑回归分析方法，分别建立工作日和周末街道人流分布的综合影响模型，整合多个空间形态指标变量一并纳入回归方程中。通过逻辑回归分析，考察模型的实际预测能力，并找寻关键性影响变量，明确街道及周边空间形态对人流分布的具体作用规律。

根据肯德尔相关性分析结果可知，在多个度量半径下的步行路网构形指标变量与人流分布密切相关，但考虑到它们大多自身之间存在高度相关，共同进入模型会影响分析结果，所以仅选取在多个回归模型中表现最佳的 500m 半径选择度和垂直联系深度（TDepA_P）两个指标变量进入模型①，它们从不同方面定量反映了站区步行网络在三维层面上的连通程度。另外也包括空间组成

① 在确定进入站区人流分布综合影响模型的自变量时，虽然理论上尚不能确定 500m 半径选择度比 500m 半径整合度拥有更好的拟合效果，但在本书 3 个研究案例的 6 个回归模型中均为 500m 半径选择度取得了更好的拟合效果，这也是在路网构形类指标变量中最终选取 500m 半径选择度值的原因。

类别中的街道宽度与街区周长、功能构成类别中的街区空间强度与街区功能混合度、公交设施类别中的轨交站深度与巴士站深度等多个指标变量。根据前文肯德尔相关性分析的筛选结果，静安寺案例的功能构成类指标变量与人流分布无显著相关，但考虑到街区空间强度与街区功能混合度指标变量在江湾 - 五角场与徐家汇案例中仍发挥显著相关作用，为体现多维度空间形态指标的综合影响，这里仍将街区空间强度与街区功能混合度指标变量带入到静安寺案例的人流分布回归模型中。

在随后进行的回归分析中，可以看到有多个空间形态指标变量都不同程度地显示出对人流分布的显著影响，而只有用以描述街区尺度大小特征的街区周长指标变量，其各个等级值在 3 个研究案例的 6 个回归模型中均未呈现显著影响，*Sig*. 值均大于 0.1，这说明在城市中心区的轨道交通站区，在控制其他空间形态因素的影响下，街区尺度大小对人流分布的解释意义不大，因而在进一步模型中将其剔除。比较剔除街区周长指标后的模型拟合结果并无较大影响，下文得到的是剔除不显著变量街区周长后重新建立的较优模型。

6.3.2　模型检验

利用多组样本数据建立多分类有序逻辑回归分析模型，需首先对各回归模型自身进行检验，包括似然比检验、拟合优度检验及平行性检验，以判断模型的有效性，各逻辑回归模型的检验数据结果详见附录 G。

（1）似然比检验（Likelihood Ratio Test）

似然比检验的基本思想是比较有约束条件下的似然函数最大值与无约束条件下似然函数最大值，其比值越接近 1，表明模型中的解释变量对模型总体没有显著贡献，反之，该比值越接近 0，表明引入的解释变量对模型具有显著贡献[①]。在江湾 - 五角场案例的工作日模型中，似然比卡方检验结果显示最终模型和只含有常数项的无效模型相比，似然值从 265.333 下降到了 146.293，似然比卡方检验结果 $p<0.001$，说明至少有一个自变量系数不为 0，模型有意义。将同样的检验方法应用于静安寺和徐家汇案例的工作日和周末回归模型以及江湾 - 五角场案例的周末模型中，各自的似然比检验结果显示，根据各自样本数据建立的多分类有序逻辑回归模型均有统计学意义，p 值均小于 0.001，各模型至少有一个自变量系数不为 0。

（2）拟合优度检验（Goodness-of-Fit）

对模型进行 Pearson 与 Deviance 拟合优度检验，用以评价模型中因变量的变异有多少被自变量所解释，可通过回归分析结果中的 Diviance 和 Pearson 两个概率 p 值判断各回归模型的拟合情况，一般认为 p 值越高，

① 李玉光 . 软件入门与提高丛书：SPSS 19.0 统计分析入门与提高 [M]. 北京：清华大学出版社，2014.

模型拟合数据的优度越高。具体来说，在江湾-五角场案例的工作日回归模型中，其 Diviance 和 Pearson 两个概率 p 值分别为 1 和 0.466，周末模型的 Diviance 和 Pearson 概率 p 值分别为 1 和 0.427，可以看到，各概率 p 值均大于 0.05，可认为自变量和因变量是相关的，说明江湾-五角场案例的工作日/周末回归模型均拟合良好。用同样的检验方法考察其他回归模型，检验结果表明，在静安寺案例和徐家汇案例的工作日与周末回归模型中，Diviance 和 Pearson 概率 p 值也均大于 0.05，说明本书 3 个研究案例的 6 个回归模型均拟合良好。

（3）平行线检验（Test of Parallel Lines）

此外，有序多分类逻辑回归模型中也需要进行平行线检验，即检验不同因变量水平下各类别的斜率即各类别的参数是否相等。如果显著性水平大于 0.05 则认为平行，即适合做有序多分类逻辑回归分析。在本书的 3 个研究案例中，6 个回归模型均满足平行线检验的要求，显著性系数均大于 0.05，各有序多分类逻辑回归模型均显示有效。

6.3.3 影响因素的重要性分析

逻辑回归模型的一个重要用途，是被用作影响因素分析[①]，通过回归分析输出的参数估计结果，可帮助寻找决定因变量的关键性影响因素，并求出发生概率数值——在本研究中具体指的是在各空间形态指标变量的不同等级状态下形成某种街道人流活力度的概率。

虽然就目前的逻辑回归方程来说，并不易于明确各自变量的具体权重，但分析结果中的显著性和估值数据仍可帮助大致确定各自变量的重要性排序。在 3 个研究案例中，有多个等级值的空间形态指标变量对人流分布呈现显著影响，将其称之为街道人流分布的关键性影响变量；另外有某些空间形态指标变量参与到对街道人流分布的综合影响中，并在部分研究案例中有个别等级值呈现对人流分布的显著影响，将其称之为非关键性影响变量。由 3 个样本案例各自逻辑回归分析输出的参数估计结果（详见附录 H）可知，影响工作日/周末街道人流分布的关键性影响因素呈现一定的规律性特征，无论是工作日还是周末的街道人流分布均受到来自街道空间形态的重要影响，分别从路网构形、空间组成、功能构成以及公交设施等多个维度考察的街道空间形态对人流分布有重要的解释意义。由于工作日模型和周末模型的分析结果略有差异，在下文中将二者分别进行阐述。

（1）工作日模型

具体来说，轨道交通站区的工作日人流分布与站区步行路网的构形特征密切相关，在控制其他维度指标变量的情况下，用以描述站区步行路网在三维层面构形特征的指标

① 张文彤．世界优秀统计工具 SPSS 11 统计分析教程 高级篇 [M]. 北京：北京希望电子出版社，2002.

变量——500m半径选择度和垂直联系深度值在3个案例中均表现出显著的影响作用（*Sig.*<0.1）：其中又以500m半径选择度对人流分布的影响更为明显，其各个等级度量值的影响均表现显著，与人流分布均呈正相关，这表明在轨道交通站区连通程度更好，被穿行概率更大的街道其通行人流活动也往往更大；而垂直联系深度也被证明是一个有效表征三维路网构形的指标变量，回归分析表明在控制其他变量的情况下，其对工作日人流分布仍然产生重要影响，多个等级的垂直联系深度值与工作日人流分布呈显著负相关，垂直联系深度值越高即距垂直联系越近的街道其通行人流活动也往往越大，这在多层面步行路径连通程度较好、垂直联系设置较多的江湾-五角场案例中尤为明显。由分析结果可以看出，站区范围内行人活动半径较大，步行路网在500m半径下的连通程度直接作用于人流活动的分布，街道在三维层面的连通性对人流分布有决定性作用，连通性更好的街道往往可以促进更多人流活动的产生，从而带动街区乃至整个站区活力的提升。根据回归模型的参数估计结果，在控制其他空间形态指标变量的前提下，空间组成类别中的街道宽度也被证明对工作日人流分布有显著影响。在3个样本案例中，多个等级的街道宽度值与工作日人流分布均呈显著正相关（*Sig.*<0.1）。这说明在城市中心区的轨道交通站区，街道宽度的设计的确体现了对交通流量的考虑，以配合不同程度人流活动的需求，同时也说明街道宽度同样作用于人流活动，更宽敞的步行空间往往配合更丰富的使用功能①，也容易吸引更多的行人前往。

另外，在控制其他空间形态指标变量的情况下，功能构成类指标变量对工作日街道人流分布也显示了一定程度的影响，但相对于路网构形和空间组成类的指标变量来说，其单独解释作用较弱，这可能与所选站区街道功能的差异性较小有关。由回归分析输出的参数估计结果可知，在3个样本案例中，仅有个别等级值的街区空间强度或街区功能混合度与工作日街道人流分布显著相关（*Sig.*<0.1），即使在江湾-五角场案例的相关性分析中表现突出的街区功能混合度在这里也并无显著影响，这说明在综合模型中功能构成对人流分布的影响作用被消解，被其他更重要的影响变量替代。然而，这并不意味着街道所在街区的功能构成特征对工作日人流分布没有意义，虽然其对人流分布的单独解释作用较弱，但仍和其他维度的空间形态指标变量共同发挥作用，进一步的数据分析发现若将街区空间强度和街区功能混合度二者剔除则对回归模型的影响较大。数据证实在城市中心区的轨道交通站区，具有足够空间强度或较强功能混合度的街区往往意味着其自身具有较强的场所吸引力，在一定程度上支持更多的行人参与到街道/街区的功能活动中。

另一类用以描述公共交通设施在站区分

① 根据前文4.3.2中相关性分析结果，街道宽度与街区空间强度呈显著相关。

布特征的指标变量在3个样本案例的工作日模型中均表现较弱，仅有轨交站深度变量在江湾-五角场案例中呈现一定的显著负相关影响，而在其他两个案例模型中，由公共交通设施分布对人流分布带来的影响均被消解在其他空间形态要素的影响中，在控制其他维度空间形态指标变量的前提下，轨交站深度和巴士站深度对工作日人流分布均无显著影响。尽管如此，进一步的回归分析发现若将二者剔除则对回归模型影响较大，这说明公交设施指标变量对工作日人流分布仍有重要意义，并与其他维度的空间形态变量共同作用于工作日街道人流分布。

（2）周末模型

根据周末街道人流分布综合影响模型输出的参数估计分析结果，影响周末街道人流分布的关键性空间形态要素与工作日模型较为相似但也有所不同。

其中，用以描述站区多层面步行路网构形特征的500m半径选择度和垂直联系深度仍是对人流分布影响最大的指标变量——在3个样本案例的周末模型中，500m半径选择度的各个等级值均对人流分布产生显著正相关影响，而垂直联系深度也有多个等级值对人流分布呈显著负相关影响。此外，表征街道空间组成特征的街道宽度指标变量对人流分布也呈现重要影响作用，在控制其他空间形态指标变量的情况下，街道宽度的多个等级值对周末街道人流分布仍呈现显著正相关影响。由综合模型统计分析结果可知轨道交通站区多层面步行路网的空间构形及街道空间组成特征对街道人流分布始终有决定性影响作用。

另一方面，相较工作日模型，在周末模型中表现出明显变化的是巴士站深度指标。在控制其他空间形态指标变量情况下，巴士站深度的多个等级值在3个样本案例的周末人流分布模型中均呈显著负相关影响，这与周末人们短距离出行增多同时对公交巴士的依赖程度变高有关，因而在周末街道人流分布的综合影响模型中将巴士站深度也纳入为关键性影响变量。

另外，在周末人流分布的综合影响模型中，功能构成类指标变量依然表现普通，街区空间强度与街区功能混合度指标变量仅在部分案例中有个别等级值对人流分布呈显著影响，其在各模型中的表现有所不同，并没有表现出明显的规律性特征，但仍和其他变量一起共同发挥重要作用，因而与其他维度的空间形态指标变量一起纳入周末人流分布的综合影响模型中。

6.3.4 模型的解释作用

除了被用作影响因素分析，逻辑回归模型还有一个重要用途，即被作为一种判别分析方法，用以估计在各种自变量组合条件下预测值与观测值的一致性比率为多大[①]，

① 张文彤．世界优秀统计工具SPSS 11统计分析教程 高级篇[M]. 北京：北京希望电子出版社，2002.

在本研究中具体评估的是在各种空间形态指标变量的组合条件下，各等级的街道人流量发生概率为多大。通过有序逻辑回归分析，各模型均可得到一个预测变量即预测人流量值，将其与实际观测值作相关性分析，Gamma、Somers' D、Kendall's tau-b、tau-c①等检验及分析结果如表 6-5 所示。

由工作日 / 周末人流分布综合影响模型的分析结果（表 6-5）可以看到，在综合考虑包含多个维度的空间形态指标变量后，3 个样本案例模型各自得到的预测人流值与观测人流值之间均取得了较高的相关度。工作日模型显示：在江湾 - 五角场案例中，97 个有效人流预测点中，有 69 个显示与观测人流值完全一致，有 26 个与观测人流值有上下一个等级的差异，二者完全一致性比率达到 71%，相似度比率达到 98%；静安寺案例分析中，在 81 个有效人流预测点中，有 56 个预测点与观测人流值完全一致，有 20 个预测点与观测人流值存在上下一个等级的差异，预测值与观测值的完全一致性比率达到 69%，二者相似度达到 95%；在徐家汇案例的 95 个有效人流预测点中，有 58 个预测点与观测人流值完全一致，有 33 个与观测人流值有上下一个等级的差异，二者完全一致性比率超过 60%，相似度达到 96%。

周末模型的分析结果显示：在江湾 - 五角场案例中，97 个周末有效人流预测点中有 68 个预测点与观测人流值完全一致，有 29 个预测点与观测人流值有上下一个等级的差异，二者完全一致性比率超过 70%，相似度达到 99%；在静安寺案例中，在 81 个周末有效人流预测点中有 56 个预测点与观测人流值完全一致，有 21 个与观测人流

表 6-5　由多维形态指标构建回归模型得到的街道人流预测值与实际观测值的关联性检验

		Gamma	Somers' D	Tau-b	Tau-c	有效样本[b]	完全一致[b]	一级差异[b]	较大差异[b]
江湾 - 五角场	工作日	0.943	0.814	0.814	0.809	97（100%）	69（71%）	27（28%）	1（1%）
	周末	0.950	0.816	0.816	0.790	97（100%）	68（70%）	28（29%）	1（1%）
静安寺	工作日	0.791	0.642	0.642	0.614	81（100%）	56（69%）	20（26%）	5（6%）
	周末	0.850	0.708	0.708	0.691	81（100%）	56（69%）	21（26%）	4（5%）
徐家汇	工作日	0.857	0.701	0.701	0.695	95（100%）	58（61%）	33（35%）	4（4%）
	周末	0.916	0.743	0.743	0.731	95（100%）	59（62%）	36（38%）	0

① Gamma 主要用于两个有序变量之间的对称相关性测量，范围是从 −1 到 1，绝对值接近 1 的值表示两个变量之间存在紧密的关系，接近 0 的值表示关系较弱或者没有关系。Somers' D 主要用于两个有序变量之间的相关性测量，范围是从 −1 到 1，绝对值接近 1 的值表示两个变量之间存在紧密的关系，接近 0 的值表示关系较弱或者没有关系。Somers' D 是 Gamma 的不对称扩展。要根据行类别预测列类别常用 Somers' D 表示（引自 IBM Knowledge Center）。

值存在上下一个等级的差异，二者完全一致性比率为 69%，相似度达 95%；徐家汇案例中周末的 95 个有效预测点中与实际观测点完全一致数达 59 个，相差一个等级的预测点数为 36 个，二者完全一致性比率超过 60%，相似度达 100%。

综合上述分析结果可知，本研究所建立的工作日及周末街道人流分布综合影响模型与实际观测的街道人流分布数据有较高关联度，由基于街道单元的路网构形、空间组成、功能构成和公交设施四个维度构成的街道空间形态度量指标体系，在经过综合评估后得到的综合性预测值可对工作日和周末街道人流分布均有较高的解释作用，预测人流值与观测人流值的完全一致度超过 60%，相似度达到 95% 以上。在 3 组案例模型中，江湾 - 五角场案例模型取得了最好的拟合效果。

为了更清晰了解在综合考虑了多维空间形态指标影响后的人流分布回归模型在拟合效果上的优化，将各案例中仅考虑单维空间形态指标的拟合结果呈现在表 6-6 中并与表 6-5 作比对分析。分析结果表明：在单维度空间形态指标变量的影响分析中，各维度空间形态指标对街道人流分布仍有一定的解释作用，即使在拟合效果较差的静安寺案例中预测人流值与观测人流值的完全一致度也可达 35% 以上，相似度达到 75% 以上；综合各案例可看到仍然是路网构形类指标变量对街道人流分布有最强的解释能力，相较路网构形的单维影响模型，在考虑了多维空间形态指标变量的综合影响后，街道人流分布回归模型的拟合效果在完全一致度上可以再

表 6-6　由单维形态指标构建回归模型得到的街道人流预测值与实际观测值的关联性检验

		江湾 - 五角场			静安寺			徐家汇		
		完全一致	一级差异	较大差异	完全一致	一级差异	较大差异	完全一致	一级差异	较大差异
路网构形	工作日	57（59%）	29（30%）	11（11%）	44（54%）	31（38%）	6（7%）	49（52%）	39（41%）	7（7%）
	周末	58（60%）	31（32%）	8（8%）	44（54%）	31（38%）	6（7%）	45（47%）	49（52%）	1（1%）
空间组成	工作日	50（52%）	35（36%）	12（12%）	32（40%）	42（52%）	7（9%）	39（41%）	43（45%）	13（14%）
	周末	50（52%）	28（29%）	19（20%）	30（37%）	44（54%）	7（9%）	40（42%）	47（49%）	8（8%）
功能构成	工作日	48（49%）	34（35%）	15（15%）	38（47%）	31（38%）	12（15%）	37（39%）	39（41%）	19（20%）
	周末	55（57%）	26（27%）	19（20%）	29（36%）	32（40%）	20（25%）	37（39%）	50（53%）	8（8%）
公交设施	工作日	51（53%）	40（41%）	6（6%）	41（51%）	33（41%）	7（9%）	40（42%）	45（47%）	10（11%）
	周末	52（54%）	32（33%）	13（13%）	45（56%）	30（37%）	6（7%）	43（45%）	44（46%）	8（8%）

有 10%—25% 的提升，在相似度上有 1%—20% 的提升。

6.4　轨道交通站区街道人流分布综合影响模型的实际应用

数据化的回归分析可帮助我们对街道人流分布有更为准确、深刻、定量的认识，但从实际应用的角度，特别是对于城市设计领域的设计师和决策者来说，简化、直观并形象的评估模型是实操中更为需要的。基于实际应用的考虑，研究希望在前文逻辑回归方程的基础上得到更为精简的快速预判模型，从而实现对空间形态的定量快速计算并用于街道人流分布的评估预判中。

6.4.1　综合影响模型的应用型转化

据前文影响因素的重要性分析结果，在 3 个样本案例中有多个等级值均与人流分布呈显著相关的指标变量，将其称之为街道人流分布的关键性影响变量，其中工作日街道人流分布的关键性影响变量包括 500m 半径选择度、垂直联系深度和人行道宽度，周末街道人流分布的关键性影响变量包括 500m 半径选择度、垂直联系深度、人行道宽度以及巴士站深度。另外，有多个空间形态指标变量也参与到站区人流分布的综合影响中，在部分研究案例中它们的个别等级值显示出一定程度的显著影响，将其称之为非关键性影响变量，在工作日模型中非关键性影响变量包括街区空间强度、街区功能混合度、轨交站深度和巴士站深度等，周末模型中的非关键性影响变量包括街区空间强度、街区功能混合度、轨交站深度等。而描述街区尺度大小特征的街区周长指标变量在 3 个研究案例的 6 个回归模型中均未显示重要影响，因而在决策模型中将其剔除。

由于各指标变量均按等级划分并取 4 分类等级值，因而可将各指标变量直接进行叠加计算。依据各指标变量在街道人流分布模型中所表现的重要性程度不同，研究将其分为两类并加以重要性区分，据此可以建立一个应用型的快速预判模型（式 6-1 与式 6-2），并由此得到工作日 / 周末街道人流分布的预测变量 $P\_PF_{工作日}$ 和 $P\_PF_{周末}$，它们是对基于街道单元的路网构形、空间组成、功能构成及公交设施等多维度空间形态特征进行综合评估后得到的街道截面通行人流预测值，其计算公式如下：

$$P\_PF_{工作日} = 2\,ChoA500\_P + 2DepA\_T^{c} + 2PW + BFar + BMix + DepA\_M^{c} + DepA\_Bus^{c}$$ [①]

（式 6-1）

① 由于垂直联系深度（DepA_T）、轨交站深度（DepA_M）和巴士站深度（DepA_Bus）3 个度量值与站区人流分布均为负相关关系，为使各指标变量得到有效的叠加计算，研究将上述 3 个变量的等级值分别进行转换，即原先深度值最高的 4 级设为 1 级，深度值最低的 1 级设为 4 级，以此类推，公式中出现的 $DepA\_T^c$、$DepA\_M^c$ 和 $DepA\_Bus^c$ 均为转换后的深度值指标。

$$P\_PF_{周末} = 2\ ChoA500\_P + 2DepA\_T^c + 2PW + BFar + BMix + DepA\_M^c + 2DepA\_Bus^c$$
（式 6-2）

将由快速预判模型得到的工作日人流预测值 $P_PF_{工作日}$和周末人流预测值 $P_PF_{周末}$分别与实际人流观测数据作相关分析，分析结果（表 6-7）显示：在江湾 - 五角场案例的 97 个有效人流观测点中，分别有 66 个观测点的工作日人流预测值和周末人流预测值与实际人流观测值完全一致，工作日模型与周末模型的一致性比率均达 68%；在徐家汇案例的 95 个有效人流观测点中，分别有 61 个观测点的工作日人流预测值与 62 个观测点的周末人流预测值与实际人流观测值完全一致，工作日模型与周末模型的一致性比率分别达到 64% 和 65%；在功能构成类指标贡献较低的静安寺案例中，工作日模型的预测能力稍低，但在 81 个有效人流预测点中也有 49 个与工作日实际人流观测值完全一致，二者一致性比率达 60%，有 52 个观测点的周末人流预测值与实际人流观测值完全一致，二者一致性比率达到 64%。

表 6-7　由快速预判模型得到的街道人流预测值与实际观测值的关联性分析

		Gamma	Somers' D	Tau-b	Tau-c	有效样本数	完全一致数
江湾 - 五角场	工作日	0.883	0.665	0.665	0.652	97（100%）	66（68%）
	周末	0.911	0.694	0.694	0.684	97（100%）	66（68%）
静安寺	工作日	0.812	0.522	0.522	0.457	81（100%）	49（60%）
	周末	0.839	0.521	0.521	0.498	81（100%）	52（64%）
徐家汇	工作日	0.856	0.609	0.609	0.581	95（100%）	61（64%）
	周末	0.863	0.615	0.615	0.582	95（100%）	62（65%）

数据分析结果意味着由快速预判模型得到的工作日 / 周末人流分布预测变量 $P_PF_{工作日}$和 $P_PF_{周末}$的设定及计算公式均为有效，虽然不能确定模型中各指标变量的精确权重，但通过区分关键性影响变量和非关键性影响变量，并对其赋予不同的权重影响，可以得到较为理想的街道人流分布快速预判模型。借助这一计算模型，在城市中心区的轨道交通站区有超过 60% 的人流分布可仅通过对多个维度的街道空间形态进行快速评估而直接预测得出，相较工作日模型，定位了 4 个关键性影响变量的周末人流分布模型，显示出更好的解释能力。

6.4.2　综合影响模型的可视化表达

在前文得到的街道人流分布快速预判模型基础上，将其转化成雷达图使之得以可视化表达。雷达图的优势在于操作便捷，并可在平面图上直观反映参与影响的多个评估指标以及由多个评估指标共同作用的结果。具体的操作方法为：可将各个评估指标分别对应于雷达图的各个端点，连接各评估指标的得分点后所得到的区域面积即可被视为某一街道截面通行人流量的预测值，区域面积越大，其街道截面通行人流量越高即街道活力的预判系数越高。然而在雷达图的常规绘制方法中，各评估指标被均匀放置于多边形的各个顶点处，各评估指标的重要程度并不能被有效体现，因而如何将模型方程中各评估指标的影响程度如实反映在雷达图中成为本部分研究中需特别思考的问题。

在工作日和周末街道活力 $P_PF_{工作日}$和 $P_PF_{周末}$的快速预判公式中，共包含有 4 个维度的 7 个独立形态指标变量参与计算。通过区分关键性影响变量和非关键性影响变量，并叠加权重的考虑，从而将雷达图分为若干区间并分配给不同指标变量，其中每个关键性影响变量占据 2 个顶点，非关键性影响变量占据 1 个顶点。由于工作日街道活力模型与周末街道活力模型中的关键性影响变量有所不同，其各自的可视化雷达图也因此有所差异。在本书建立的雷达图模型中，每个区间分值分为 1、2、3、4 分共 4 个等级，分别从路网构形、空间组成、功能构成及公交设施等多个维度对街道空间形态进行综合评定，根据连接雷达图各个顶点最终得到的综合得分可将街道活力分为 3 个等级（图 6-1、图 6-2）——即工作日模型得分在 10—19 分，周末模型得分在 11—21 分区间内的为低活力街道（在雷达图中以浅灰示意）；工作日模型得分在 20—29 分，周末模型得分在 22—32 分区间内的为中活力街道（在雷达图中以中灰示意）；工作日模型

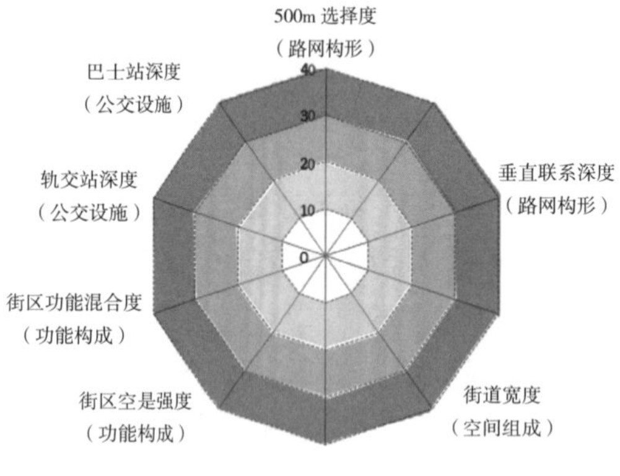

图 6-1　轨道交通站区工作日街道活力的可视化预判模型

注：关键性影响变量包括 500m 半径选择度、垂直联系深度和街道宽度，并分别占据 2 个区间；连线总得分在 10—19 分为低活力街道，20—29 分为中活力街道，30—40 分为高活力街道。

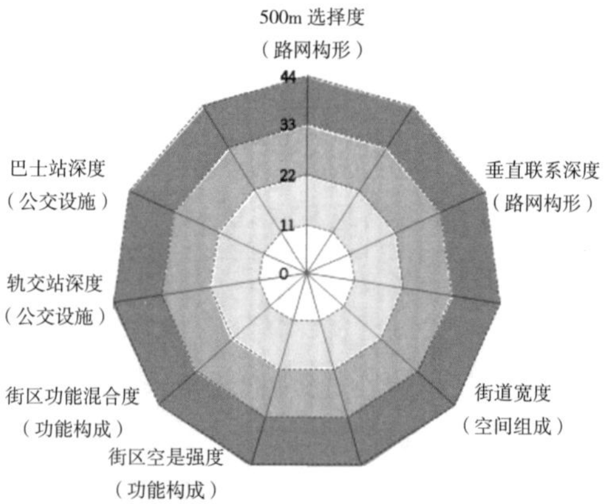

图 6-2　轨道交通站区周末街道活力的可视化预判模型

注：关键性影响变量包括 500m 半径选择度、垂直联系深度、街道宽度和巴士站深度，并分别占据 2 个区间；连线总得分在 11—21 分为低活力街道，22—32 分为中活力街道，33—44 分为高活力街道。

得分在30—40分，周末模型得分在33—44分区间内的为高活力街道（在雷达图中以深灰示意）。

为了更清晰说明雷达图的使用方法，以江湾-五角场站区为例，在样本案例江湾-五角场站区选取了3条街道作为示例，各自观测点ID分别为B2、A20、B13（图6-3），并分别绘制其工作日街道活力的可视化预判模型图（图6-4）。首先确定各示例街道在各项评估指标中的具体得分，并将各得分点进行连线，连线后所得到的区域面积即为示例街道各自的人流活力预判值。从图6-4中可以看到，距轨道交通站点较远的街道A20由于其在路网构形、空间组成、功能构成及公共设施类指标的各项得分均较低，总得分仅为14分（10—19分区间），因而被预测为低活力街道；而位于万达广场内的B13地面观测点，其在各个维度的空间形态指标中均有较高得分，总得分为36分（30—40分区间），因而被预测为高活力街道；而邻近万达广场的B2街道，由于其与周边步行路网连接性一般，在路网构形的两项指标中得分均较低，即使观测点距轨交站较近，所在街区功能混合度较高，但总得分仅为24分（20—29分区间），被预测为中活力街道。示例街道根据可视化预判模型得到的工作日活力预测值与实际观测值相符。

依据此方法，依次建立江湾-五角场案例中97条观测街道在工作日的活力等级预判结果（图6-5），并用颜色区分街道的预判活力等级，将模型预判结果与实际观测数据（图6-6）作比较可达到68%的一致度。

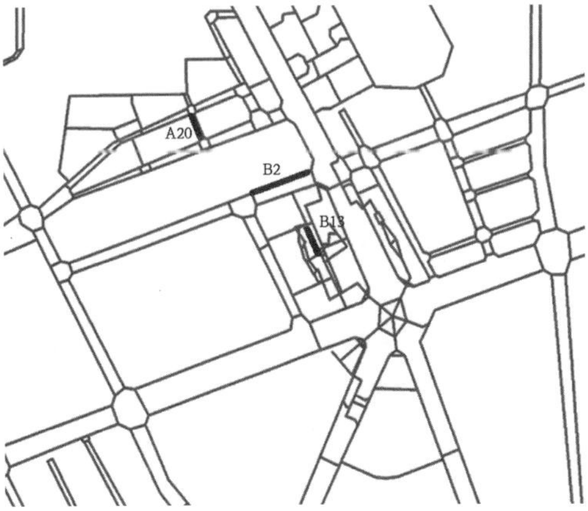

图6-3 江湾-五角场案例示例街道选择

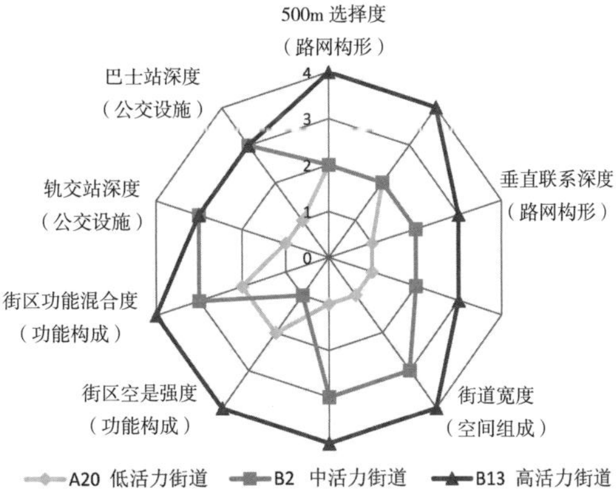

图6-4 江湾五角场案例示例街道的工作日活力等级预判示意

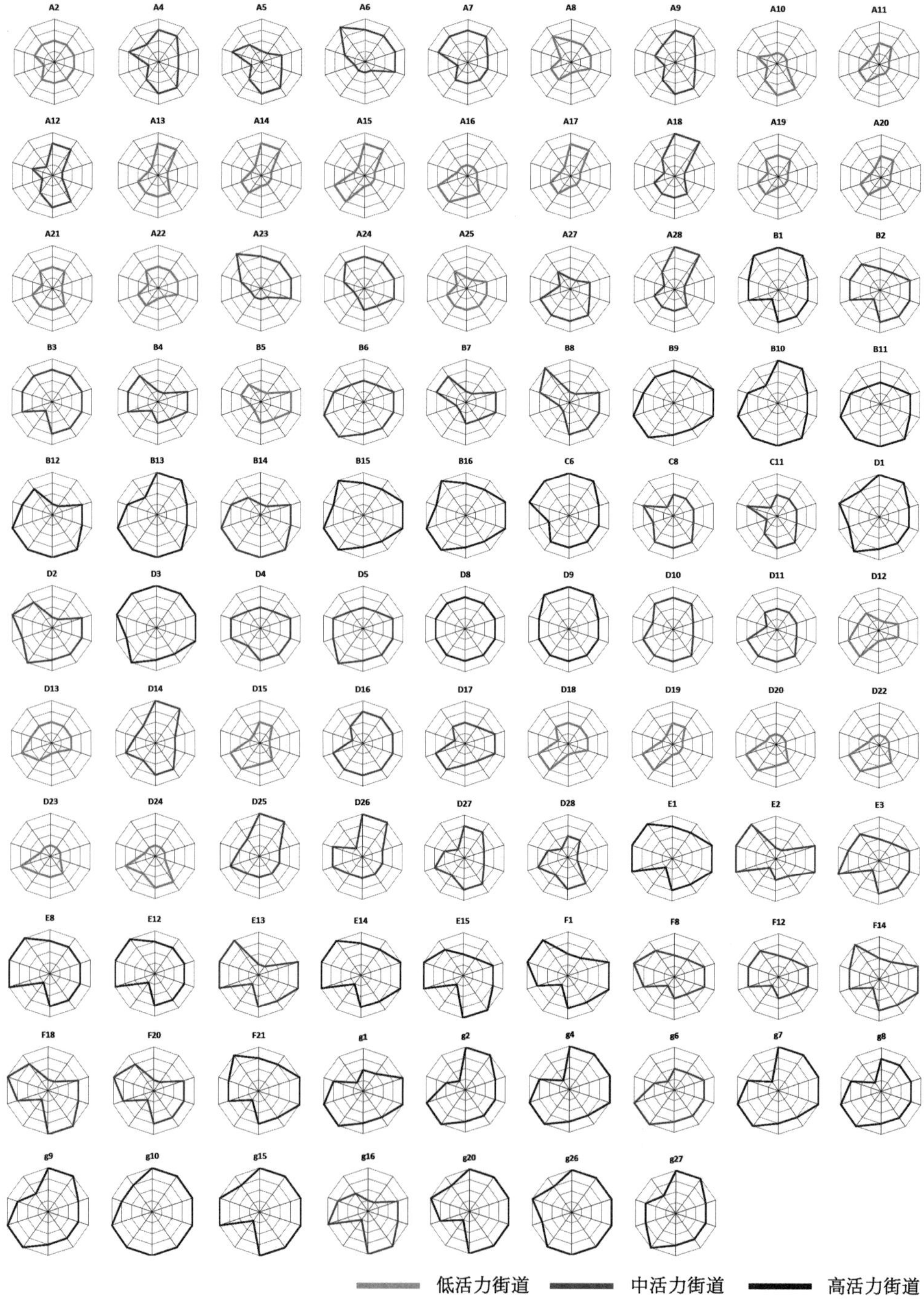

图 6-5　江湾 - 五角场站区工作日各观测街道的活力等级预判结果

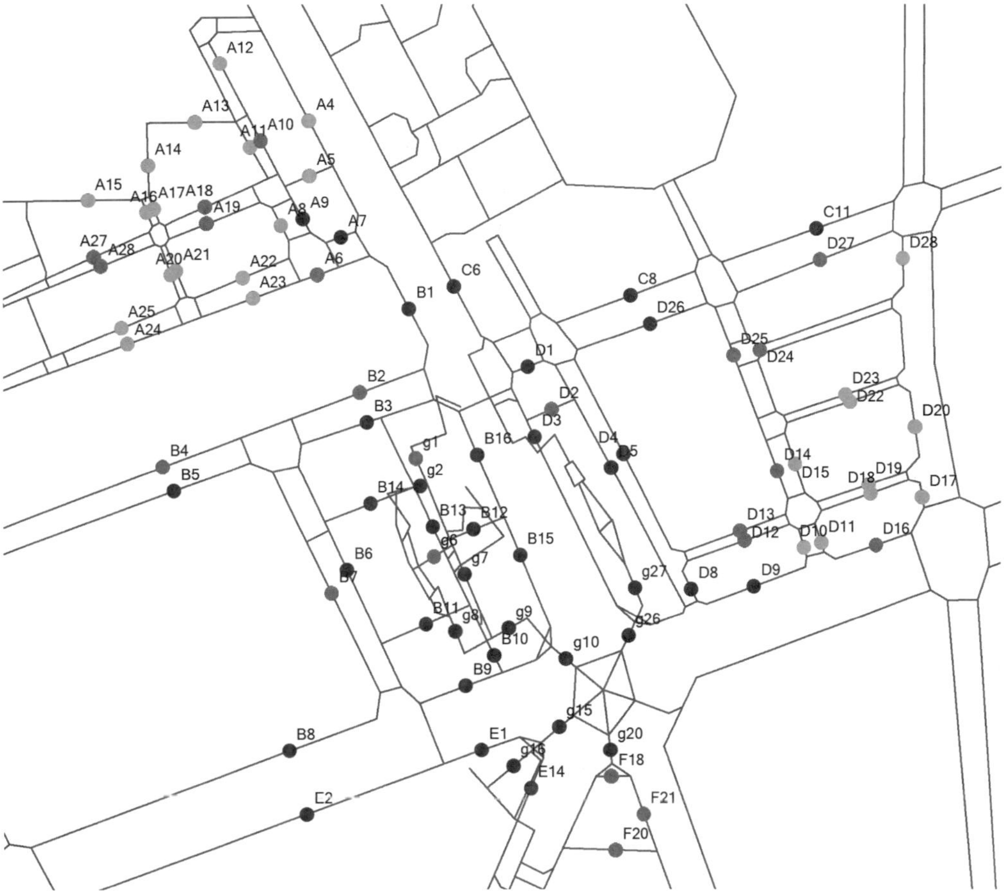

图 6-6　江湾 - 五角场站区工作日各观测街道的活力等级实测结果

6.5 本章小结

对轨道交通站区街道人流分布的评估预判是相关设计决策中的重要组成部分，从空间形态的视角出发，基于路网构形、空间组成、功能构成和公交设施等多个维度建立的街道人流分布预判模型，有助于设计师和决策者深化对空间形态与人流活动互动关系的理解，并进而制定更为科学有效的空间设计对策，以提升站区街道活力。

本章研究首先采用肯德尔相关分析方法，对街道人流分布的相关影响变量进行初步分析和筛选；在此基础上，采用多分类有序逻辑回归分析方法建立街道人流分布的综合影响模型，考察由多个空间形态指标变量得出的街道人流分布预测值与实际观测值达成的一致度与相似度，同时找寻影响街道人流分布的关键性空间形态因素，明确基于街道单元的空间形态特征对街道人流分布的具体作用规律；随后将优化后的人流分布综合影响模型转化成可实现快速测算的可视化评估模型，为相关设计决策者提供一种更具实际应用意义的街道活力快速预判手段。

研究发现，无论是工作日还是周末的街道人流分布均受到来自街道空间形态的重要影响，分别从路网构形、空间组成、功能构成以及公交设施等多个维度考察的街道空间形态对街道人流分布均有重要的解释意义。其中，工作日街道人流分布的关键性影响变量包括 500m 半径选择度、垂直联系深度和人行道宽度，周末街道人流分布的关键性影响变量包括 500m 半径选择度、垂直联系深度、人行道宽度以及巴士站深度，而街区空间强度、街区功能混合度、轨交站深度等作为非关键性影响变量也同样作用于街道人流分布。经综合评估后得到的综合性预测值可对工作日和周末街道人流分布均有较高的解释作用，预测人流值与观测人流值的完全一致度超过 60%，相似度达到 95% 以上，相较仅考虑单维空间形态因素的影响模型，多维影响模型的拟合效果在完全一致度上可以再有 10%—25% 的提升，在相似度上有 1%—20% 的提升。随后通过区分关键性影响变量和非关键性影响变量，并对其赋予不同的权重影响，可以得到较为理想的人流分布快速预判模型及相应的可视化评估模型图，借助这一计算模型，在城市中心区的轨道交通站区有超过 60% 的人流分布可仅通过对多个维度的街道空间形态进行快速评估而直接预测得出。

第 7 章　结论与展望

7.1 研究主要结论

考虑到不同分析尺度可反映不同细节程度的人流活动情况与空间形态特征，本研究分别以站区为基本分析单元（整体尺度）和以街道为基本分析单元（局部尺度）两个层面探讨轨道交通车站地区空间形态对人流活动的具体影响。其中整体尺度更强调从城市结构及站区整体层面进行讨论，而局部尺度则从行人使用的角度出发，关注于更小尺度的空间形态要素。研究的主要结论亦从两方面展开论述。

7.1.1 空间形态对站区人流活动的影响

研究将站点客流量、站区通行人流密度及站区驻留人流密度作为站区整体人流活力的量化表征，并从整体层面综合考察站区及周边空间形态对站区人流活动的具体影响。主要结论包括以下几点：

（1）站区人流活动受到多维空间形态的综合影响

研究显示，基于站区单元的人流活动受到来自多个维度空间形态指标变量的综合影响，包括站区及周边路网的空间构形、站区空间组成、站区功能构成、站区公交设施四个维度的形态特征。

具体来说，路网构形对站区人流活动的影响主要体现在：站区与外部轨交路网的连通程度与站点客流量及站区驻留人流密度显著相关；站区与外部车行路网的连通程度对站区通行人流密度和驻留人流密度影响显著；站区内部步行路网的整体构形特征则对站区驻留人流密度产生直接影响。一般来说，当站区在轨交路网和车行路网中处于越中心的位置，并且站区内部步行路网的整体连通程度越好，则易于促进站区步行活动，提升站区活力。

描述站区步行空间尺度特征的空间组成指标对站区人流活动也有一定程度的影响，其主要体现在对站区驻留人流密度的显著影响中，站区内一定的路网密度被证明对站区驻留活动产生积极的促进作用。

此外，站区人流活动也受到站区功能构成指标的显著影响，反映站区空间开发规模的站区空间强度指标变量被证明对站点客流量有重要影响作用，一定的站区空间建设强度往往带来更多使用人群，并反映在轨交客流量中；反映用地功能配置情况的功能混合度指标则被证明对站区通行活动与驻留活动有积极的促进作用，足够混合的站区功能配置往往容易支持更多的步行活动，促进站区活力。

其他对站区人流活动较重要的影响来自站区公交设施的可达性评估指标。其主要表现在：当轨交站点设置一定数量的出入口，并有更多出入口与周边物业结合设置，可有助于轨交站点与周围功能空间产生更多更便捷的连接，从而提高站点的步行可达性，促进更多轨道交通出行，并促进站点周边公共空间的使用率；另外，周末的站区驻留人流密度也受到站区巴士线路数量的显著影响，推测与周末人群通过公交巴士进行短距离出行的人数比例增高有关。

（2）路网构形在站区人流活动中体现了最为重要的影响作用

虽然基于站区单元的人流活动受到多个维度空间形态指标的显著影响，但研究发现路网构形仍是站区人流活动的主要影响因素，样本站区的站点客流量、通行人流密度和驻留人流密度均较大程度地受到来自城市交通路网空间构形的关键性影响。

其中，在多个度量半径下，站点与外部轨交路网的连通程度对站点客流量和站区驻留人流密度产生重要影响。数据表明，在较大研究半径（30/60min 出行距离被证明为最优评估半径）下，当站点在轨交路网中处于更为中心的位置，往往易于产生较高的站点客流量；在短距离出行半径（15/30min 出行距离）下，当站点在轨交路网中处于更为中心的位置，则往往易于促进站区更多驻留活动的产生。

站区与外部车行路网的连通程度同样对站区人流活动产生重要影响，其主要体现在对站区通行人流密度和驻留人流密度的显著影响中。在多个度量半径下，当站区与外部车行路网连通程度越好，则易于提高站区整体可达性，从而吸引更多人流，促进更多步行活动，提升站区活力。

此外，站区内部步行路网的构形特征也对站区人流活动发挥重要影响作用，其主要体现在对站区驻留人流密度的关键性影响中。在多个度量半径下，站区内部步行路网构形指标是站区驻留人流密度的关键性影响变量，特别在短距离计算半径（200—300m）下，当站区内部步行路网的整体连通程度越好，则越容易促进更多类似驻足、坐歇、交谈、休闲、娱乐等公共空间驻留活动的产生，从而提高公共空间的使用效率，促进站区活力。

（3）站区人流活动综合影响模型可取得较理想的拟合结果

研究分别采用相关性分析、因子分析与多元回归分析方法，首先借助相关性分析对影响站区人流活动的单项空间形态指标变量进行初步筛选，再通过因子分析方法将多个单项影响指标变量组合成相互独立的少数几个能充分反映总体信息的综合影响指标变量，从而在不丢掉主要信息的前提下避免了变量间的共线性问题，最后通过新生成的综合影响变量分别建立站点客流量、站区通行人流密度和站区驻留人流密度的多元回归模型，并结合公因子转化公式分别求得各个综合指标变量和单项指标变量的影响权重。

研究在考虑了多个空间形态影响因子后，站区人流活动综合影响模型取得了较理想的拟合结果：其中在公交设施、轨网构形与功能构成综合变量的共同作用下，站点客流量综合影响模型的拟合优度 R 方达到 0.728；在车网构形与功能构成以及步网构形与公交设施综合变量的共同作用下，站区通行人流密度综合影响模型的拟合优度 *R* 方达到 0.714；在步网构形与空间组成、车网构形、轨网构形、功能构成、公交设施等综合变量的共同作用下，站区驻留人流密度综合影响模型的拟合优度 R 方达到 0.911，这意味着对于城市中心型站区，有超过 70% 的日均站点客流量、超过 70% 的日均站区通行人流密度和超过 90% 的日均站区（主要公共空间）驻留人流密度可通过本研究所建立的综合影响模型预测得出。

7.1.2 空间形态对街道人流分布的影响

研究又以站区范围内各街道截面的通行人流活动作为主要研究对象，分别从路网构形、空间组成、功能构成以及公交设施等多个维度考察基于街道单元的空间形态对街道人流分布的定量影响。主要结论包括以下几点：

（1）空间形态自身表现为一个相互联系的有机整体

研究通过对空间形态要素的内在相互作用分析发现，基于街道单元的路网构形、空间组成、功能构成与公交设施之间彼此联系，共同构成了一个相互联系的有机整体。

一方面，街道路网构形既关系到空间尺度的设计建造，同时也对功能空间配置产生影响，例如：样本案例中整合度值越高的街道往往也正是那些为容纳更多人流活动而被设计为更宽的街道；与周边空间连通程度越好的街区往往也分配有更多的场所功能，从而促进更多步行活动的产生。

另一方面，站区整体又呈现了一种由人流效应引发的典型空间形态特征——即多个街道空间形态指标呈现与轨交站点相适应的分布趋势。研究显示邻近轨道交通站点的核心区域往往分布有路网构形等级高、连接性好的宽街道，并容易聚集较多的商业空间，而住宅空间则更多分布于远离轨交站的外围圈。

（2）街道人流分布受到多维空间形态的综合影响

基于街道单元的研究分析发现，无论是工作日还是周末的街道人流分布均受到来自街道空间形态的重要影响，分别从路网构形、空间组成、功能构成以及公交设施等多个维度考察的街道空间形态对人流分布均有重要的解释意义。

其中，用以描述步行路网中心性特征的整合度和选择度值以及用以描述步行路网多层面构形特征的垂直联系深度值均显示对街道人流分布有显著影响，路网构形值越高即连通性越强，或距垂直联系越近的街道，其通行人流量也往往越大，500m 步行路网计算半径被证明是最优评估半径。

无法在路网构形指标中体现的街道空间尺度特征也被证明对街道人流分布产生显著影响，街道宽度与街区周长均显示与人流分布关系密切，具体表现在：一定宽度的街道易于支持更多步行活动；人流密集的站点周边由于常邻接配有大型综合体的大尺度街区，因而呈现出大尺度街区活力强的特点。

此外，街区空间强度与街区功能混合度

被证明是街道人流分布的重要解释变量，具有一定空间建设强度并且功能更为多样混合的街区往往易于产生更多的步行活动。而公交设施的分布对街道人流分布也显示有重要影响作用，距轨交站点出入口或距巴士站点越近的街道，其通行人流量也往往越大。

经综合评估后得到的综合性预测值可对工作日和周末街道人流分布均有较高的解释作用，样本案例的预测人流值与观测人流值的完全一致度超过 60%，相似度达到 95% 以上。

（3）影响街道人流分布的关键性空间形态变量

通过建立多分类有序逻辑回归方程，可找寻影响街道人流分布的关键性空间形态变量。其中，影响工作日街道人流分布的关键性空间形态指标变量包括 500m 半径步行路网选择度、垂直联系深度和街道宽度；影响周末街道人流分布的关键性空间形态指标变量包括 500m 半径选择度、垂直联系深度、人行道宽度以及巴士站深度。另外，街区空间强度、街区功能混合度、轨交站深度等空间形态指标作为非关键性影响变量也同样对街道人流分布产生重要影响。

7.2 研究主要贡献

7.2.1 系统性梳理城市空间形态定量分析方法的发展脉络与度量工具

在新数据环境下，有关城市空间形态（特别是有关城市空间结构性特征）的定量分析再次得到推动发展，而目前相关领域鲜有研究对此进行系统性的梳理。本书基于大量文献阅读及实际应用的基础上，对城市空间形态定量分析方法的发展脉络进行梳理，并对当前较有代表性的几种城市空间形态定量分析工具进行总结，包括空间句法、多中心性评价、空间设计网络分析、场所句法工具、城市网络分析等，本书对各定量分析工具工作原理的总结可帮助我们在相关城市空间形态的研究及实践中更好地理解研究内容并有效选择相适用的分析工具。

7.2.2 建立站区空间形态定量分析的多维度框架

研究基于城市设计的视角，分别从路网构形、空间组成、功能构成和交通设施四个基本维度构建有关轨道交通站区空间形态的定量分析框架。区别于以往空间—行为的定量研究中易于限定在物质空间分析，而较少关注功能层面对行为活动的影响，本书将物质空间与功能配置二者进行有效整合，并将其归纳为四个基本维度：即描述空间连接性与组合关系等结构性特征的路网构形维度；描述空间长度、宽度、密度等尺度性特征的空间组成维度；描述功能强度及混合度等用地配置特征的功能构成维度；以及描述公交站点可达性特征的公交设施维度。在此基础上，建立多维度空间形态的度量指标体系，从而使站区空间形态得以度量，这为全面构建站区人流活动定量评估模型建立了基础。

7.2.3 构建站区人流活动的综合影响模型

以轨道交通车站地区为研究单元，借助一系列统计分析方法，将来自空间构形、空间组成、功能构成、公交设施等多个维度空间形态要素的影响考虑在内，分别建立站点客流量、站区通行人流密度、站区驻留人流密度和街道人流分布的综合影响模型，从而求得各空间形态指标变量的影响权重，找寻关键性影响变量，并取得较理想的拟合结果。

7.2.4 创建快速预判街道活力的应用工具

基于实际应用的考虑，研究将站区人流活动的统计模型进行应用型转化。依据各空间形态指标变量在统计模型中所表现的重要性程度不同，研究将影响街道人流分布的关键性变量和非关键性变量加以区分，并对其赋予不同的权重影响，进而建立街道人流分布的快速预判模型，并在此基础上将其转化成更具实际应用意义的可视化评估模型。

7.3 研究局限性与未来展望

在我国大力推进轨道交通建设的当下，将轨道交通站区作为城市活力营造的策略性城市节点，探讨在开发商考察市场潜力、顺应市场需求的同时，城市设计师或政府决策者应如何通过有效的城市设计手段对城市空间形态要素加以控制，从而在城市活力营造中发挥其必要作用，这一研究方向具有重要的现实意义，在今后亦将得到更多的关注。为进一步提高研究结果的精确性与普适性，针对本书研究的局限性与不足点，未来研究可考虑在以下几个方面进行优化和改进。

7.3.1 样本类型及数量进一步扩大

首先，可在地理分布及站点类型上继续扩大样本数量。由于研究中实际调查能力及数据资料获取难度所限，本书仅选择上海市中心城区的 10 个样本站区作为重点研究案例。事实上，上海市中心城区包含近百个轨道交通车站，未来研究可以继续增加案例样本数量，从而建立更准确的站区人流活动综合影响模型。同时，由于上海市的轨道交通线路伴随着居住使用土地不断地拓展而向城市外围不断延伸，因此增加非市中心区的样本案例研究同样具有重要实践意义。另外，尽管上海作为全国轨道交通建设最为发达的城市之一，对其轨道交通车站地区人流活动的研究具有示范意义，但增加其他城市（例如北京、广州、深圳、杭州等轨道交通建设相对发达的城市）的案例样本也许会获得更多样的数据，并可由此对我国不同城市的轨道交通发展做对比研究，进而引发更多对不同城市交通发展政策的探讨。因此，未来的研究应可进一步增加案例样本类型及数量并拓展其所在位置的地理分布。

7.3.2 数据采集方法进一步更新

可考虑在数据采集方法上结合当前不断更新的科技手段应用于未来研究中。尽管研究中已系统性梳理了城市空间形态定量分析方法的发展脉络与度量工具，并选取相应定量分析工具应用于本书的数据采集中，但在本书研究中仍有大量基础数据的获取依赖于传统的实地调查方法，其调查工作相当庞大并费时耗力。在新数据环境下，可考虑结合目前不断发展的科技手段辅助数据采集过程，如结合 GIS 地图、智能手机、智能手表等新型工具来追踪实时人流活动等，以带来信息更为精准、内容更为丰富的数据样本。与此同时，这种方法自身也简化了数据处理的过程，由新型调研工具所获取的基础数据可大大减少后期人工整理的操作步骤，研究者只需经过简单的数据整理甚至不需经过人工整理而直接将数据导入相应的城市定量分析软件或统计软件中，进一步提高数据处理的速度和精度。

7.3.3 交通路网类型进一步拓展

轨道交通车站地区作为城市重要交通枢纽是多种交通方式的转换点，叠加多种交通路网并探讨步行活动如何与其他交通方式进行转换对于站区人流活动研究具有重要意义。本研究中主要涉及的包括轨交路网、车行路网和步行路网三种传统交通路网，然而随着低碳—绿色城市策略下共享单车的井喷式发展以及网约车类型的大量涌现，与站区步行活动相衔接的交通路网类型进一步多样化。未来研究中可考虑在现有模型中加入更多类型的交通路网，如自行车路网、出租车路网等，并可充分利用“大数据资源库”获取大覆盖、高精度的即时数据，以支持研究的进一步拓展。

附录 A　10 样本站区人流活动调查数据

10 样本站区人流活动调查数据

	工作日 站点客流量	周末 站点客流量	工作日站区通行人流密度	周末站区通行人流密度	工作日站区驻留人流密度	周末站区驻留人流密度
江湾 - 五角场站	81 237	85 014	515	790	31	35
中山公园站	173 908	161 424	613	681	13	15
南京东路站	205 150	216 569	715	757	152	165
静安寺站	190 026	125 048	530	542	37	95
商城路 - 东昌路站	137 499	82 056	467	474	12	25
新天地 - 黄陂南路站	108 367	82 725	335	337	36	48
徐家汇站	200 991	188 228	563	571	66	86
四川北路站	37 796	23 386	393	355	51	52
打浦桥站	87 547	83 176	525	445	8	11
陆家嘴站	190 600	140 732	368	302	6	14

附录 B　10 样本站区空间形态调查数据

10 样本站区轨交路网构形度量值

	AccT5s_M	AccT10s_M	AccT20s_M
江湾 - 五角场站	6.92	57.4	478
中山公园站	16.62	106.9	744
南京东路站	15.18	107.8	807
静安寺站	15.59	109.2	788
商城路 - 东昌路站	14.06	93.9	732
新天地 - 黄陂南路站	14.39	105.1	777
徐家汇站	16.36	104.1	749
四川北路站	14.85	98.9	731
打浦桥站	13.07	97.5	735
陆家嘴站	14.36	104.5	797

10 样本站区车行路网构形度量值

	IntA500_V	IntA1000_V	IntA2000_V	IntA5000_V	ChoA500_V	ChoA1000_V	ChoA2000_V	ChoA5000_V
江湾 - 五角场站	54	116	305	1730	192	1433	13 186	392 658
中山公园站	42	116	418	1513	202	1870	22 603	424 354
南京东路站	70	223	612	2097	450	3653	28 135	466 545
静安寺站	50	103	317	1661	254	2049	18 062	416 772
商城路 - 东昌路站	38	105	284	1389	153	1168	8699	173 167
新天地 - 黄陂南路站	64	162	486	1888	549	4027	29 485	416 256
徐家汇站	58	145	398	1676	472	3350	22 277	471 931
四川北路站	52	180	537	1871	469	4455	39 744	589 807
打浦桥站	58	154	479	1731	612	4484	34 146	429 834
陆家嘴站	38	73	178	1123	280	1839	8379	151 299

10 样本站区步行路网构形度量值

	IntA100_P	IntA300_P	IntA500_P	ChoA100_P	ChoA300_P	ChoA500_P
江湾 - 五角场站	9.33	22.65	35.97	8.41	141.18	515.59
中山公园站	13.09	17.18	26.23	9.25	111.12	366.90
南京东路站	13.11	34.72	56.73	28.04	496.41	1821.33
静安寺站	14.98	26.01	42.19	16.73	215.10	714.50
商城路 - 东昌路站	13.22	21.18	33.69	12.25	170.83	600.10
新天地 - 黄陂南路站	13.26	32.58	54.26	30.86	491.46	1754.69
徐家汇站	13.10	24.57	40.66	25.48	278.60	975.81
四川北路站	13.74	32.20	53.72	36.08	539.84	1985.00
打浦桥站	9.04	18.02	28.84	6.57	87.25	325.99
陆家嘴站	10.81	20.19	32.56	9.60	168.55	619.03

10 样本站区空间组成、功能构成及公交设施度量值

	空间组成		功能构成		公交设施			
	Area	LDen_P	MFar	MMix	Num_Bus	Num_ME	Num_CME	Con_M
江湾 - 五角场站	148	178	1.60	0.97	67	8	4	2
中山公园站	137	119	2.51	0.85	56	10	5	4
南京东路站	119	309	2.85	0.99	30	7	5	3
静安寺站	134	173	2.35	0.98	76	9	5	3
商城路 - 东昌路站	144	165	2.29	0.90	38	9	1	3
新天地 - 黄陂南路站	169	244	1.91	0.92	58	6	5	3
徐家汇站	195	164	2.63	0.88	59	19	8	4
四川北路站	95	265	1.69	0.92	49	4	2	2
打浦桥站	103	158	2.96	0.90	43	4	4	2
陆家嘴站	104	191	3.25	0.66	21	6	2	2

附录C　3样本站区空间形态指标变量的相关性分析

江湾 - 五角场站区

	1	2	3	4	5	6	7	8	9	10	11	12	13
1.ChoA100_R													
2.ChoA300_R	0.594*** (0.000)												
3.ChoA500_R	0.394*** (0.000)	0.847*** (0.000)											
4.IntA100_R	0.590*** (0.000)	0.799*** (0.000)	0.634*** (0.000)										
5.IntA300_R	0.350*** (0.000)	0.672*** (0.000)	0.683*** (0.000)	0.636*** (0.000)									
6.IntA500_R	0.186^{+} (0.068)	0.433^{+} (0.068)	0.614*** (0.000)	0.345** (0.001)	0.743*** (0.000)								
7. 垂直联系深度	0.036 (0.725)	−0.106 (0.304)	−0.273** (0.007)	−0.065 (0.524)	−0.299** (0.003)	−0.614*** (0.000)							
8. 街道宽度	0.085 (0.406)	0.192^{+} (0.060)	0.179^{+} (0.079)	0.062 (0.545)	0.357*** (0.000)	0.512*** (0.000)	−0.611*** (0.000)						
9. 街区周长	−0.201* (0.049)	−0.202* (0.047)	−0.037 (0.720)	−0.205* (0.044)	0.057 (0.577)	0.324** (0.001)	−0.598*** (0.000)	0.426*** (0.000)					
10. 空间强度	0.272** (0.007)	0.396*** (0.000)	0.323** (0.001)	0.232* (0.022)	0.347** (0.001)	0.351*** (0.000)	−0.126 (0.219)	0.329** (0.001)	−0.430*** (0.000)				
11. 功能混合度	0.028 (0.784)	0.115 (0.262)	0.135 (0.187)	0.088 (0.391)	0.313** (0.002)	0.423*** (0.000)	−0.509*** (0.000)	0.472*** (0.000)	0.389*** (0.000)	0.161 (0.116)			
12. 商办出入口	−0.265 (0.009)	−0.071 (0.491)	−0.081 (0.433)	−0.116 (0.257)	0.036 (0.727)	0.059 (0.564)	−0.309** (0.002)	0.264** (0.009)	0.179^{+} (0.079)	0.115 (0.260)	0.378*** (0.000)		
13. 轨交站深度	−0.155 (0.130)	0.097 (0.347)	−0.140 (0.172)	−0.146 (0.153)	−0.145 (0.157)	−0.603*** (0.000)	0.787*** (0.000)	−0.531*** (0.000)	−0.708*** (0.000)	0.091 (0.377)	−0.377*** (0.000)	−0.236* (0.020)	
14. 巴士站深度	0.184^{+} (0.071)	0.137 (0.181)	−0.146 (0.153)	0.086 (0.403)	−0.098 (0.341)	−0.464** (0.000)	0.639*** (0.000)	−0.212* (0.037)	−0.489*** (0.000)	0.291** (0.004)	−0.140 (0.172)	−0.075 (0.468)	0.769*** (0.000)

$^{+}p < 0.1$，$^{*}p < 0.05$，$^{**}p < 0.01$，$^{***}p < 0.001$

静安寺站区

	1	2	3	4	5	6	7	8	9	10	11	12	13
1.ChoA100_R													
2.ChoA300_R	0.458***（0.000）												
3.ChoA500_R	0.228*（0.039）	0.843***（0.000）											
4.IntA100_R	0.439***（0.000）	0.756***（0.000）	0.542***（0.000）										
5.IntA300_R	0.378***（0.000）	0.829***（0.000）	0.844***（0.000）	0.543***（0.000）									
6.IntA500_R	0.114（0.307）	0.715***（0.000）	0.836***（0.000）	0.385***（0.000）	0.875***（0.000）								
7. 垂直联系深度	0.067（0.552）	−0.279*（0.011）	−0.508***（0.000）	−0.194^{+}（0.081）	−0.355**（0.001）	−0.445***（0.000）							
8. 街道宽度	−0.080（0.478）	0.085（0.448）	0.285**（0.009）	−0.112（0.317）	0.282*（0.010）	0.373**（0.001）	−0.469***（0.000）						
9. 街区周长	−0.379***（0.000）	−0.264*（0.017）	0.060（0.594）	−0.249*（0.024）	−0.255*（0.021）	−0.015（0.896）	−0.335**（0.002）	0.159（0.154）					
10. 空间强度	0.070（0.532）	0.285**（0.009）	0.206^{+}（0.063）	0.163（0.142）	0.343**（0.002）	0.373**（0.001）	−0.194^{+}（0.080）	0.348**（0.001）	−0.180（0.106）				
11. 功能混合度	0.113（0.317）	−0.034（0.761）	−0.093（0.411）	−0.024（0.830）	−0.097（0.387）	−0.093（0.410）	0.106（0.348）	0.188^{+}（0.092）	−0.096（0.394）	0.300**（0.007）			
12. 商办出入口	−0.096（0.392）	0.088（0.431）	0.268*（0.015）	−0.128（0.252）	0.235*（0.034）	0.281*（0.010）	−0.443***（0.000）	0.398***（0.000）	0.170（0.127）	0.173（0.120）	0.053（0.639）		
13. 轨交站深度	0.094（0.399）	−0.331**（0.002）	−0.523***（0.000）	−0.104（0.351）	−0.471***（0.000）	−0.636***（0.000）	0.742***（0.000）	−0.460***（0.000）	−0.204^{+}（0.066）	−0.352**（0.001）	−0.011（0.921）	−0.477***（0.000）	
14. 巴士站深度	−0.036（0.745）	−0.144（0.196）	−0.229*（0.038）	−0.044（0.697）	−0.138（0.217）	−0.053（0.635）	0.056（0.615）	−0.045（0.687）	−0.060（0.591）	0.123（0.270）	0.361**（0.001）	0.212^{+}（0.056）	−0.295**（0.007）

$^{+}p < 0.1$，$^{*}p < 0.05$，$^{**}p < 0.01$，$^{***}p < 0.0C1$

徐家汇站区

	1	2	3	4	5	6	7	8	9	10	11	12	13
1.ChoA100_R													
2.ChoA300_R	0.408*** （0.000）												
3.ChoA500_R	0.215* （0.035）	0.795*** （0.000）											
4.IntA100_R	0.132 （0.197）	0.339** （0.001）	0.250* （0.013）										
5.IntA300_R	0.069 （0.500）	0.707*** （0.000）	0.675*** （0.000）	0.303** （0.003）									
6.IntA500_R	0.005 （0.961）	0.578*** （0.000）	0.744*** （0.000）	0.225* （0.026）	0.841*** （0.000）								
7. 垂直联系深度	0.065 （0.525）	−0.126 （0.218）	−0.374*** （0.000）	0.076 （0.458）	−0.033 （0.749）	−0.210* （0.039）							
8. 街道宽度	−0.155 （0.129）	0.110 （0.286）	0.236* （0.020）	0.034 （0.744）	0.245* （0.015）	0.266** （0.008）	−0.341** （0.001）						
9. 街区周长	−0.059 （0.563）	−0.255* （0.012）	0.016 （0.877）	−0.132 （0.197）	−0.362*** （0.000）	−0.293** （0.004）	−0.308** （0.002）	0.006 （0.954）					
10. 空间强度	−0.100 （0.330）	−0.110 （0.282）	0.000 （0.999）	−0.026 （0.802）	−0.177+ （0.083）	−0.084 （0.413）	−0.419*** （0.000）	0.203* （0.047）	−0.084 （0.413）				
11. 功能混合度	0.006 （0.953）	0.122 （0.248）	0.067 （0.530）	−0.052 （0.623）	−0.035 （0.740）	−0.021 （0.846）	−0.502*** （0.000）	0.074 （0.484）	−0.085 （0.421）	0.415*** （0.000）			
12. 商办出入口	−0.076 （0.458）	0.000 （0.996）	0.194+ （0.056）	−0.209* （0.040）	−0.039 （0.706）	−0.029 （0.776）	−0.384*** （0.000）	0.168 （0.101）	0.075 （0.463）	0.396*** （0.000）	0.312** （0.003）		
13. 轨交站深度	0.103 （0.315）	−0.161 （0.116）	−0.405*** （0.000）	−0.045 （0.664）	−0.048 （0.640）	−0.248* （0.014）	0.745*** （0.000）	−0.322** （0.001）	−0.234* （0.021）	−0.391*** （0.000）	−0.626*** （0.000）	−0.375*** （0.000）	
14. 巴士站深度	0.208* （0.041）	−0.005 （0.964）	−0.204* （0.045）	−0.004 （0.971）	−0.133 （0.196）	−0.181+ （0.077）	0.356*** （0.000）	−0.288** （0.004）	−0.337** （0.001）	0.179+ （0.079）	0.070 （0.508）	0–.021 （0.839）	−0.248* （0.014）

$^{+}p < 0.1$，$^{*}p < 0.05$， $^{**}p < 0.01$， $^{***}p < 0.001$

附录 D　10 样本站点客流量的空间形态影响因子分析

站点客流量的公因子方差

	初始	提取
轨网 5 站可达度	1.000	0.862
轨网 10 站可达度	1.000	0.910
轨网 20 站可达度	1.000	0.905
站区空间强度	1.000	0.875
站区巴士车站数	1.000	0.826
轨交换乘线路数	1.000	0.919
轨交出入口数	1.000	0.862
与建筑结合出入口数	1.000	0.674

提取方法：主成分分析

站点客流量影响因子的解释总方差

成分	初始特征值			提取平方和载入			旋转平方和载入		
	合计	方差的 %	累积 %	合计	方差的 %	累积 %	合计	方差的 %	累积 %
1	4.163	52.033	52.033	4.163	52.033	52.033	2.617	32.708	32.708
2	1.957	24.464	76.496	1.957	24.464	76.496	2.431	30.390	63.098
3	0.712	8.904	85.400	0.712	8.904	85.400	1.784	22.302	85.400
4	0.526	6.580	91.980						
5	0.417	5.218	97.198						
6	0.156	1.951	99.149						
7	0.057	0.706	99.855						
8	0.012	0.145	100.000						

提取方法：主成分分析

站点客流量的成分矩阵

	成分	
	1	2
轨网 5 站可达度	0.863	0.056
轨网 10 站可达度	0.743	0.502
轨网 20 站可达度	0.632	0.681
站区空间强度	0.288	0.759
站区巴士车站数	0.661	−0.510
轨交换乘线路数	0.898	−0.333
轨交出入口数	0.719	−0.536
与建筑结合出入口数	0.788	−0.062

提取方法：主成分分析
a. 已提取了 2 个成分

站点客流量的旋转成分矩阵

	成分	
	1	2
轨网 5 站可达度	0.516	0.694
轨网 10 站可达度	0.351	0.825
轨网 20 站可达度	0.161	0.915
站区空间强度	−0.171	0.794
站区巴士车站数	0.832	−0.069
轨交换乘线路数	0.935	0.208
轨交出入口数	0.895	−0.059
与建筑结合出入口数	0.695	0.376

提取方法：主成分分析
旋转法：具有 Kaiser 标准化的正交旋转法

站点客流量的成分得分系数矩阵

指标		成分	
		F_{1-1}	F_{1-2}
轨网 5 站可达度	Acc5_M	0.137	0.158
轨网 10 站可达度	Acc10_M	0.011	0.312
轨网 20 站可达度	Acc20_M	−0.061	0.374
站区空间强度	MFar	−0.153	0.363
巴士车站数	Num_Bus	0.275	−0.133
轨交换乘线路数	Con_M	0.274	−0.026
轨交出入口数	Num_ME	0.294	−0.136
与建筑结合出入口数	Num_CME	0.176	0.076

提取方法：主成分分析
旋转法：具有 Kaiser 标准化的正交旋转法
构成得分

附录 E　10 样本站区通行人流密度的空间形态影响因子分析

站区通行人流密度的公因子方差比

	初始	提取
车网 500m 平均整合度	1.000	0.915
车网 1000m 平均整合度	1.000	0.921
步网 200m 平均整合度	1.000	0.529
功能混合度	1.000	0.833
轨交出入口数	1.000	0.810
与建筑结合出入口数	1.000	0.669

提取方法：主成分分析

站区通行人流密度影响因子的解释总方差

成分	初始特征值			提取平方和载入			旋转平方和载入		
	合计	方差的 %	累积 %	合计	方差的 %	累积 %	合计	方差的 %	累积 %
1	2.698	44.971	44.971	2.698	44.971	44.971	2.693	44.879	44.879
2	1.634	27.233	72.204	1.634	27.233	72.204	1.640	27.325	72.204
3	0.999	16.651	88.855						
4	0.409	6.809	95.664						
5	0.203	3.391	99.055						
6	0.057	0.945	100.000						

提取方法：主成分分析

站区通行人流密度的成分矩阵

	成分	
	1	2
车网 500m 平均整合度	0.946	0.143
车网 1000m 平均整合度	0.959	−0.034
步网 200m 平均整合度	0.027	0.532
功能混合度	0.907	0.102
轨交出入口数	−0.246	0.865
与建筑结合出入口数	0.004	0.755

提取方法：主成分分析
a. 已提取了 2 个成分

站区通行人流密度的旋转成分矩阵

	成分	
	1	2
车网 500m 平均整合度	0.954	0.075
车网 1000m 平均整合度	0.954	−0.103
步网 200m 平均整合度	0.065	0.529
功能混合度	0.912	0.036
轨交出入口数	−0.183	0.881
与建筑结合出入口数	0.058	0.752

提取方法：主成分分析
旋转法：具有 Kaiser 标准化的正交旋转法

站区通行人流密度的成分得分系数矩阵

		成分	
		F_{2-1}	F_{2-2}
车网 500m 平均整合度	MIntA500_V	0.356	0.062
车网 1000m 平均整合度	MIntA1000_V	0.353	−0.046
步网 200m 平均整合度	MIntA200_P	0.034	0.324
功能混合度	MMix	0.340	0.038
轨交出入口数	Num_ME	−0.053	0.535
与建筑结合出入口数	Num_CME	0.035	0.461

提取方法：主成分分析
旋转法：具有 Kaiser 标准化的正交旋转法
构成得分

附录 F　10 样本站区驻留人流密度的空间形态影响因子分析

站区驻留人流密度的公因子方差比

	初始	提取
轨网 5 站可达度	1.000	0.969
轨网 10 站可达度	1.000	0.856
车网 500m 平均整合度	1.000	0.983
车网 1000m 平均整合度	1.000	0.960
车网 2000m 平均整合度	1.000	0.978
车网 5000m 平均整合度	1.000	0.988
步网 100m 平均整合度	1.000	0.857
步网 200m 平均整合度	1.000	0.987
步网 300m 平均整合度	1.000	0.993
步网 400m 平均整合度	1.000	0.993
步网 500m 平均整合度	1.000	0.993
步网 100m 平均选择度	1.000	0.977
步网 200m 平均选择度	1.000	0.974
步网 300m 平均选择度	1.000	0.987
步网 400m 平均选择度	1.000	0.984
步网 500m 平均选择度	1.000	0.984
线密度	1.000	0.908
交叉口密度	1.000	0.896
人行道长度	1.000	0.957
功能混合度	1.000	0.925
巴士车站数	1.000	0.932
与物业结合出入口数	1.000	0.894

提取方法：主成分分析

站区驻留人流密度影响因子的解释总方差

成分	初始特征值			提取平方和载入			旋转平方和载入		
	合计	方差的 %	累积 %	合计	方差的 %	累积 %	合计	方差的 %	累积 %
1	12.990	59.046	59.046	12.990	59.046	59.046	9.829	44.676	44.676
2	2.959	13.449	72.496	2.959	13.449	72.496	4.436	20.163	64.839
3	2.617	11.897	84.393	2.617	11.897	84.393	2.627	11.941	76.780
4	1.400	6.363	90.756	1.400	6.363	90.756	2.106	9.573	86.353
5	1.009	4.588	95.344	1.009	4.588	95.344	1.978	8.990	95.344
6	0.575	2.613	97.957						
7	0.232	1.054	99.010						
8	0.133	0.604	99.614						
9	0.085	0.386	100.000						

提取方法：主成分分析

站区驻留人流密度的成分矩阵

	成分				
	1	2	3	4	5
轨网 5 站可达度	0.223	−0.383	0.832	−0.253	−0.127
轨网 10 站可达度	0.356	−0.256	0.657	−0.265	0.403
车网 500m 平均整合度	0.588	0.744	0.240	0.157	−0.040
车网 1000m 平均整合度	0.647	0.607	0.140	−0.244	−0.307
车网 2000m 平均整合度	0.652	0.551	0.297	−0.386	−0.111
车网 5000m 平均整合度	0.719	0.677	0.081	−0.074	−0.015
步网 100m 平均整合度	0.653	−0.543	0.141	−0.137	0.311
步网 200m 平均整合度	0.975	−0.115	0.008	0.108	0.108
步网 300m 平均整合度	0.970	0.059	−0.092	0.136	0.151
步网 400m 平均整合度	0.970	0.059	−0.092	0.136	0.151
步网 500m 平均整合度	0.970	0.059	−0.092	0.136	0.151
步网 100m 平均选择度	0.892	−0.347	0.017	−0.171	−0.180
步网 200m 平均选择度	0.920	−0.302	−0.093	−0.084	−0.146
步网 300m 平均选择度	0.938	−0.270	−0.090	−0.116	−0.115
步网 400m 平均选择度	0.927	−0.281	−0.089	−0.150	−0.121
步网 500m 平均选择度	0.927	−0.281	−0.089	−0.150	−0.121
线密度	0.780	0.054	−0.521	−0.109	0.118
交叉口密度	0.844	−0.063	−0.372	−0.024	−0.203
人行道长度	0.834	0.003	−0.038	0.481	−0.172
功能混合度	0.649	0.391	−0.047	0.113	0.579
巴士车站数	0.397	−0.339	0.341	0.718	−0.164
与物业结合出入口数	0.274	0.166	0.845	0.271	−0.065

提取方法：主成分分析

a. 已提取了 5 个成分

站区驻留人流密度的旋转成分矩阵

	成分				
	1	2	3	4	5
轨网 5 站可达度	0.138	0.070	0.904	− 0.308	0.183
轨网 10 站可达度	0.170	0.049	0.874	0.248	− 0.001
车网 500m 平均整合度	0.102	0.893	− 0.022	0.312	0.276
车网 1000m 平均整合度	0.338	0.919	0.015	− 0.029	− 0.025
车网 2000m 平均整合度	0.304	0.890	0.263	0.078	− 0.133
车网 5000m 平均整合度	0.317	0.886	− 0.030	0.317	0.042
步网 100m 平均整合度	0.689	− 0.197	0.514	0.280	0.033
步网 200m 平均整合度	0.824	0.259	0.175	0.368	0.271
步网 300m 平均整合度	0.770	0.359	0.036	0.465	0.232
步网 400m 平均整合度	0.770	0.359	0.036	0.465	0.232
步网 500m 平均整合度	0.770	0.359	0.036	0.465	0.232
步网 100m 平均选择度	0.931	0.162	0.268	− 0.036	0.103
步网 200m 平均选择度	0.953	0.157	0.144	0.048	0.134
步网 300m 平均选择度	0.954	0.189	0.157	0.080	0.100
步网 400m 平均选择度	0.955	0.184	0.171	0.060	0.070
步网 500m 平均选择度	0.955	0.184	0.171	0.060	0.070
线密度	0.787	0.217	− 0.273	0.374	− 0.163
交叉口密度	0.881	0.254	− 0.211	0.082	0.063
人行道长度	0.664	0.294	− 0.118	0.208	0.610
功能混合度	0.290	0.405	0.036	0.821	0.035
巴士车站数	0.285	− 0.111	0.169	0.025	0.899
与物业结合出入口数	− 0.129	0.435	0.581	0.020	0.591

提取方法：主成分分析
旋转法：具有 Kaiser 标准化的正交旋转法

站区驻留人流密度的成分得分系数矩阵

指标		成分				
		F_{3-1}	F_{3-2}	F_{3-3}	F_{3-4}	F_{3-5}
轨网 5 站可达度	Acc5_M	0.014	0.048	0.339	− 0.223	− 0.001
轨网 10 站可达度	Acc10_M	− 0.057	− 0.064	0.406	0.262	− 0.158
车网 500m 平均整合度	MIntA500_V	− 0.101	0.238	− 0.047	0.053	0.125
车网 1000m 平均整合度	MIntA1000_V	0.017	0.311	− 0.034	− 0.259	− 0.073
车网 2000m 平均整合度	MIntA2000_V	− 0.011	0.279	0.106	− 0.123	− 0.184
车网 5000m 平均整合度	MIntA5000_V	− 0.045	0.231	− 0.027	0.038	− 0.043
步网 100m 平均整合度	MIntA100_P	0.063	− 0.178	0.223	0.213	− 0.113
步网 200m 平均整合度	MIntA200_P	0.049	− 0.041	0.027	0.126	0.062
步网 300m 平均整合度	MIntA300_P	0.027	− 0.018	− 0.020	0.187	0.050
步网 400m 平均整合度	MIntA400_P	0.027	− 0.018	− 0.020	0.187	0.050
步网 500m 平均整合度	MIntA500_P	0.027	− 0.018	− 0.020	0.187	0.050
步网 100m 平均选择度	MChoA100_P	0.148	0.001	0.050	− 0.198	− 0.039
步网 200m 平均选择度	MChoA200_P	0.143	− 0.016	− 0.003	− 0.143	− 0.008
步网 300m 平均选择度	MChoA300_P	0.138	− 0.010	0.010	− 0.119	− 0.036
步网 400m 平均选择度	MChoA400_P	0.143	− 0.008	0.019	− 0.131	− 0.056
步网 500m 平均选择度	MChoA500_P	0.143	− 0.008	0.019	− 0.131	− 0.056
线密度	PDen	0.097	− 0.028	− 0.107	0.130	− 0.157
交叉口密度	CDen	0.142	0.027	− 0.147	− 0.152	− 0.004
人行道长度	PL	0.036	0.007	− 0.162	− 0.044	0.349
功能混合度	MMix	− 0.110	− 0.038	0.068	0.576	− 0.073
巴士车站数	Num_Bus	− 0.016	− 0.096	− 0.063	− 0.050	0.552
与物业结合出入口数	Num_CME	− 0.123	0.120	0.172	− 0.030	0.299

提取方法：主成分分析

附录G　3样本站区逻辑回归模型的检验结果

似然比检验

案例		模型	－2对数似然值	卡方	*df*	显著性
江湾-五角场	工作日	仅截距	266.719	—	—	—
		最终	134.676	132.043	21	0.000
	周末	仅截距	256.674	—	—	—
		最终	125.745	130.930	21	0.000
静安寺	工作日	仅截距	215.368	—	—	—
		最终	133.000	82.368	21	0.000
	周末	仅截距	216.444	—	—	—
		最终	128.686	87.758	21	0.000
徐家汇	工作日	仅截距	254.282	—	—	—
		最终	160.309	93.973	21	0.000
	周末	仅截距	253.091	—	—	—
		最终	143.852	109.240	21	0.000

拟合优度检验

案例			卡方	*df*	显著性
江湾 - 五角场	工作日	Pearson	190.626	234	0.983
		Diviance	133.290	234	1.000
	周末	Pearson	157.771	234	1.000
		Diviance	119.964	234	1.000
静安寺	工作日	Pearson	186.942	191	0.569
		Diviance	132.584	191	1.000
	周末	Pearson	238.247	210	0.088
		Diviance	125.913	210	1.000
徐家汇	工作日	Pearson	212.126	234	0.845
		Diviance	153.142	234	1.000
	周末	Pearson	152.403	234	1.000
		Diviance	138.071	234	1.000

平行线检验

案例		模型	－2 对数似然值	卡方	*df*	显著性
江湾 - 五角场	工作日	零假设	136.187	—	—	—
		广义	123.807	12.380	42	1.000
	周末	仅截距	125.962	—	—	—
		最终	84.481	41.481	42	0.494
静安寺	工作日	仅截距	133.000	—	—	—
		最终	108.537	24.463	42	0.986
	周末	仅截距	128.686	—	—	—
		最终	122.999	5.687	42	1.000
徐家汇	工作日	仅截距	160.309	—	—	—
		最终	131.916	28.393	42	0.946
	周末	仅截距	143.852	—	—	—
		最终	123.878	19.974	42	0.998

附录 H　3 样本站区人流分布综合影响模型的参数估计分析结果

工作日人流分布综合影响模型的参数估计分析结果

		江湾 - 五角场				静安寺				徐家汇			
变量		*df*	估计值	标准差	*Sig.*	*df*	估计值	标准差	*Sig.*	*df*	估计值	标准差	*Sig.*
500m 半径连接度	1 级	1	－ 2.545	0.930	**0.006**	1	－ 4.203	1.344	**0.002**	1	－ 1.917	0.790	**0.015**
	2 级	1	－ 4.334	0.961	**0.000**	1	－ 2.382	1.111	**0.032**	1	－ 1.379	0.781	**0.077**
	3 级	1	－ 3.862	1.018	**0.000**	1	－ 2.574	0.891	**0.004**	1	－ 1.339	0.742	**0.071**
	4 级（对照）												
垂直联系深度	1 级	1	4.860	1.960	**0.013**	1	3.880	1.830	**0.034**	1	4.691	1.469	**0.001**
	2 级	1	3.654	1.658	**0.028**	1	3.384	1.821	**0.063**	1	1.732	0.971	**0.074**
	3 级	1	1.220	1.076	0.257	1	4.408	1.602	**0.006**	1	1.579	0.797	**0.048**
	4 级（对照）												
街道宽度	1 级	1	－ 1.542	1.473	0.295	1	－ 2.807	1.149	**0.015**	1	－ 3.726	1.218	**0.002**
	2 级	1	－ 2.801	1.142	**0.014**	1	－ 2.080	0.909	**0.022**	1	－ 1.746	0.840	**0.038**
	3 级	1	－ 0.852	1.043	0.414	1	－ 1.199	0.797	0.133	1	－ .7620	0.853	0.468
	4 级（对照）												
街区空间强度	1 级	1	－ 0.873	0.904	0.334	1	－ 1.243	1.056	0.239	1	－ 1.875	0.828	**0.024**
	2 级	1	0.609	1.502	0.685	1	0.752	0.925	0.416	1	－ 0.140	0.836	0.867
	3 级	1	0.868	1.422	0.541	1	－ 0.234	0.707	0.741	1	0.533	0.940	0.571
	4 级（对照）												
街区功能混合度	1 级	1	0.720	1.017	0.479	1	0.775	1.173	0.509	1	1.517	1.226	0.216
	2 级	1	2.012	1.412	0.154	1	1.964	0.979	**0.045**	1	0.103	0.933	0.912
	3 级	1	0.363	0.818	0.657	1	－ 0.117	0.892	0.896	1	0.955	1.028	0.353
	4 级（对照）												
轨交站深度	1 级	1	3.167	1.463	**0.030**	1	2.099	1.916	0.273	1	－ 1.140	1.314	0.386
	2 级	1	4.733	1.310	**0.000**	1	2.047	1.649	0.215	1	0.323	1.097	0.768
	3 级	1	1.716	1.152	0.136	1	1.245	1.611	0.440	1	0.374	0.773	0.628
	4 级（对照）												
巴士站深度	1 级	1	1.064	1.277	0.405	1	2.200	1.586	0.165	1	1.512	1.081	0.162
	2 级	1	1.270	1.021	0.214	1	2.078	1.502	0.166	1	0.566	0.945	0.549
	3 级	1	0.132	0.810	0.871	1	1.856	0.302	0.154	1	0.508	0.878	0.563
	4 级（对照）												

注：分析结果中显著性 *Sig.*<0.1 的数值均用粗体表示。

周末人流分布综合影响模型的参数估计分析结果

		江湾 - 五角场				静安寺				徐家汇			
变量		*df*	估计值	标准差	*Sig.*	*df*	估计值	标准差	*Sig.*	*df*	估计值	标准差	*Sig.*
500m半径连接度	1 级	1	−4.569	1.117	**0.000**	1	−3.777	1.398	**0.007**	1	−2.706	0.857	**0.002**
	2 级	1	−4.870	1.159	**0.000**	1	−2.719	1.156	**0.019**	1	−1.410	0.814	**0.083**
	3 级	1	−4.283	1.176	**0.000**	1	−2.507	0.904	**0.006**	1	−1.702	0.773	**0.028**
	4 级（对照）												
垂直联系深度	1 级	1	4.294	2.007	**0.032**	1	3.652	2.213	**0.099**	1	4.373	1.552	**0.005**
	2 级	1	4.234	1.670	**0.011**	1	3.419	2.280	0.134	1	1.044	1.005	0.298
	3 级	1	2.553	1.188	**0.032**	1	4.797	2.028	**0.018**	1	1.639	0.822	**0.046**
	4 级（对照）												
街道宽度	1 级	1	−1.450	1.499	0.333	1	−2.846	1.199	**0.018**	1	−3.119	1.223	**0.011**
	2 级	1	−2.334	1.182	**0.048**	1	−2.262	0.987	**0.022**	1	−2.126	0.889	**0.017**
	3 级	1	−0.483	1.116	0.665	1	−0.800	0.820	0.329	1	−1.050	0.898	0.242
	4 级（对照）												
街区空间强度	1 级	1	0.086	0.950	0.928	1	1.827	1.126	0.105	1	−2.008	0.864	**0.020**
	2 级	1	−2.266	1.519	0.136	1	1.265	0.972	0.193	1	−0.296	0.869	0.733
	3 级	1	−1.449	1.367	0.289	1	0.240	0.741	0.746	1	0.904	1.007	0.369
	4 级（对照）												
街区功能混合度	1 级	1	−1.747	1.060	**0.099**	1	1.089	1.207	0.367	1	−2.402	1.269	**0.058**
	2 级	1	−0.737	1.304	0.572	1	1.025	1.017	0.313	1	0.838	0.992	0.398
	3 级	1	−1.077	0.871	0.216	1	1.372	0.955	0.151	1	0.618	1.079	0.567
	4 级（对照）												
轨交站深度	1 级	1	−0.771	1.440	0.593	1	1.157	2.233	0.604	1	0.312	1.348	0.817
	2 级	1	1.744	1.230	**0.070**	1	−0.350	1.962	0.858	1	1.865	1.174	0.112
	3 级	1	−0.524	1.126	0.641	1	−1.312	1.860	0.481	1	1.072	0.814	0.188
	4 级（对照）												
巴士站深度	1 级	1	2.598	1.533	**0.092**	1	1.390	1.586	0.381	1	2.458	1.151	**0.033**
	2 级	1	3.736	1.270	**0.003**	1	2.876	1.606	**0.073**	1	0.834	0.968	0.389
	3 级	1	2.004	0.960	**0.041**	1	1.306	1.368	0.340	1	0.416	0.897	0.643
	4 级（对照）												

注：分析结果中显著性 *Sig.*<0.1 的数值均用粗体表示。

致谢

本书是国家自然科学基金研究课题（项目批准号：51178318）的成果之一，要特别感谢诸多良师益友在本书写作过程中给予的宝贵建议和帮助。

首先要感谢同济大学卢济威教授，他在城市设计领域特别是轨道车站地区的大量创作鞭策着我们；他的卓识和远见也不断地激励着我们，令我们对这个领域进行持续深入的研究和实践，从而感悟到“实践出真知”的价值和意义。感谢香港大学的阿兰·基亚拉迪亚（Alain Chiaradia）教授，系统地为我们研究团队分享了空间设计网络分析的经验和方法，并对本书提出许多切实宝贵的意见，他在工作中踏实执着的钻研精神也深深地感染了我们。感谢浙江工业大学的戴晓玲教授和深圳大学的王浩峰教授在数据收集与分析中给予的大力支持及多年来真诚鼓励和无私帮助。同时，也要感谢上海城市更新研究院的俞斯佳和上海市城市规划和国土资源管理局的胡晓忠等领导对本课题的大力支持；在课题开展过程中还得到了已故的华建集团蔡镇珏设计大师和上海交通大学张健教授、上海大学王海松教授及同济大学陈易教授、李斌教授、徐磊青教授等的大力帮助，在此也深表谢意。

此外，本书的撰写得到了国家自然科学基金会和同济大学学术专著出版基金的大力支持。同济大学博士生袁铭、张灵珠、吴景炜，硕士生康晓培、蒋方圆、张馨匀、王阳、陆文婧、赵璘、朱晓静、赵洁琳、于璐、唐晓兰等课题组成员在案例调研中付出了辛勤工作，为研究提供了宝贵的一手数据资料，感谢这个持续七年努力凝聚团结研究小组中的每一位成员！

庄宇　宋晓宇

2019 年 5 月 15 日

参考文献

中文文献

[1] ZACHARIAS J，汤芳菲 . 地下空间规划的决策支持系统 [J]. 国际城市规划，2007a（6）：11-15.

[2] ZACHARIAS J，许玫 . 地下系统推动蒙特利尔中心城区的经济发展 [J]. 国际城市规划，2007b（6）：28-34.

[3] ZACHARIAS J，许玫 . 蒙特利尔地下城的行人动态、布局和经济影响 [J]. 国际城市规划，2007c（6）：21-27.

[4] 边经卫 . 大城市空间发展与轨道交通 [M]. 北京：中国建筑工业出版社，2006.

[5] 蔡君时 . 世界公共交通 [M]. 上海：同济大学出版社，2001.

[6] 陈喆，马水静 . 关于城市街道活力的思考 [J]. 建筑学报，2009（S2）：121-126.

[7] 储金龙 . 城市空间形态定量分析研究 [M]. 南京：东南大学出版社 . 2007

[8] 戴晓玲 . 城市设计领域的实地调查方法：环境行为学视角下的研究 [M]. 北京：中国建筑工业出版社，2013.

[9] 董贺轩 . 城市立体化研究：基于多层次城市基面的空间结构 [D]. 上海：同济大学，2008.

[10] 段进 . 城市空间发展论 [M]. 南京：江苏科学技术出版社 . 2006

[11] 段进，希利尔 . 空间研究 3：空间句法与城市规划 [M]. 南京：东南大学出版社，2007.

[12] 范文莉 . 当代城市地下空间发展趋势：从附属使用到城市地下、地上空间一体化 [J]. 国际城市规划，2007（6）：53-57.

[13] 盖尔 . 交往与空间 [M]. 何人可，译 . 北京：中国建筑工业出版社，2002.

[14] 盖尔 . 人性化的城市 [M]. 欧阳文，徐哲文，译 . 北京：中国建筑工业出版社，2010.

[15] 谷凯 . 城市形态的理论与方法：探索全面与理性的研究框架 [J]. 城市规划，2001，25（12）：36-41.

[16] 国务院 . 国务院关于城市优先发展公共交通的指导意见 [R/OL].（2013-01-05）[2015-05-10]. http：//www.gov.cn/zhengce/content/2013-01/05/content_3346.htm.

[17] 韩冬青，冯金龙 . 城市建筑一体化设计 [M]. 南京：东南大学出版社，1999.

[18] 何晓群 . 现代统计分析方法与应用 [M]. 北京：中国人民大学出版社，1998.

[19] 惠英 . 城市轨道交通站点地区规划与建设研究 [J]. 城市规划汇刊，2002（2）：30-33.

[20] 蒋方圆 . 上海中心城区轨道交通站域公共空间调查和研究 [D]. 上海：同济大学，2014.

[21] 卡尔索普 . 未来美国大都市：生态・社区・美国梦 [M]. 郭亮，译 . 北京：中国建筑工业出

版社，2009.
[22] 李玉光 . 软件入门与提高丛书：SPSS 19.0 统计分析入门与提高 [M]. 北京：清华大学出版社，2014.
[23] 林奇 . 城市意象 [M]. 方益萍，何晓君，译 . 北京：华夏出版社，2001.
[24] 刘皆谊 . 城市立体化发展与轨道交通 [M]. 南京：东南大学出版社，2012.
[25] 刘贤腾 . 空间可达性研究综述 [J]. 城市交通，2007（6）：36-43.
[26] 卢济威，王腾，庄宇 . 轨道交通站点区域的协同发展 [J]. 时代建筑，2009（5）：12-18.
[27] 马强 . 近年来北美关于“TOD”的研究进展 [J]. 国外城市规划，2003（5）：45-50.
[28] 马歇尔 . 街道与形态 [M]. 苑思楠，译 . 北京：中国建筑工业出版社，2011.
[29] 芒福德 . 城市发展史 [M]. 北京：中国建筑工业出版社，2004.
[30] 梅兰 . 城市交通 [M]. 高煜，译 . 北京：商务印书馆，1996.
[31] 潘海啸 . 轨道交通与大都市地区空间结构的优化 [J]. 上海城市规划，2007（6）：37-43.
[32] 潘海啸，惠英 . 轨道交通建设与都市发展 [J]. 城市规划汇刊，1999（2）：12-17.
[33] 潘海啸，任春洋 . 轨道交通与城市公共活动中心体系的空间耦合关系：以上海市为例 [J]. 城市规划学刊，2005（4）：76-82.
[34] 潘海啸 . 轨道交通与大都市地区空间结构的优化 [J]. 上海城市规划，2007 （6）：37-43.
[35] 潘海啸，任春洋，杨眺晕 . 上海轨道交通对站点地区土地使用影响的实证研究 [J]. 城市规划学刊，2007（4）：92-97.
[36] 彭应登 . 北京近期雾霾污染的成因及控制对策分析 [J]. 工程研究 - 跨学科视野中的工程，2013，5（3）：233-239.
[37] 任春洋 . 大都市地区轨道交通与城市中心互动耦合研究：以上海为例 [D]. 上海：同济大学，2005.
[38] 沈尧，龙瀛 . 数据作为设计的工具性：在新数据环境下探索城市秩序的可持续内涵 [J]. 景观设计学，2015（3）：10 19.
[39] 盛强 . 社区级活力中心分布的空间逻辑：以北京三环内 222 个街区内小商业聚集为例 [J]. 国际城市规划，2012（6）：61-68.
[40] 宋金平，王恩儒，张文新，等 . 北京住宅郊区化与就业空间错位 [J]. 地理学报，2007，62（4）：387-396.
[41] 宋小冬 . 居民出行可达性的计算机辅助评价 [J]. 城市规划汇刊，1987（4）：1-7.
[42] 宋小冬，钮心毅 . 再论居民出行可达性的计算机辅助评价 [J]. 城市规划汇刊，2000（3）：18-22.
[43] 童明 . 城市肌理如何激发城市活力 [J]. 城市规划学刊，2014（3）：85-96.
[44] 王静文，毛其智，党安荣 . 北京城市的演变模型：基于句法的城市空间与功能模式演进的探讨 [J]. 城市规划学刊，2008（3）：82-88.
[45] 王静文，朱庆，毛其智 . 空间句法理论三维扩展之探讨 [J]. 华中建筑，2007（8）：75-80.

[46] 王腾 . 基于城市视角的轨道交通站点地区协同发展 [D]. 上海：同济大学，2012.
[47] 伍端 . 空间句法相关理论导读 [J]. 世界建筑，2005（11）：10-15.
[48] 希利尔 . 空间是机器：建筑组构理论 [M]. 北京：中国建筑工业出版社出版，2008.
[49] 希利尔，杨滔 . 场所艺术与空间科学 [J]. 世界建筑，2005（11）：16-26.
[50] 肖扬，CHIARADIA A，宋小冬 . 空间句法在城市规划中应用的局限性及改善和扩展途径 [J]. 城市规划学刊，2014（5）：32-38.
[51] 徐磊青，康琦 . 商业街的空间与界面特征对步行者停留活动的影响：以上海市南京西路为例 [J]. 城市规划学刊，2014（3）：104-111.
[52] 雅各布斯 . 美国大城市的死与生 [M]. 金衡山，译 . 南京：译林出版社，2006.
[53] 亚历山大，严小婴 . 城市并非树形 [J]. 建筑师 . 1985（24）：206-224.
[54] 杨滔 . 空间句法：从图论的角度看中微观城市形态 [J]. 国外城市规划，2006（3）：48-52.
[55] 杨滔 . 空间组构 [J]. 北京规划建设，2008a（2）：101-108.
[56] 杨滔 . 说文解字：空间句法 [J]. 北京规划建设，2008b（1）：75-81.
[57] 袁铭 . 城市中心区轨交站域空间使用的分布与绩效研究：以上海为例 [D]. 上海：同济大学，2015.
[58] 张楫泽，刘憬然，孔漪宝 . 北京雾霾现象与机动车尾气排放关系分析 [J]. 北方环境，2013（11）：115-117.
[59] 张烨 . 图论可达性 [J]. 建筑学报，2012（9）：71-76.
[60] 张有恒 . 都市公共运输 [M]. 台北：华泰文化，1994.
[61] 张愚，王建国 . 再论“空间句法”[J]. 建筑师，2004（3）：33-44.
[62] 赵俊超，朱喜 . 在城市化进程中实现耕地增加：一个大胆而具有现实可行性的构想 [J]. 科学研究，2006，24（1）：52-56.
[63] 张文彤 . 世界优秀统计工具 SPSS 11 统计分析教程 高级篇 [M]. 北京：北京希望电子出版社，2002.
[64] 郑文含 . 不同类型轨道交通站点地区开发强度探讨 [J]. 城市发展研究，2008（S1）：93-95.
[65] 中国城市轨道交通协会 . 城市轨道交通 2015 年度统计分析报告 [R]. 北京：中国城市轨道交通协会，2016.
[66] 祝狄烽 . 地铁站域多层面步行路径的密度和转换分析：以沪港城市中心区的四个案例为样本 [D]. 上海：同济大学，2012.
[67] 庄宇，宋晓宇，戴晓玲 . 多层面步行系统中垂直联系对人流预测模型的影响 [J]. 同济大学学报：自然科学版，2014，42（7）：1051-1057.
[68] 庄宇，张灵珠 . 上海地铁车站及周边地下空间开发的现状与发展趋势 [J]. 城市建筑，2015（13）：30-33.
[69] 庄宇，张灵珠 . 站城协同：轨道车站地区的交通可达与空间使用 [M]. 上海：同济大学出版

社 . 2016.
[70] 庄宇，张灵珠，戴晓玲 . 多层面商业空间整合度与人流量关联性分析 [J]. 同济大学学报：自然科学版，2012a，40（11）：1620-1626.

英文文献

[71] ANDERSON W P，KANAROGLOU P S，MILLER E J. Urban form，energy and the environment：a review of issues，evidence and policy[J]. Urban studies，1996，33（1）：7-35.
[72] ALEXANDER C. The city is not a tree[J]. Design and Application of the Worm Gear，1966（206）：46-55.
[73] BADLAND H，SCHOFIELD G，GARRETT N. Travel behavior and objectively measured urban design variables：associations for adults traveling to work[J]. Health & place，2008，14（1）：85-95.
[74] BAVELAS A. A mathematical model for group structures[J]. Human organization，1948，7（3）：16-30.
[75] BASTOS J，BATTERMAN S，FREIRE F. Significance of mobility in the life-cycle assessment of buildings[J]. Building Research & Information，2016，44（4）：376-393.
[76] BATTY M. Accessibility：in search of a unified theory[J]. Environment and Planning B，2009，36（2）：191-194.
[77] BATTY M，RANA S. The automatic definition and generation of axial lines and axial maps[J]. Environment and Planning B，2004，31（4）：615-640.
[78] BHALLA M K，PANT P D. Pedestrian traffic on Cincinnati skywalk system[J]. Journal of transportation engineering，1985，111（2）：95-104.
[79] BOROSKI J，FAULKNER T，ARRINGTON G B，et al. Statewide transit-oriented development （TOD） study：factors for success in California[J]. Land Use Planning，2002.
[80] CALTHORPE P. The next American metropolis：ecology，community，and the American dream[M]. New York：Princeton architectural press，1993.
[81] CERVERO R. Built environments and mode choice：toward a normative framework[J]. Transportation Research Part D：Transport and Environment，2002，7（4）：265-284.
[82] CERVERO R，DUNCAN M. Transit's value-added effects：light and commuter rail services and commercial land values[J]. Transportation research record，2002，1805（1）：8-15.
[83] CERVERO R，SARMIENTO O L，JACOBY E，et al. Influences of built environments

on walking and cycling: lessons from Bogotá[J]. International Journal of Sustainable Transportation, 2009, 3 (4) : 203-226.

[84] CERVERO R, KOCKELMAN K. Travel demand and 3ds: density, diversity, and design[J]. Transportation Research Record, 1997, 2 (3) : 199-219.

[85] CERVERO R, GORHAM R. Commuting in transit versus automobile neighborhoods[J]. Journal of the American Planning Association, 1995, 61 (2) : 210-225.

[86] CHANG D. Integrated multi-level circulation systems in dense urban areas: The effects of complex spatial designs on multi level pedestrian movement[D]. London: University of London, 1998.

[87] CHANG D, PENN A. Integrated multilevel circulation in dense urban areas: the effect of multiple interacting constraints on the use of complex urban areas[J]. Environment and Planning B: Planning and Design, 1998, 25 (4) : 507-538.

[88] CHIARADIA A. Spatial Design Economies[J]. Architectural Design, 2009, 79 (4) : 80-85.

[89] CHIARADIA A, CRISPIN C, WEBSTER C. sDNA a software for spatial design network analysis[EB/OL]. [2014-06-16]. www.cardiff.ac.uk/sdna/.

[90] CHIARADIA A, HILLIER B, SCHWANDER C, et al. Compositional and urban form effects on centres in Greater London[J]. Proceedings of the Institution of Civil Engineers-Urban Design and Planning, 2012, 165 (1) : 21-42.

[91] CHIARADIA A, MOREAU E, RAFORD R. Configurational exploration of public transport movement Networks: a case study, the London underground[C]. Delft: 5th International Space Syntax Symposium, 2005.

[92] CHIARADIA A, ZHANG L, KHAKHAR S. Future Harbourfront masterplan west HKSAR, 3D indoor and outdoor pedestrian network, pedestrian flow potential processed with 3D sDNA[R]. Hong Kong: The University of Hong Kong, 2019.

[93] CONZEN M R. Alnwick, Northumberland: a study in town-plan analysis[J]. Transactions and Papers (Institute of British Geographers) , 1960, 27: iii-122.

[94] COOPER C, CHIARADIA A, WEBSTER C. Spatial design network analysis (+) [EB/OL]. [2014-06-16]. www.cardiff.ac.uk/sdna/.

[95] COOPER C, CHIARADIA A. Strategic urban scale models of pedestrian and cycle travel[C]// Association of European Schools of Planning (AESOP) annual conference. Prague: AESOP, 2015.

[96] CRUCITTI P, LATORA V, PORTA S. Centrality measures in spatial networks of urban streets[J]. Physical Review E, 2006, 73 (3) : 036125.

[97] CUTINI V, PETRI M, SANTUCCI A. From axial maps to mark point parameter analysis (Ma. PPA) –A GIS implemented method to automate configurational analysis[C]//

Computational Science and Its Applications–ICCSA 2004, 2004: 1107-1116.
[98] DALTON N. Fractional configurational analysis and a solution to the Manhattan problem[C]//Space Syntax 3rd International Symposium, Atlanta, 2001.
[99] DALTON R C. The secret is to follow your nose: route path selection and angularity[J]. Environment and Behavior, 2003, 35 (1): 107-131.
[100] DU P. Environmental and social sustainability implications of downtown high-rise vs. suburban low-rise living: A Chicago case study[D]. Chicago: Illinois Institute of Technology, 2015.
[101] DU P, WOOD A, STEPHENS B, et al. Life-cycle energy implications of downtown high-rise vs. suburban low-rise living: An overview and quantitative case study for Chicago[J]. Buildings, 2015, 5 (3): 1003-1024.
[102] EWING R. Beyond density, mode choice, and single-purpose trips[J]. Transportation Quarterly, 1995, 49 (4): 15-24.
[103] EWING R, CERVERO R. Travel and the built environment[J]. Journal of the American Planning Association, 2010, 76 (3): 265-294.
[104] FREEMAN L C. Centrality in social networks: conceptual clarification[J]. Social Networks, 1979, 1 (3): 215-239.
[105] GARRISON W L, MARBLE D F. The structure of transportation networks[J]. Transportation Center at Northwestern University, 1962.
[106] HANDY S. How land-use pattern affect travel patterns: a bibliography[Z]. CPL Bibliography NO.279. Chicago: Council of Planning Librarians, 1992.
[107] HANDY S, PATERSON R G, BUTLER K. Planning for street connectivity: getting from here to there[J]. Apa planning advisory service reports, 2003 (515): 1-75.
[108] HANSEN W G. How accessibility shapes land use[J]. Journal of American Institute of Planners, 1959, 25 (2): 73-76.
[109] HANSON J M. Order and structure in urban space: a morphological history of the City of London[D]. London: University of London, 1989.
[110] HARGETT P, CHORLEY J C. Network analysis in geography[M]. London: Butler and Tanner, 1969.
[111] HESS P, MOUDON A, SNYDER M, et al. Site design and pedestrian travel[J]. Transportation Research Record: Journal of the Transportation Research Board, 1999 (1674): 9-19.
[112] HILLIER B. Space is the machine: a configurational theory of architecture[M]. Cambridge: Cambridge University Press, 2004.
[113] HILLIER B, BURDETT R, PEPONIS J, et al. Creating life: or does architecture determine anything?[J]. Architecture and Behaviour, 1987: 233-250.

[114] HILLIER B，HANSON J. The social logic of space[M]. Cambridge：Cambridge University Press，1984.
[115] HILLIER B，IIDA S. Network effects and psychological effects：a theory of urban movement[C]. Delft：5th Space Syntax International Symposium，2005.
[116] HILLIER B，PENN A，HANSON J，et al. Natural movement：or，configuration and attraction in urban pedestrian movement[J]. Environment and Planning B：Planning and Design，1993：29-66.
[117] ITTELSON W H，et al. The use of behavioural maps in environmental psychology[C]// Environmental Psychology：Man and his Physical Setting. New York：Rinehart & Winston，1970：658-668.
[118] JIANG B，CLARAMUNT C. Integration of space syntax into GIS：new perspectives for urban morphology[J]. Transactions in GIS，2002，6（3）：295-309.
[119] KANSKY K J. Structure of transportation networks：relationships between network geometry and regional characteristics[J]. Econometrica，1963：152-155.
[120] KIRK W，LÖSCH A，BERLIN I. Problems of geography[J]. Geography，1963，48（4）：357-371.
[121] KOENIG J G. Indicators of urban accessibility：theory and application[J]. Transportation，1980，9（2）：145-172.
[122] KOOHSARI M J，OWEN N，COLE R，et al. Built environmental factors and adults' travel behaviors：role of street layout and local destinations[J]. Preventive medicine，2017，96：124-128.
[123] LAW S. Exploring multi-layered hyper dense urban environments through spatial analysis[C]. Stockholm：7th International Space Syntax Symposium，2009.
[124] LAW S，CHIARADIA A，SCHWANDER C. Towards a multi-modal space syntax analysis：A case study of the London street and underground network[C]. Santiago：8th International Space Syntax Simposium，2012.
[125] LYNCH K. The image of the city[M]. Cambridge：MIT press，1960.
[126] LYNCH K，RODWIN L. A theory of urban form[J]. Journal of the American Institute of Planners，1958（24）.
[127] MARSHALL S. Streets and patterns[M]. London：Routledge，2004.
[128] MOUDON A V. Urban morphology as an emerging interdisciplinary field[J]. Urban morphology，1997，1（1）：3-10.
[129] NORMAN J，MACLEAN H L，KENNEDY C A. Comparing high and low residential density：life-cycle analysis of energy use and greenhouse gas emissions[J]. Journal of Urban Planning and Development，2006，132（1）：10-21.
[130] PARVIN A，YE A M，JIA B. Multilevel pedestrian movement：does visibility make any

difference?[C]// Proceedings of the 6th International Space Syntax Symposium. ITU Faculty of Architecture，2007.
[131] PENN A. Space syntax and spatial cognition or why the axial line? [J]. Environment and Behavior，2003：30-65.
[132] PENN A，HILLIER B，BANISTER D，et al. Configurational modelling of urban movement networks[J]. Environment and Planning B：Planning and Design，1998，25（1）：59-84.
[133] PEISSER E. The relationship between sales volume，rental value and pedestrian volume in the underground[D]. Montreal：Concordia University，1997.
[134] PERKINS A，HAMNETT S，PULLEN S，et al. Transport，housing and urban form：the life cycle energy consumption and emissions of city centre apartments compared with suburban dwellings[J]. Urban Policy and Research，2009，27（4）：377-396.
[135] PORTA S. The network analysis of urban streets：a primal approach [J]. Environment and Design B，2006a（33）：705-725.
[136] PORTA S，CRUCITTI P，LATORA V. The network analysis of urban streets：a dual approach[J]. Physica A：Statistical Mechanics and its Applications，2006b，369（2）：853-866.
[137] PORTA S，CRUCITTI P，LATORA V. Multiple centrality assessment in Parma：a network analysis of paths and open spaces[J]. Urban design International，2008，13（1）：41-50.
[138] PORTA S，STRANO E，IACOVIELLO V，et al. Street centrality and densities of retail and services in Bologna，Italy[J]. Environment and Planning B：Planning and design，2009，36（3）：450-465.
[139] PRODUIT T. A novel GIS method to determine an urban centrality index applied to the Barcelona metropolitan area[J]. Netkde，2009.
[140] PUSHKAREV B，ZUPAN J M. Public transportation and land use policy [M]. Bloomington：Indiana University Press，1977.
[141] QUINCY A Q. Dictionnaire historique d'architecture[M]. Paris：le Clere，1832.
[142] RATTI C. Urban texture and space syntax：some inconsistencies[J]. Environment and Planning B：Planning and Design，2004，31：487-499.
[143] REILLY M K，LANDIS J. The influence of built form and land use on travel behavior[D]. Berkeley：UC Transport Center，2002.
[144] ROWE C，KOETTER F. Collage City[M]. Cambridge：MIT Press，1978.
[145] SAELENS B E，SALLIS J F，FRANK L D. Environmental correlates of walking and cycling：findings from the transportation，urban design，and planning literatures[J]. Annals of behavioral medicine，2003，25（2）：80-91.

[146] SAELENS B E, SALLIS J F, FRANK L D, et al. Neighborhood environment and psychosocial correlates of adults' physical activity[J]. Medicine and science in sports and exercise, 2012, 44 (4) : 637-646.

[147] SEVTSUK A. Path and place: a study of urban geometry and retail activity in Cambridge and Somerville, MA[D]. Cambridge: Massachusetts Institute of Technology, 2010.

[148] SEVTSUK A, MEKONNEN M. Urban network analysis[J]. Revue Internationale de Géomatique, 2012, 22: 287-305.

[149] SONG Y. Impacts of urban growth management on urban form: a comparative study of Portland, Oregon, Orange County, Florida and Montgomery County, Maryland[D]. Maryland: University of Maryland, 2003.

[150] STÅHLE A, MARCUS L, KARLSTRÖM A. Place Syntax: Geographic accessibility with axial lines in GIS[C]// Fifth international space syntax symposium. Amsterdam: Techne Press, 2005: 131-144.

[151] STEADMAN P. Developments in space syntax[J]. Environment and Planning B, 2004, 4 (31) : 483-486.

[152] TURNER A. From axial to road-centre lines: a new representation for space syntax and a new model of route choice for transport network analysis[J]. Environment and Planning B: planning and Design, 2007, 34 (3) : 539-555.

[153] TUNER A, PENN A, HILLIER B. An algorithmic definition of the axial map[J]. Environment and Planning B: Planning and Design, 2005: 425-444.

[154] United Nations. Department of Economic and Social Affairs. Population Division. World urbanization prospects: the 2014 revision, highlights[C]. [S.l.]: United Nations, 2014.

[155] ZACHARIAS J. Non-motorized transportation in four Shanghai districts[J]. International Planning Studies, 2005, 10 (3-4) : 323-340.

[156] ZACHARIAS J. Modelling pedestrian dynamics in Montreal's underground city[J]. Journal of Transportation Engineering, 2000, 126 (5) : 405-412.

[157] ZACHARIAS J. Predicting the economic value of indoor pedestrian corridors from pedestrian behavior[C]// Proceedings of the 6th International Symposium for Environment-Behavior Studies. Tianjin, 2004: 92-99.

[158] ZHANG L, CHIARADIA A, ZHUANG Y. A configurational accessibility study of road and metro network in Shanghai, China[C]//The 8th International Association for China Planning Conference, Guangzhou, China, 2014.

[159] ZHUANG Y, SONG X Y. Combined impacts of configurational and compositional properties of street network on vehicular flow[C]//10th International Space Syntax Symposium, London, UK, 2015.

彩图汇总

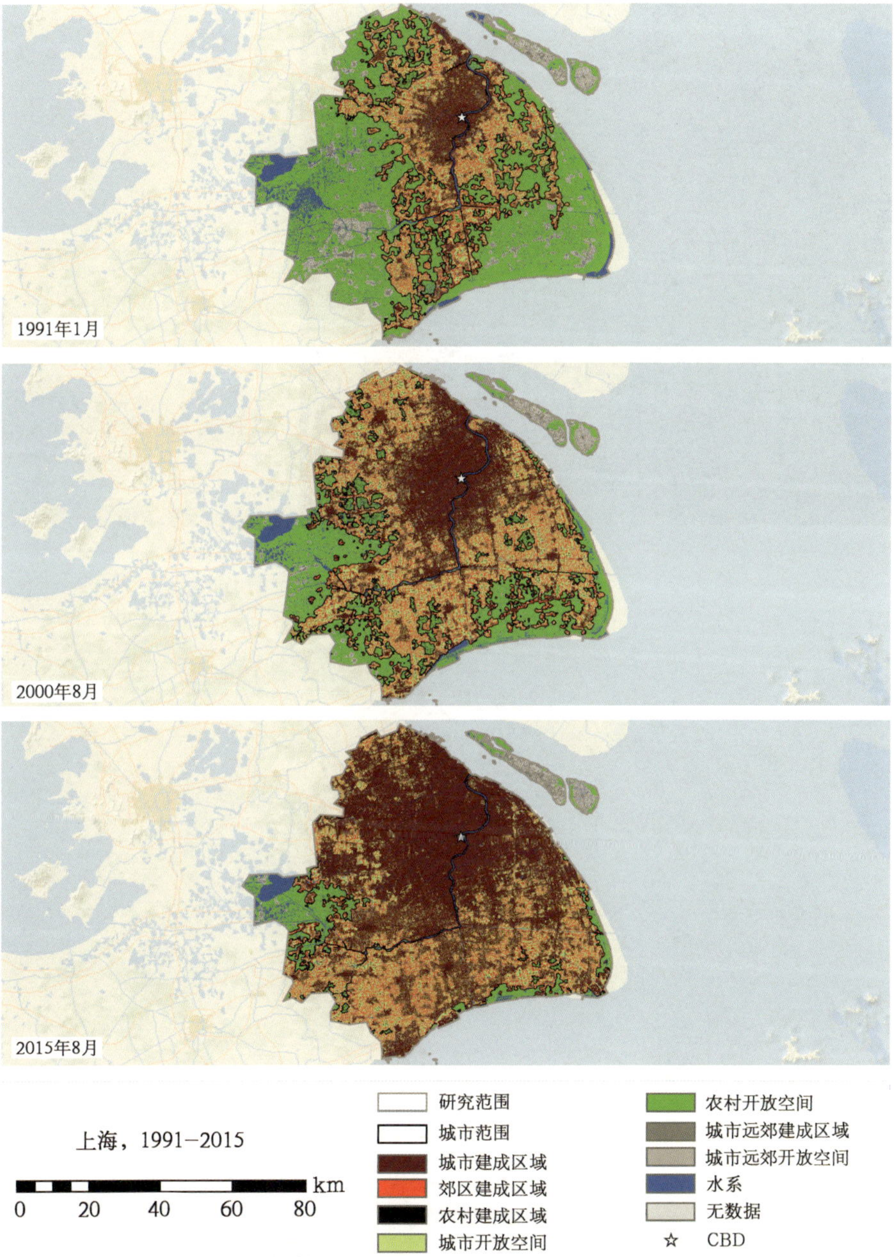

彩图 1　1991—2015 年上海城市土地扩张

图片来源：城市扩张地图集（Atlas of Urban Expansion），http：//atlasofurbanexpansion.org

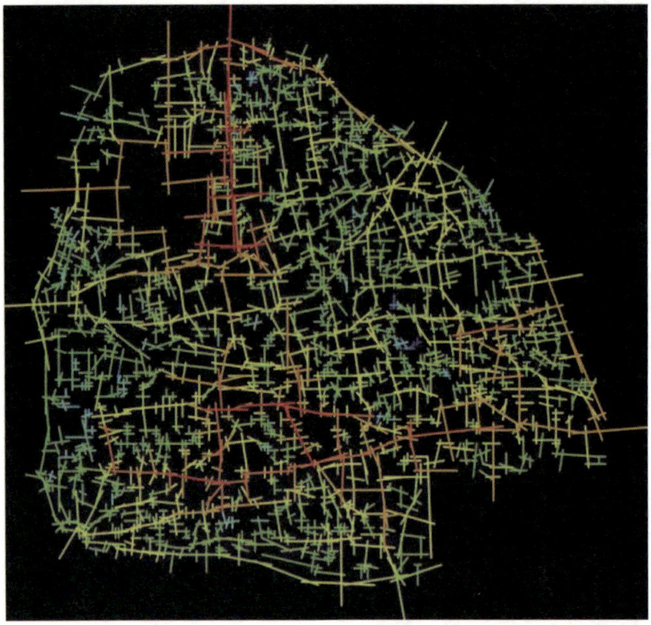

彩图 2　1920 年伊朗设拉子的 R12 整合度测算结果，由 Depthmap 分析获得

图片来源：HILLIER B. Space is the machine：a configurational theory of architecture[M]. Cambridge：Space Syntax，2007：168.

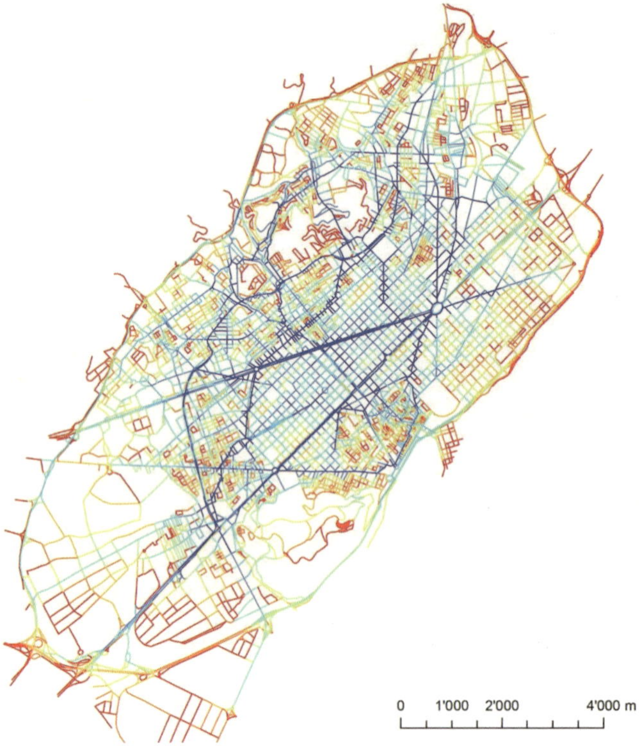

彩图 3　巴塞罗那城全局中介度，由 MCA 分析获得

图片来源：PRODUIT T. A novel GIS method to determine an urban centrality index applied to the Barcelona metropolitan area[J]. Netkde，2009.

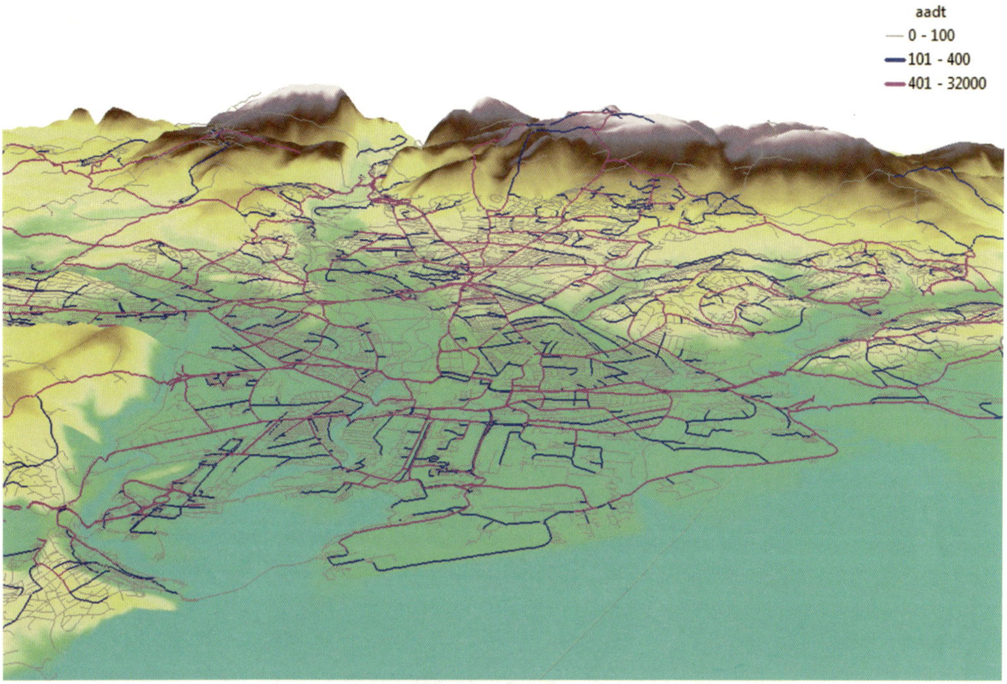

彩图 4　sDNA 模拟自行车流量潜力：卡迪夫山地道路自行车可达性

图片来源：COOPER C， CHIARADIA A. Strategic urban scale models of pedestrian and cycle travel[C]// Association of European Schools of Planning （AESOP） annual conference. Prague：AESOP，2015.

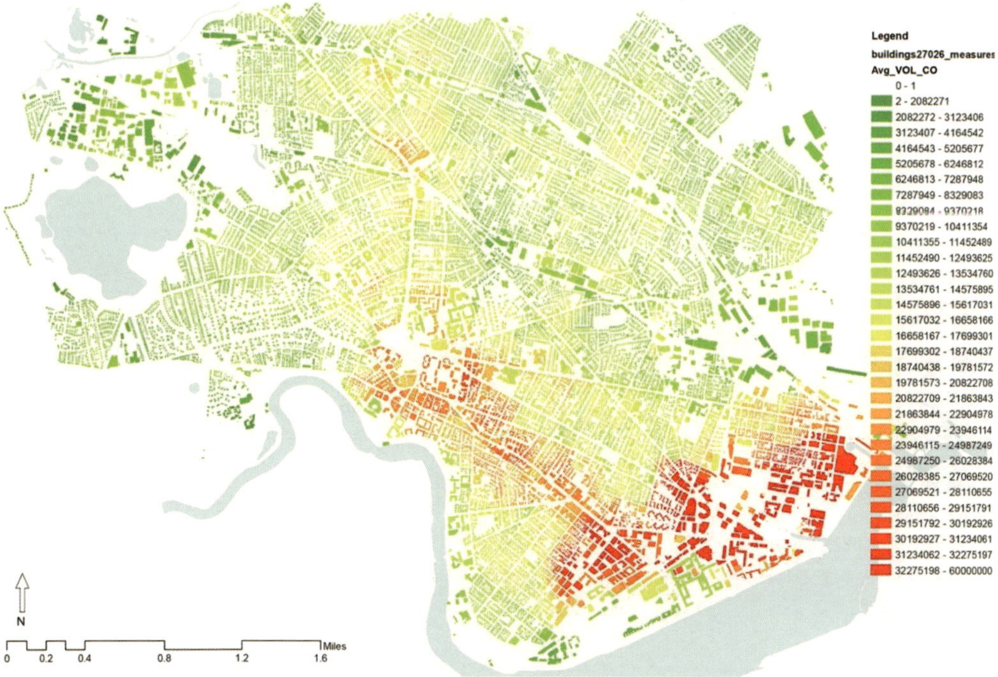

彩图 5　剑桥和萨默维尔地区的建筑单体在 2000 英尺（约 610m）半径范围内的到达建筑容量值，由 UNA 分析获得

图片来源：SEVTSUK A. Path and place：a study of urban geometry and retail activity in Cambridge and Somerville，MA[D]. Cambridge：Massachusetts Institute of Technology，2010.

彩图 6 陆家嘴站区主要公共空间分布示意
图片来源：课题组

（a）轨交路网 5 站半径可达度

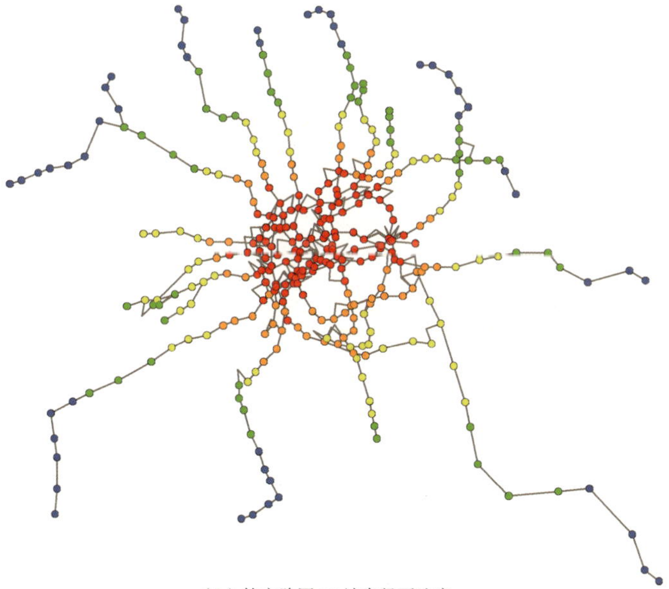

（b）轨交路网 20 站半径可达度

彩图 7　上海轨道交通路网可达度在多种度量半径下的可视化分析结果

注：从强到弱的站点可达度度量值通过颜色红到蓝依序表示，即红色表示站点可达度值最高，蓝色表示站点可达度值最低。

（a）车行路网 5000m 半径选择度（ChoA5000_V）

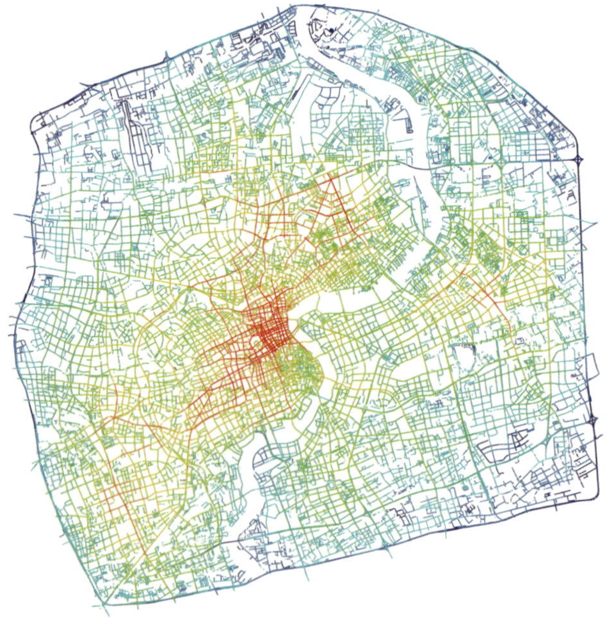

（b）车行路网 5000m 半径整合度（IntA5000_V）

彩图 8　上海（外环内）车行路网在 5000m 度量半径下的可视化构形分析结果

注：由小到大依序给各车行路径从蓝到红赋予不同的颜色，路径颜色越红表示其中心性越高，空间连通性越强。

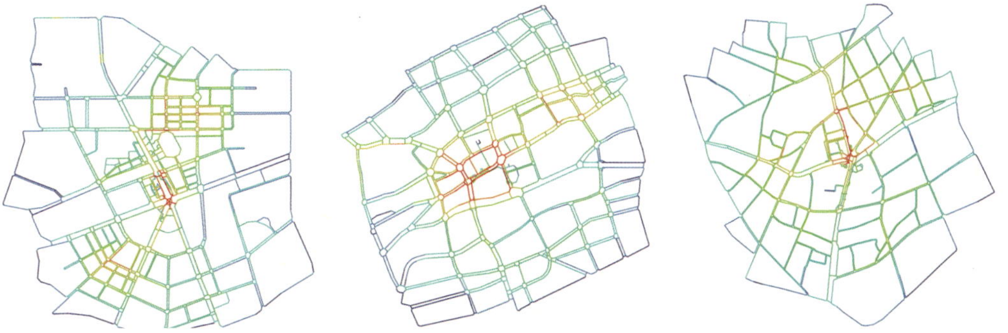

江湾－五角场站区　　静安寺站区　　徐家汇站区

彩图 9　样本案例街道整合度 R500（IntA500_P）可视化度量结果

注：由 Depthmap 生成，根据整合度 R500 度量数值由小到大依序给各街道从蓝到红赋予不同的颜色，街道颜色越红表示其整合度值越高。

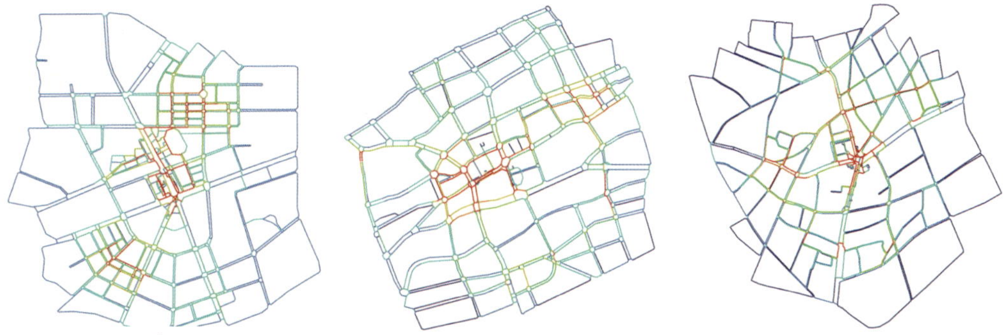

江湾－五角场站区　　静安寺站区　　徐家汇站区

彩图 10　样本案例步行路径选择度 R500（ChoA500_P）可视化度量结果

注：由 Depthmap 生成，根据选择度 R500 度量数值由小到大依序给各街道从蓝到红赋予不同的颜色，街道颜色越红表示其选择度值越高。

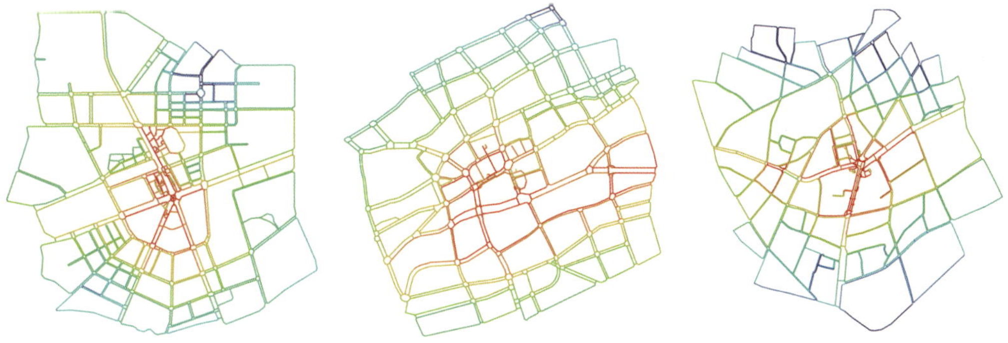

江湾－五角场站区　　静安寺站区　　徐家汇站区

彩图 11　样本案例步行路径垂直联系深度（TDepA_P）可视化度量结果

注：由 Depthmap 生成，根据垂直联系深度度量数值由小到大依序给各街道从红到蓝赋予不同的颜色，街道颜色越红表示其距垂直联系越近。

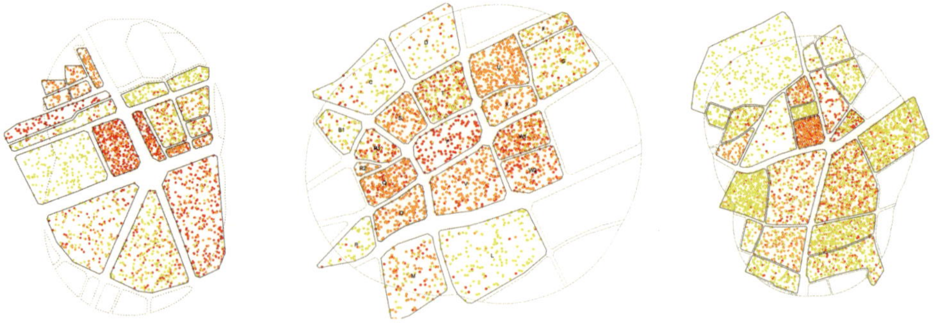

江湾－五角场站区　　静安寺站区　　徐家汇站区

商业　办公　住宅

彩图 12　样本案例街区功能混合配置示意图

注：由 ArcMap 生成，其中每个点代表一个特定容量值（1000m^2），可用以直观比较街区空间容量的大小，以及不同类型业态空间的实际分布情况。

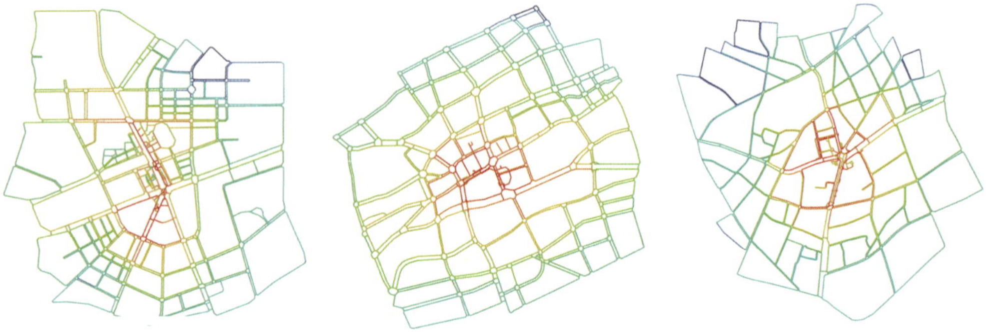

江湾－五角场站区　　静安寺站区　　徐家汇站区

彩图 13　样本案例轨交站深度（DepA_M）可视化度量结果

注：由 Depthmap 生成，根据轨交站深度度量数值由小到大依序给各步行路径从红到蓝赋予不同的颜色，路径颜色越红表示其距轨交站出入口越近。

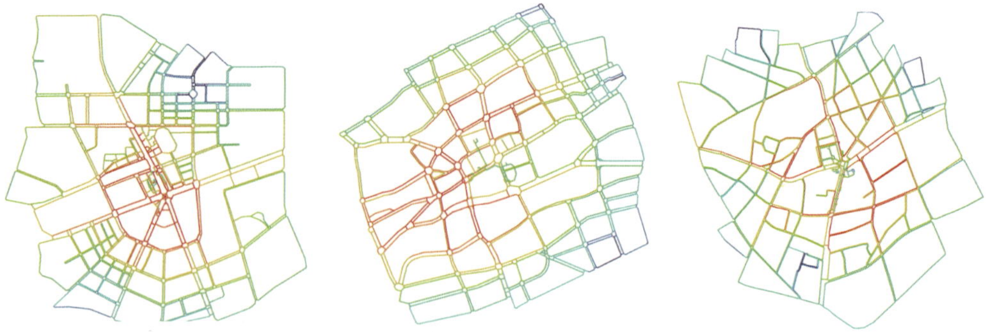

江湾－五角场站区　　静安寺站区　　徐家汇站区

彩图 14　样本案例巴士站深度（DepA_Bus）可视化度量结果

注：由 Depthmap 生成，根据巴士站深度度量数值由小到大依序给各步行路径从红到蓝赋予不同的颜色，路径颜色越红表示其距巴士站点越近。

图书在版编目（CIP）数据

站城协同：轨道车站地区的空间形态与人流活动 / 庄宇，宋晓宇著 . -- 上海：同济大学出版社，2020.11
ISBN 978-7-5608-9093-7

Ⅰ . ①站… Ⅱ . ①庄… ②宋… Ⅲ . ①轨道交通 – 交通规划 Ⅳ . ① U292.1

中国版本图书馆 CIP 数据核字 (2020) 第 214226 号

站城协同

轨道车站地区的空间形态与人流活动

庄宇　宋晓宇　著

责任编辑　由爱华　　助理编辑　周原田　　责任校对　徐春莲　　封面设计　张　微　　内文排版　朱丹天

出版发行　同济大学出版社 www.tongjipress.com.cn
（地址：上海四平路 1239 号　邮编：200092　电话：021–65985622）
经　　销　全国各地新华书店
印　　刷　上海安枫印务有限公司
开　　本　787mm×960mm　1/16
印　　张　12.5
字　　数　250 000
版　　次　2020 年 11 月第 1 版　　2020 年 11 月第 1 次印刷
书　　号　ISBN 978-7-5608-9093-7
定　　价　68.00 元